Gila van Delden

… gib uns Herzen, die verstehen!

Gila van Delden

... gib uns Herzen, die verstehen!

Ein Tatsachenbericht, tiefgründig, spirituell und voller Humor

COUNTRY VERLAG

Bibliografische Information Der Deutschen Bibliothek
Die Deutsche Bibliothek verzeichnet diese Publikation in der Deutschen Nationalbibliografie; detaillierte bibliografische Daten sind im Internet über http://dnb.ddb.de abrufbar.

2. Auflage 2005

Fischweg 7, D – 33790 Halle/Westf.

Titelfoto: Frank Reuchlein
Lektorat und Satz: Germano Wallmann
Herstellung: Hans Kock, Bielefeld
Printed in Germany
ISBN 3-9803144-6-4

Großer Geist,
gib uns Herzen, die verstehen –
unsere Hand zu reichen,
wo es gilt, zu helfen –
nur um das zu bitten,
wessen wir bedürfen –
von der Schöpfung nur zu nehmen,
was wir ihr auch geben –
allem Sein mit Achtung zu begegnen
und anzunehmen, was uns widerfährt –
Großer Geist,
gib uns Herzen, die verstehen –

(Gila van Delden)

Vorwort

Wer irregegangen ist, der kann anderen desto besser den Weg zeigen.

(Christoph Lehmann)

Die obigen Worte stimmen nachdenklich. Haben wir den Mut, unsere Irrwege einzugestehen oder sind sie in unserem Leben als Misserfolge gespeichert, die man möglichst verbirgt? Ich glaube, nur wenn wir zu unseren Fehlern stehen und den Sinn in dem Erlebten erkennen, werden wir uns und anderen gegenüber authentisch sein.

Die Frage meiner Leser und Seminarteilnehmer, wann denn wieder ein neues Buch von mir auf den Markt käme, hatte ich stets lachend abgewehrt: „So schnell kann ich gar nicht leben, wie ihr Neues aus meinem Leben erfahren wollt."

Vielleicht scheute ich damit die Auseinandersetzung mit manchen Themen oder wollte sie zumindest hinausschieben. Meine Vorwände mir selbst gegenüber waren: Wie soll ich das schaffen zwischen den vielen Seminaren, die ich leite? Wie viel Zeit habe ich noch für meine Kinder?

Und dann geschah es doch – die Zeit war einfach reif dafür.

Anfangs habe ich überlegt, was meine ersten beiden Bücher „... nicht heulen, Husky!" und „Mutter Erde, trage mich ...!" als Tatsachenberichte denn so interessant zu machen schien. Womit identifizierten sich meine Leser – was erwarteten sie? Was war inzwischen in meinem Leben geschehen, das interessant genug war, darüber zu berichten? Das Spannende an den beiden Büchern war – so wurde mir immer wieder bestätigt –, dass über gelebtes Leben mit allen Höhen und Tiefen berichtet und die Geschehnisse von einer spirituellen Perspektive her beleuchtet wurden.

Und da kam der Dämpfer: Seit langer Zeit kein Mann mehr in meinem Leben – keine Auswanderung nach Kanada – kein fast abgebranntes Haus – kein Vermieter, der uns nicht haben wollte …! Worüber sollte ich denn schreiben? Nur über spirituelle Erfahrungen, ohne dass etwas „Weltbewegendes“ in meinem Leben geschehen war?

Seit dem Erscheinen meines Buches „Mutter Erde, trage mich …“ ist einiges passiert, zum Beispiel die Trennung von Walter, mit dem ich über vier Jahre zusammenlebte. Dieses Ereignis habe ich unter anderem in der überarbeiteten Auflage des oben genannten Buches kurz erwähnt, um Nachfragen von Seminarteilnehmern nach Walter zuvorzukommen.

Mein anfänglicher Gedanke war, wie diese Trennung wohl aufgenommen würde. Doch ich merkte, in welchen Gleisen ich mich bewegte: Die Erwartungen anderer erfüllen zu wollen, ist keine gute Basis für die Entstehung eines neuen Buches. Vielleicht wollte ich auch deshalb nicht damit beginnen.

Sicherlich könnte ich diese Zeit des Auseinandergehens ausführlicher beschreiben – und vielleicht wäre das wieder einer jener absolut dramatischen Höhepunkte – aber die Botschaften meiner Bücher können sich nur dann entwickeln, wenn sie nicht auf Kosten anderer gehen. Segen kann nur auf unseren Vorhaben liegen, wenn wir trotz tiefer Erschütterungen versuchen, möglichst das Gute und vor allem den Sinn in diesen Ereignissen zu suchen und weiterzugeben. Die schmerzlichen Erfahrungen durchleiden wir allemal selbst – die brauche ich keinem zu vermitteln. Wichtig ist, dass wir aus allen Ereignissen etwas für unser Leben lernen.

Dankbar bin ich nach wie vor für jeden Impuls, jede konstruktive Kritik. Ehrlichkeit mag ja manchmal unbequem sein. Aber glauben wir vielleicht, dass wir abgelehnt werden, wenn wir uns klar äußern? Ich bitte meine Freunde stets darum, mir offen ihre Meinung zu sagen und nicht damit hinterm Berg zu halten. Dadurch kann auch ich eindeutig Stellung beziehen. So wurde mir zum Beispiel nach der Trennung eine Bemerkung von jemandem zugetragen: „Wenn sie schon ihr eigenes Leben nicht in den Griff bekommt, wie will sie dann anderen helfen?"

Diese Frage ist aus der Sicht desjenigen sicherlich berechtigt. Helfen jedoch kann sich jeder nur selbst. Ich kann höchstens Perspektiven aufzeigen oder Impulse geben. Bei Partnerschaftsproblemen ist es beispielsweise wichtig, zuerst einmal die eigene Einstellung zu überprüfen und dieses gegebenenfalls zu ändern.

In meinem Psychologie-Studium machte unser Dozent einmal die interessante Bemerkung: „Wenn man sich derart viel zur Bewältigung seines Lebens ausgesucht hat, so kann es sein, dass man sich mit diesen Dingen sogar später als Therapeut auseinandersetzen darf."

War es vielleicht das, was mir das Leben zeigen wollte?

Mein Fokus hat sich in der Zwischenzeit verändert. In dem vorliegenden Buch habe ich weniger von meiner Perspektive als Frau und Mutter erzählt, sondern mehr über tiefgehende und lustige Begebenheiten aus meinen Seminaren, auch in spiritueller Hinsicht. Vielleicht erwartet der eine oder andere in diesem Buch mehr persönliche Erlebnisse wie in den vorangegangenen Büchern. Doch ich hoffe, dass meine Leser die spirituellen Geschehnisse ebenso gern verfolgen wie meine persönlichen Geschichten.

So interessant mein Leben auch war und ist: Meine Lebensaufgabe ist mir immer wichtiger geworden, das heißt, durch meine Kurse Impulse geben zu dürfen, mehr Licht und Liebe zu leben. Ich habe mich verändert, bin ruhiger geworden und habe meinen Frieden gefunden – und demzufolge hat sich auch mein Leben verändert, innen wie auch außen.

Die Aussage: „Wenn ich einmal eine Meinung gefasst habe, kann mich niemand mehr davon abbringen – wenn ich einen Weg einmal begonnen habe, gehe ich ihn auch bis zum Ende“, muss nicht immer richtig sein.

Wir sollten uns, aber auch unseren Mitmenschen, zugestehen, sich anders verhalten zu dürfen, als wir es vorausgesetzt haben – eine Meinung auch revidieren können, wenn neue Erkenntnisse dieses erforderlich machen. Wir können umkehren, wenn sich Wege als Sackgassen herausstellen oder wir spüren, dass wir zu viel Kraft verlieren. Riskieren wir unsere Glaubwürdigkeit, wenn wir einlenken und uns dann neuen Erfahrungen gegenüber öffnen? Wohl kaum, denn wir können ja nicht alles wissen. Und wir sollten dann auch bereit sein, daraus die Konsequenzen zu ziehen.

Tief im Innersten ahnt wohl jeder, dass das Leben mehr zu bieten hat, als wir bisher verwirklicht haben – dass es voll faszinierender Möglichkeiten auf uns wartet. Aber für dieses wunderbare Leben sollten wir auch die Spielregeln lernen, um es liebevoll zu meistern. Viele von uns haben inzwischen erkannt, wie wichtig es ist, immer mehr über die geistigen Gesetze zu erfahren – sei es durch Gespräche, durch Seminare und vor allem durch tiefe eigene Erlebnisse.

Leben ist Wachstum. Leben ist Veränderung. Leben ist die Bereitschaft, offen zu sein für Neues, Herausforderungen anzunehmen und aus allen Situationen, vor allem aus eigenem

Fehlverhalten zu lernen. Nur wenn wir uns diesen Aspekten öffnen, können wir uns selbst wieder spüren. Lebendigkeit und Lebensfreude kehren zurück. Erst dann fühlen wir uns frisch und stark genug, mit guter Energie all das schaffen zu können, was wir uns vornehmen.

Kapitel 1

Ein Freund ist ein Mensch, vor dem man laut denken kann.

(Ralph Waldo Emerson)

Im Sommer 1996 hatte ich mich freiwillig in Klausur begeben, um mein Mutter-Erde-Buch zu beenden. In einer Akademie in der Nähe meines Wohnortes hatte ich eine Ayurveda-Kur gebucht.

Jede freie Minute, die nicht gerade mit Anwendungen und Spaziergängen ausgefüllt war, verbrachte ich am Computer. Es war ein befreiendes Gefühl, immer dann schreiben zu können, wenn ich wollte, unabhängig von weiteren Pflichten. So konnte es geschehen, dass ich mich tagsüber schlafen legte, wenn ich müde war – und abends, wenn ich noch munter war, an meinem Buch weiter schrieb. Dadurch hatte ich wenig Kontakt zu den anderen Gästen – ganz entgegen meiner sonstigen Art.

Es war für mich eine ganz besondere Zeit. Was ich zu dem Zeitpunkt jedoch nicht ahnte, war, dass meine Engel eine Begegnung vorbereiteten, die bis jetzt – und ich hoffe, mein Leben lang – eine ganz tiefe Bedeutung hat. Nein, kein Mann – wie manche Leser hoffen mögen.

Immer wieder habe ich im Nachhinein versucht, mich zu erinnern, an welchem Tisch Reni saß. Es war nur eine vage Ahnung, die mehr aus Renis Erzählung herrührte als aus meiner bewussten Erinnerung.

Dort gab es einen großen, ovalen Tisch, an dem außer mir

noch weitere acht Gäste saßen, die schon länger da waren. An dem Tisch war immer was los, und nur wenn einer dieser Gäste abreiste, war Platz für einen Nachrücker, während die neuen Gäste sich an die Tische rundherum verteilten. An einem dieser Tische musste Reni gesessen haben. Sie war mir nicht aufgefallen.

Es begann damit, dass ich zum Abschied den Masseurinnen jeweils ein Husky-Buch mit Widmung geschenkt hatte – ohne zu wissen, was ich damit auslösen sollte.

Zu meiner absoluten Überraschung erhielt ich einige Monate später zu meinem runden Geburtstag eine Geburtstagskarte von Reni, die ich bis zu dem Moment nicht kannte. Sie schrieb mir, dass sie mein Husky-Buch gelesen habe, und bat um Seminarunterlagen – sie habe mich übrigens im Juni bei der Ayurveda-Kur kennen gelernt, ohne dass sie mich angesprochen habe.

„Wer war das bloß – und woher weiß sie meinen Geburtstag?“ rätselte ich und hatte vor, die Frage durch ein Telefonat zu beantworten. Nur – ihre Telefonnummer stand nicht im Telefonbuch. Ich hätte es gern geklärt, aber es sollte wohl zu dem Zeitpunkt noch nicht sein. Irgendwann würde sich diese mysteriöse Sache sicher auflösen.

Als wir im März 1997 eine Termin-Aussendung an alle Seminarinteressenten vornahmen, kritzelte ich auf ihr Schreiben, dass ich mich gern für ihre Grüße telefonisch bedanken wollte, ihren Namen jedoch nicht im Telefonbuch gefunden hätte.

Ein paar Tage später kam ihr Anruf.

„Ich möchte Ihnen nur bestätigen“, sagte sie, „dass es keine Zufälle gibt. Wissen Sie, ich liebe Tiere über alles, vor allem Hunde. Meinen mussten wir im vergangenen Jahr einschläfern lassen, und Sie glauben gar nicht, wie sehr mich das belastet hat. Später sah ich dann in irgendeiner Zeitschrift ein Bild Ihres Buches ‚… nicht heulen, Husky!' Irgendetwas zog mich hin zu dem Buch, aber der Titel hielt mich davon ab, es zu kaufen. Ich dachte, es ginge darum, dass ein Tier leiden muss – und das konnte ich so kurz nach dem Tod meines Hundes nicht verkraften."

„Das glaube ich", sagte ich mitfühlend und hörte ihrer Geschichte mit wachsender Aufmerksamkeit zu.

„Nun zu unserer gemeinsamen Ayurveda-Kur: Ich hatte Sie immer schon aus der Ferne beobachtet, wie viel Spaß Sie mit den anderen Gästen am Tisch hatten, während ich woanders saß. Am Morgen Ihrer Abreise sah ich bei den Masseurinnen Ihre Bücher mit dem vertrauten Bild des Huskies liegen. Sofort fragte ich nach dem Buch, und mir wurde gesagt, dass es sich dabei in erster Linie um ein Selbsterfahrungsbuch handelte."

„Das ist ja interessant", warf ich ein.

„Ja, man sagte mir dann, Sie seien Gast hier. Irgendwie hatte ich mich schon vorher so hingezogen gefühlt zu Ihnen, ohne zu wissen, dass Sie die Autorin dieses Buches waren. Zuhause habe ich mir das Buch dann sofort gekauft – und Ihnen geschrieben."

„Das ist eine Story …!" lachte ich. „Aber das erklärt nicht, woher Sie mein Geburtsdatum wissen."

„Na ja" druckste Reni etwas herum. „Sie haben ja in Ihrem Buch geschrieben, welcher Jahrgang Sie sind, und da ich bei der BFA arbeite, war es ein Leichtes für mich, mal nachzuschauen, um Ihnen eine kleine Freude zu bereiten."

Ich lachte leise. Das gefiel mir. Überhaupt, diese Frau gefiel mir irgendwie.

„Wir sollten uns einmal kennen lernen", sagte ich fröhlich.

„Ich habe ja Ihr Seminarprogramm. Vielleicht kann ich im Herbst mal zu Ihnen kommen."

Obwohl Reni mit ihrem Mann Harry in Berlin wohnt, traf ich sie im Herbst in einem meiner Kurse in der Nähe von Nürnberg. Sie besuchte ihre Tochter Kirsten, die mit ihrer Familie dort lebt.

Ich lernte eine äußerst feinsinnige und feinfühlige Frau kennen. Sie gehörte später zu einem engeren Kreis von besonderen Teilnehmerinnen, die sich immer wieder in meinen Seminaren trafen. Aus diesem Kreis entwickelte sich über Jahre hinweg eine tiefe Freundschaft zu Reni.

Irgendwann sagte sie mir zögerlich, dass sie das Gefühl hätte, nachts in ihren Träumen mein Schutzengel zu sein. Sie sah mich in ganz bestimmten Situationen, die sie selbst nicht deuten konnte und die sie anfangs als unrealistisch abtat. Erst als sie vorsichtig mit mir darüber sprach, war ich bereit, ihre Träume und Ahnungen zu bestätigen, dass diese in meinem Leben erschienen waren, ohne dass sie es wissen konnte.

Ab dem Moment litt Reni nicht mehr darunter, sondern akzeptierte eine ihrer Rollen, die sie offenbar in diesem Leben übernommen hatte.

„Ständig kehrten diese Träume wieder, in denen ich sah, dass du mich brauchtest", hatte sie des Öfteren etwas unsicher zu mir gesagt. „Du bist so stark und hast mir so viel geholfen durch die Seminare und unsere Gespräche, dass ich mir nicht vorstellen konnte, dich mal schwach zu sehen und meine Hilfe zu brauchen. Ich konnte damit nichts anfangen und gebe zu – es machte mir Angst."

„Ich kann mir das schon erklären", antwortete ich nachdenklich. „Es ist ein ständiges Geben und Nehmen. Du bist für mich da, wenn ich dich brauche – und genauso geht es mir in anderen Bereichen bei dir. Das will es heißen. Nehmen wir's einfach an."

Im Oktober 1999 luden Reni und Harry dann Rico, Elisabeth, unsere ehemalige Hauswirtschafterin, und mich nach Berlin ein. Es war ein denkwürdiges Wochenende, denn Rico fand Reni und ihren Mann Harry so sympathisch, dass er mich inständig bat, dort noch eine Woche seiner Herbstferien verbringen zu dürfen. Nachdem ich spürte, dass es auch den beiden Recht war, meinte ich: „Okay, Rico, wenn ich zu Hause bin, schicke ich dir noch einige T-Shirts und Wäsche, damit du dich wenigstens mal umziehen kannst."

„Na ja," grinste Harry, „bis dahin kann er Unterhosen und Socken von mir anziehen."

Das geschah, als Rico zwölf Jahre alt war. Inzwischen ist zwischen Reni und mir eine tiefe Freundschaft gewachsen. Ich muss nie um etwas bitten – sie spürt, wenn sie gebraucht wird. Helfen ist ihre Seelenrolle. Sie ist der Typ, der immer gibt, doch nicht, um Dankbarkeit und Zuneigung zu erhalten. Bei ihr ist es Ausdruck ehrlicher Liebe zu den Menschen und zum Leben. Obwohl wir nie darüber gesprochen haben, glaube ich, Renis Einstellung zu kennen: Indem sie ihren Mitmenschen hilft, zeigt sie ihre Dankbarkeit dafür, dass es ihr selbst gut geht. Unbewusst lebt sie den Leitgedanken:

Nicht wer viel besitzt, ist reich, sondern wer viel gibt.

Dagegen hatte der intensive Kontakt zu meiner Freundin Marianne, die mich so liebevoll durch eine sehr chaotische Phase meines Lebens begleitete, in den vergangenen Jahren etwas nachgelassen. Eine längere Zeit hatte sogar Funkstille zwischen uns geherrscht. Es waren Dinge geschehen, die im

Nachhinein beiden Leid taten. Vielleicht hatten wir auch eine kreative Pause gebraucht, um dann festzustellen, wie wertvoll unsere Freundschaft wirklich war.

Dann jedoch spürten wir beide, dass wir einander fehlten. Sicherlich hatte unser Leben auch seine Qualitäten, ohne dass wir in Kontakt standen. Aber wenn ich bedenke, wie sehr Marianne gerade in den chaotischen Zeiten beider Auswanderungen an meiner Seite stand, kam ohne sie auf Dauer ein Gefühl von Einsamkeit in mir auf. Sie fehlte mir einfach.

Wenn man sich solange kennt wie wir, dann ist eine große Resonanzfähigkeit für unsere Erlebnisse und Erfahrungen vorhanden. Wir haben vieles miteinander erlebt. „Weißt du noch?..." ist zum Beispiel eine Frage, die nur jemand beantworten kann, der dabei war – in Freud und Leid. Und dieser Austausch war es, der uns beiden fehlte. Erst zu Ricos Konfirmation sah ich Marianne wieder, die auch seine Patentante ist.

Es gibt Menschen, die keine Freunde haben. Dahinter verbirgt sich oft die Unfähigkeit, Bindungen zu schaffen und sie zu bewahren. In einer echten Freundschaft gibt es keine Angst, verlassen zu werden. Manchmal setzen wir andere Prioritäten im Leben. Vielleicht sind wir sogar bereit, dafür auf einiges zu verzichten. Wir investieren in Kapitalanlagen, glauben gut zu leben und glücklich zu sein. Wir sollten besser investieren in Menschen, in Freundschaften und Gefühle, in gute Gespräche und vertrauensvolle Beziehungen. Erst dann werden wir Erfahrungen machen, die unser Leben wirklich bereichern und positiv verändern. Freundschaft bedeutet mehr als Geld. Es gibt keine bessere Investition als die in eine Freundschaft.

Dieses Gefühl war ganz stark in mir, als Marianne und ich uns ohne große Worte und Argumente signalisierten, dass unsere Freundschaft zwar eine zeitliche Unterbrechung erfahren hatte, aber nie wirklich abgebrochen war.

Kurz bevor ich dieses Buch beendete, hatte sie mich besucht, und da wurde uns beiden klar, wie sehr wir einander immer noch zugetan waren.

Ich nahm sie in meine Arme und sagte aus tiefstem Herzen: „Ich habe dich vermisst."

„Ich dich auch, Gila", sagte sie leise.

Und damit brauchte nichts mehr aufgearbeitet zu werden zwischen uns – Freundschaft ist Freundschaft.

*

In einer kirchlichen Tagungsstätte, in der ich so manches Seminar abgehalten hatte, lernte ich Heide kennen, kurz bevor sie Rentnerin wurde. Ich mochte ihre ausdrucksstarken Augen und ihren rustikalen Humor. Zu dem Zeitpunkt regelte sie den gesamten Verkehr an der Rezeption und hatte sich das erste Mal im April 1998 selbst zu einem Kurs bei mir angemeldet.

Wir lernen Menschen kennen und spüren meistens sofort, ob uns diese sympathisch sind oder nicht. So war es auch bei Heide. Bisher hatte sie organisatorisch alles für uns geregelt. Nun war sie das erste Mal als Teilnehmerin dabei. Wir mochten uns auf Anhieb.

Am ersten Tag der Veranstaltung stand das Thema Ausstrahlung auf dem Programm. „Wir mögen einen Menschen, ohne dass dieser vielleicht ein Wort gesagt haben mag. Wie kommt das?"

„Die Chemie stimmt", sagte Heide. „Es ist die Ausstrahlung eines Menschen – die Aura."

„Richtig“, fuhr ich fort, „die Aura ist unser feinstoffliches Energiefeld, das erfüllt ist von unseren Gedanken, die unsere Handlungen leiten. Der Eindruck, den ein Mensch auf andere macht, die ihm nahe kommen, hängt mit dieser Aura zusammen. Nicht die Worte, die wir sprechen, kommen in erster Linie bei anderen Menschen an, sondern unsere Gedanken, die wir in dieser Situation empfinden.“

Heide nickte zustimmend. Seit einiger Zeit hatte sie Reiki-Kurse belegt und wusste inzwischen um die Kraft der Gedanken.

„Wir sollten nicht denken, dass man uns nur nach dem beurteilt, was wir über uns mitteilen. Nein, wir machen auf andere genau den Eindruck, den unser Geist auf sie machen würde, wenn er offen vor ihnen läge.“

„Auch das noch“, scherzte sie, was die Gruppe zum Lachen reizte.

„Das, was wir in unserem Innersten denken, strahlt auf andere aus und beeinflusst die Meinung, die sie von uns haben.“

„Sie fühlen also die Art unserer Gedanken, ob sie klar und ehrlich oder verfälscht sind?“ fragte ein Teilnehmer.

„In der Ausstrahlung unserer Aura spüren die anderen die Ideale, die wir in uns tragen, und danach schätzen sie uns ein. Ja, dieser Eindruck bleibt sogar dann bestehen, wenn wir sie mit unseren Worten vom Gegenteil überzeugen wollen. R.W. Emerson hat das einmal in einem klaren Satz gesagt:

„Was du bist, das spricht so laut,
dass ich gar nicht hören kann, was du sagst.“

Wir können nichts anderes ausstrahlen als das, was wir in Wirklichkeit sind.“

Eine Zwischenfrage wurde gestellt, was man tun könne, um sich nicht immer wieder durch Menschen, die sich verstellen, täuschen zu lassen.

Ich fuhr mit meinen Ausführungen fort: „Egal, wie freundlich, wie liebenswürdig oder wie zuvorkommend sich jemand uns gegenüber auch verhält, wir spüren es genau in unserem Energiefeld, ob er es wirklich ehrlich meint. Unser innerstes Gefühl durchdringt diese Maske und enthüllt uns sein wahres Empfinden und seine Gedanken."

„Manchmal weiß ich gar nicht, warum, aber ich kann den einen oder anderen Menschen einfach nicht ausstehen", gab Heide offen zu.

„Und doch hat vielleicht der Betreffende alles Mögliche getan, einen guten Eindruck zu machen, mit der Überzeugung, dass es ihm sogar gelungen ist", bestätigte ich. „Das Beste ist, stets zu versuchen, etwas Gutes an allen Menschen und Lebenssituationen zu finden. Damit fokussieren wir dann diese guten Eigenschaften in dem anderen, und dieser wird sich dann über kurz oder lang auch uns gegenüber anders verhalten. Gerade hierbei spielt die konstruktive Kraft unserer Gedanken eine große Rolle."

Bei diesem Kurs passierte dann Folgendes: Mein Duschgel war ausgelaufen, und Heide bot mir an, ihren Sohn Claus zu bitten, der im gleichen Ort wohnte, neues zu besorgen.

Claus stand der Begeisterung seiner Mutter hinsichtlich ihres Seminarbesuchs anfangs eher skeptisch gegenüber und konnte die Themen zu diesem Zeitpunkt überhaupt nicht einordnen.

„Pass bloß auf, dass das keine Sekte ist", hatte er ihr besorgt mit auf den Weg gegeben. Erst als er mich dann später persönlich kennen lernte, war er beruhigt.

Aber vorher brachte Claus mein Duschgel in die Tagungsstätte und war fatalerweise zu einem anderen Raum gegangen, in dem die Arbeiterwohlfahrt einen Kurs für die Bewahrung von Volksliedern abhielt. Er lauschte an der Tür und hörte die Gruppe singen: „Der Hahn ist tot – der Hahn ist tot."

‚O, Himmel', dachte er entgeistert, ‚wo ist meine Mutter denn hier gelandet?' Ihm war gesagt worden, dass es sich um einen Kurs für positives Denken handelte. Und dann so ein Lied …!

Als er das Seelenheil seiner Mutter retten wollte, klärte man ihn an der Rezeption auf.

Gern erzählte Heide diese nette Geschichte …

*

Ungefähr ein Jahr nach dem Erscheinen meines ersten Buches erhielt ich an einem Nachmittag einen Anruf von einer Dame, deren Name mir nichts sagte.

„Sind Sie Gila?"

Als ich ihre Frage bejahte, fuhr sie etwas zögernd fort: „Ich weiß im Moment gar nicht, wie ich anfangen soll."

„Na, versuchen Sie es mal", sagte ich aufmunternd.

„Gestern Nachmittag saß ich beim Friseur und blätterte nichts ahnend in den Frauenzeitschriften. Auf einmal war ich wie elektrisiert, als ich darin einen großen Bericht mit Ihrem Bild über Ihr Buch ‚…nicht heulen, Husky!' fand."

Zu dem Zeitpunkt geschah es öfters, dass mich Leser meiner Bücher anriefen – von daher war dieser Anruf nichts Außergewöhnliches. Dann aber kam der Clou.

„Um es kurz zu machen", fuhr sie fort, „ich bin Ihre Nachfolgerin."

„Nachfolgerin – inwiefern?"

„Also – ich bin die Reiseleiterin, Ihre Nachfolgerin bei Rainer, nachdem Sie endgültig aus Whitehorse abgereist sind. Hah, jetzt ist es raus!"

Ich holte tief Luft. „Na, das ist ja interessant. Heißen Sie Angelika?"

„Sie kennen meinen Namen?"

Immer noch total überrascht, aber erwartungsvoll, was sich jetzt durch ihren Anruf alles ergeben würde, harrte ich der Dinge, die da kommen sollten.

Rainer, um den es hier ging, ist der Vater meiner beiden jüngeren Kinder, Dana und Rico. Wir hatten nach der Geburt von Dana eine Weile zusammengelebt. Dann gibt es noch aus meiner Ehe mit Achim meine älteren Söhne André und Marco, die jetzt in Alaska und in Kanada leben.

Rainer war der Mann meiner Freundin Eva, die von unserer Beziehung bis kurz vor unserer Auswanderung nichts gewusst hatte. Mit ihm, Dana und den beiden Jungen mitsamt dreizehn Huskies waren wir 1985 nach Whitehorse, der Hauptstadt der Yukon Territories in Kanada, ausgewandert – und später nach Deutschland zurückgekehrt, wo dann im August 1986 Rico geboren wurde. Drei Monate vor Ricos Geburt hatten wir uns in Frieden getrennt. Rainer war zurückgekehrt nach Kanada und hat nie wieder versucht, mit mir oder unseren Kindern Kontakt aufzunehmen. – Rico hat bis zum heutigen Zeitpunkt seinen Vater nicht kennen gelernt, während Dana sich kaum noch an ihn erinnern kann. Ausführlich habe ich in meinem Buch „… nicht heulen, Husky!" über diese Geschichte berichtet, die im November 2000 verfilmt wurde.

Nachdem Rico im August 1986 geboren wurde, hatte ich von meinem ältesten Sohn André gehört, dass Rainer im

Oktober einige Wochen von einer Reiseleiterin namens Angelika in Whitehorse besucht worden war.

Von Bekannten hatte ich erfahren, was allerdings nie bestätigt worden war, dass im Dezember 1986 auf dem Weg nach Dawson City alle unsere dreizehn Huskies in den Yukon River eingebrochen waren. In seiner Verzweiflung darüber wäre Rainer zu Angelika nach Lanzarote geflohen. Das war mein Wissen über die Angelegenheit. Und nun rief ausgerechnet diese Angelika bei mir an.

Auf meine Frage, ob sie nicht mehr auf Lanzarote lebe, erzählte sie mir, dass sie nun als Schiffsstewardess arbeite und momentan Urlaub habe.

„Ich habe so viel von Ihnen gehört", fuhr sie fort, „dass es mich kalt erwischte, als ich plötzlich Ihr Buch und Ihren Namen in der Zeitschrift sah. Ich konnte es kaum abwarten, nach dem Friseurbesuch sofort in die Bahnhofsbuchhandlung zu gehen, um das Buch zu kaufen."

„Das kann ich mir sehr gut vorstellen!"

„Noch im Bahnhof habe ich mich hingesetzt und Ihr Buch durchgeblättert, ob ich irgendwo darin vorkomme."

„Was ja ziemlich zum Schluss auch kurz der Fall ist", ergänzte ich heiter.

Damals hatte mir Rainer erzählt, dass er im Februar 1986 eine Bekanntschaftsanzeige aufgegeben hatte – mit der Absicht, so seine Aussage, dass er mich damit aufrütteln wollte. Diese Aktion war zu einer Zeit geschehen, als ich mich – im dritten Monat schwanger – bereits das erste Mal von ihm zurückgezogen hatte. Er wusste, dass ich die „Welt am Sonntag" abonniert hatte. Seine Anzeige hatte ich jedoch nicht bemerkt. Auf die eingehenden Angebote musste er dann nach unserer Trennung im Mai 1986 – drei Monate vor der Geburt von Rico – geantwortet haben, als er endgültig wieder nach Kanada zurückkehrte.

Und dann erzählte mir Angelika mit lockeren Worten, wie alles aus ihrer Sicht abgelaufen war.

„Ich bin übrigens der gleiche Jahrgang wie Sie – irgendwie sind Sie mir sympathisch. Können wir nicht Du sagen?“ bat sie.

Gern stimmte ich zu. Ich mochte ihre lockere Art, über die Dinge zu berichten, die auch für mich wichtig waren, vor allem, weil sie aus einer ganz anderen Perspektive dargestellt wurden.

Sie hatte die besagte Bekanntschaftsanzeige gelesen. „Dreizehn Huskies und ein Musher suchen deutsche Frau für ein Leben in den Yukon Territories.“

„O, dachte ich – das ist was für mich! Ich war nie verheiratet, habe viele Länder gesehen und hatte vor, jetzt irgendwo mein Ei abzulegen!“

Wieder lachte ich über ihre rustikale Art.

Meine heitere Resonanz lockte sie noch mehr aus der Reserve, als sie fort fuhr: „Eigenartig war, dass ich zunächst nichts von Rainer hörte, bis er mich dann im Sommer aus Whitehorse anrief und mich direkt nach Kanada einlud. Ich habe natürlich umgehend in Gedanken mein Brautkleid entworfen, bis ich dann in deinem Haus ankam.“

Sie erzählte, was sie vorfand, und dass sie ihr imaginäres Brautkleid schnell wieder einpackte.

„Reines Chaos“, stöhnte sie. „Nur Huskies – und zu allem Überfluss wurde ich zwei Tage später damit konfrontiert, dass Rainer einen Wust unbezahlter Rechnungen vor sich her schob, was ihm rein gar nichts auszumachen schien.“

‚Ja‘, dachte ich belustigt, ‚so war er‘.

„Ich bin dann mit fliegenden Fahnen zurückgekehrt nach

Lanzarote – heilfroh, ihn und das Chaos hinter mir zu lassen und diesen Ausflug in die Kälte als Erfahrung abzuhaken."

„Und wie kam er dann plötzlich zu dir?"

„Gila, ob Du's glaubst oder nicht – kurz vor Weihnachten schellt es bei mir. Nichts ahnend öffne ich die Tür. Wer steht da? Rainer mit einigen Rucksäcken und will bei mir einziehen – total fertig mit der Welt. Mich hat fast der Schlag getroffen. Er hat dann kurze Zeit bei mir gewohnt. Schließlich ist er ausgezogen, nachdem ich ihm noch geholfen habe, Arbeit als Reiseleiter zu finden."

„Also stimmte das doch mit dem Tod der Huskies?" hakte ich nach, weil diese Geschichte nie so richtig bestätigt wurde.

„Ich habe ihm das nicht geglaubt", zweifelte Angelika, „ich glaube, er hat sie verkauft."

„Nein, das hätte er niemals getan – schau mal, er hat sich für seine Huskies und gegen seine Kinder entschieden. Niemals hätte er seine Hunde verkauft. Sie waren sein Leben."

Es wurde ein langes Gespräch zwischen uns. Für Angelika waren es nur vier abenteuerliche Wochen in ihrem Leben – für mich war es eine ganz wichtige Phase meiner Entwicklung, in der meine beiden Kinder geboren wurden und die gleichzeitig die Geschichte meines ersten Buches darstellte.

In der folgenden Zeit riefen wir einander immer wieder mal an. Einmal hatten wir uns verabredet und waren sogar kurz davor, einander persönlich kennen zu lernen. Einen Tag zuvor bekam sie jedoch eine neue Heuer und musste absagen.

Ich wünsche Angelika von Herzen, dass sie einen Menschen findet, bei dem sie in Ruhe ihr Ei ablegen kann, und ein Brautkleid, das sie nicht wieder einpacken muss. Auf meine Bitte hin hat sie mir damals ein Foto geschickt – eine wunderschöne Frau, die Ruhe, Frieden und Liebe in ihrem Leben verdient hat.

Kapitel 2

Wenn man seine Ruhe nicht in sich selbst findet, ist es zwecklos, sie andernorts zu suchen.
(François de La Rochefoucauld)

Ein Mensch voll Liebe zu anderen Menschen in seinem Herzen wird in jeder Situation wie ein Magnet Gutes anziehen und Menschen finden, die ihm gern helfen, nach dem Gesetz: „Wer da hat, dem wird gegeben."

Wir erleben, was wir erwarten oder befürchten. Wer von uns hat nicht schon oft erfahren, dass seine Befürchtungen eingetroffen sind. Können wir hellsehen? Nein. Es ist einfach nur so, dass uns das widerfährt, worauf wir uns in Gedanken konzentrieren. Unsere Gedanken bestimmen unser Handeln. Deshalb steuern wir auch auf das zu, woran wir denken. Wir sollten uns also immer nur das ausmalen und vorstellen, was wir wirklich erreichen möchten. Unsere Prophezeiungen erfüllen sich – im Guten wie im Schlechten.

Gleiches zieht Gleiches an. Je mehr Gedanken des Erfolges, des Glücks, des guten Willens wir hegen, desto stärker wird unsere Anziehungskraft für alles sein, was unserem Denken entspricht.

Durch unsere Gedanken erschaffen wir unsere Zukunft. So ist auch *Gedanke* nur ein anderer Name für *Schicksal.* Ich glaube ganz fest daran, dass ein großer Teil unseres Schicksals vorbestimmt ist. Wir als Seelen haben uns unsere Lebensumstände selbst ausgewählt, um daran optimal zu wachsen und zu reifen. Manchem Leser wird dieser Gedanke vielleicht nicht unbedingt behagen. „Wenn das wirklich so ist“, höre ich ab und zu, „dann kann ich ja niemanden mehr in die Verantwortung nehmen, wie ich aufgewachsen bin – welche Chancen ich von meinem Elternhaus mitbekommen habe oder auch nicht.“ Und könnte dadurch nicht auch der Gedanke aufkommen: „Ja, wenn wir uns unser Schicksal selbst ausgesucht haben, dann brauche ich mich ja auch nicht um die anderen zu kümmern.“

Nein, so kann Liebe nicht gemeint sein. Liebe ist die größte Kraft in unserem Leben. Jeder, der diese Liebe in sich trägt, hat aber auch die Aufgabe, sie weiterzugeben. Und wenn wir anderen dabei helfen, ihr Leben in Liebe zu leben, so ist auch das ein Teil des großen Plans.

Es kann nicht sein, dass wir sagen: „Ich spende grundsätzlich nichts, weil ich weiß, bei manchen Organisationen geht ein großer Teil des Geldes für Verwaltungskosten drauf. Das sehe ich nicht ein.“

In manchen Fällen läuft das Ganze sicherlich nicht optimal ab, aber das hält mich nicht davon ab, meine Spende zu geben in dem festen Glauben, dass zumindest ein Teil davon ankommt und hilft. Ich habe gelernt, nach innen zu horchen. Manchmal ist es ein unspektakulär wirkender Aufruf, dem andere kaum Beachtung schenken, wo ich mich tief berührt fühle – und dann handle ich. Liebe bringt Liebe, und Hass bringt Hass. Erscheint dadurch die Aussage von manchen über die Ungerechtigkeit auf der Welt vielleicht in einem anderen Licht?

Die bewusste Steuerung unserer Gedanken bewahrt das Lebensschiff vor dem Untergang. Ein guter Kapitän wird immer versuchen, auf Kurs zu bleiben und sein Schiff im Sturm nicht einfach treiben zu lassen.

Wir meinen, das sei doch selbstverständlich? Aber was ist mit unserem Leben, wenn etwas aus dem Ruder gelaufen ist?

Überlegen wir einen Moment. Ist uns nicht etwas zur Leitung anvertraut, das viel zarter und kostbarer als irgendein Schiff ist – nämlich unser Leben, unser Bewusstsein? Wie viel Sorgfalt verwenden wir darauf, dieses Bewusstsein zu steuern? Lassen wir unseren Gedanken nicht oft genug freien Lauf? Lassen wir sie nicht von den Stürmen des Zorns mal hier- oder dorthin treiben? Lassen wir uns nicht durch falsche Freundschaften oder nicht getroffene Entscheidungen in Situationen bringen, die wir niemals mit Absicht gewählt hätten?

Woran kann ich unglückliche Menschen erkennen? Daran, dass sie völlig auf ihr Unglück fixiert sind. Sie reden ständig von ihren Enttäuschungen, Problemen, Krankheiten und Misserfolgen. Sie können ihre Sorgen nicht loslassen. Sie sind den ganzen Tag damit beschäftigt, unglücklich zu sein, und haben keine Zeit mehr für anderes.

Glückliche Menschen dagegen können sich vom Negativen lösen. Es gelingt ihnen, auch in andere Richtungen zu blicken. Sie versuchen es noch einmal, und plötzlich kommt der lang ersehnte Erfolg. Sie können eine Pause einlegen, wenn besonders viel Arbeit auf sie wartet. Sie können lächeln, wenn sie einen Fehler machen. Sie vergessen ihre Sorgen und genießen den Frühlingstag. Sie haben Augen für die schönen, kleinen Dinge, die von den meisten übersehen werden.

Das Problem ist eine Gelegenheit in Arbeitskleidung.

(Henry J. Kaiser)

Probleme können Richtungsweiser in unserem Leben sein. Sie mahnen uns zur Vorsicht oder zeigen uns an, dass die

Richtung geändert werden muss. Manchmal machen sie uns sogar klar, dass wir uns in einer Sackgasse befinden. Wenn wir ihre Botschaft entschlüsseln und an ihrer Lösung arbeiten, können Probleme eine große Hilfe sein für unser Leben. Was für ein befreiendes Gefühl ist es doch, wenn wir ein Problem gelöst haben!

Wir können unsere Fähigkeiten nicht erkennen, wenn wir aus Angst zu versagen, gar nicht erst mit einer Aufgabe beginnen. Als Kinder üben wir so lange, bis wir laufen oder sprechen können. Erst später verlieren die meisten von uns diese Unbefangenheit. Wir stellen andere Ansprüche an uns, verlangen uns selbst Perfektion ab. Wir haben Angst, es könnte uns nicht oder nicht gut genug gelingen. Dadurch nehmen wir uns aber auch die Chance, uns weiter zu entfalten.

Wenn wir überzeugt sind, bei anderen nicht anzukommen, machen wir stets die dementsprechende Erfahrung. Halten wir uns selbst für Versager, wird sich dieses immer wieder in unseren Lebensumständen zeigen.

Wir sollten auf Menschen zugehen, wenn wir an ihnen interessiert sind, statt abzuwarten, ob sie sich uns zuwenden. Wie viele interessante Leute gibt es, die wir gern kennen lernen würden? Es ist eine Freude, Menschen zu begegnen, die etwas Positives ausstrahlen, originelle Ansichten vertreten oder besonders sympathisch und liebenswert sind.

Oftmals verpassen wir gute Gelegenheiten zum Kennen lernen oder zu einem guten Gespräch. Vielleicht sehen wir jemanden auf einem Empfang oder bei einer Geburtstagsfeier und denken: ‚Ob er mich wohl sieht?' oder ‚Ob sie mich erkennt?' Vielleicht mag bei dem einen oder anderen sogar das Muster aufkommen: „Vielleicht will er mich gar nicht sehen?"

Warum tun wir nicht den ersten Schritt und gehen auf den

anderen zu und nehmen ihn vielleicht sogar in die Arme? Wenn ich diese Frage stelle, höre ich manchmal die Antwort: „Ich weiß ja gar nicht, ob es dem anderen Recht ist, wenn ich das tue.“

Das heißt übersetzt: „Ob der andere das wohl mag? Ob er meine Umarmung nicht vielleicht als aufdringlich empfindet? Vielleicht lehnt er das ab – vielleicht lehnt er mich ab? Und dann wieder eine Verletzung! Nie wieder soll mich jemand verletzen! Nie wieder darf mich jemand verletzen! Ich mache zu! Also lass ich's lieber – ist doch einfacher – vornehme Zurückhaltung! Wenn er es möchte, so soll er es mir doch zeigen!“

Und wenn bei dem anderen das gleiche Muster abläuft? Zwei Menschen, die sich mögen, in den gleichen Mustern gefangen? Dabei möchten sie ja eigentlich den anderen erkennen lassen, wie sehr sie ihn mögen. Aber dann setzt der verflixte Verletzungsmechanismus ein, der innere Schweinehund! Blitzschnell – so schnell können wir gar nicht denken – greift er auf vertraute Programme aus unserem Unterbewusstsein zurück, wo wir unserer Meinung nach einmal zu viel Gefühl gezeigt haben und abgewiesen worden sind.

Die erste Begegnung zwischen meinen Teilnehmern und mir ist stets ein bewegender Moment, sowohl für mich als auch für sie. Voller Dankbarkeit, weil sie so viel einsetzen, um bei meinem Seminar dabei zu sein, spüre ich das Vertrauen, welches mir entgegengebracht wird. Es fließt eine wunderbare Energie zwischen uns, manchmal ab dem ersten Moment. Oft verspüren wir sogar das Bedürfnis, den anderen bei der Begrüßung einfach kurz in die Arme zu nehmen.

Folgende kleine Episode bringt mich heute noch zum Schmunzeln. Zu einem Seminar in Vorarlberg hatte ein Unternehmer seine Mitarbeiterin angemeldet und sie morgens zum Hotel gebracht. So lernte ich auch ihn kurz kennen, obwohl er kein Teilnehmer war.

Voller Freude begrüßte ich die beiden und spürte, wie er mich verwundert anschaute, als ich seine Mitarbeiterin in alter Manier herzlich willkommen hieß, indem ich sie kurz in die Arme nahm. Vorsichtshalber ging er einen Schritt zurück, wehrte ab und meinte: „Ich nehme nicht daran teil."

Ich lachte leise, weil ich seine Gedanken spürte, und kümmerte mich weiter um die Neuankömmlinge, die inzwischen eingetroffen waren.

Um so erstaunter war ich, als er kurz darauf noch einmal zu mir kam und sich mit den Worten verabschiedete: „Wenn du schon alle liebst, dann bitte auch mich …!"

Einer herzlichen Umarmung folgte ein Riesengelächter.

Unser Leben bekommt eine völlig andere Qualität, wenn wir auf Menschen zugehen, die wir gern kennen lernen oder wiedersehen möchten.

Haben Sie schon einmal im Fernsehen gesehen, wie Menschen überrascht werden? Fast immer fallen sie den Überbringern dieser Überraschung vor überschäumender Freude um den Hals, obwohl es eine wildfremde Person ist. Da ist kein Vorbehalt – es ist reine Freude, die hochkommt.

Noch erstaunlicher ist es für mich zu beobachten, wie fast alle Personen in verschiedenen Sendungen wie „Versteckte Kamera" oder „Verstehen Sie Spaß?" sich zunächst sehr ärgern, manchmal sogar einen Wutausbruch erleiden. Aber in dem Moment, wo die Sache aufgelöst wird, geschieht genau das Gegenteil. Wupps! Der Schalter kippt um: Überraschung – Lachen – man fällt dem Moderator um den Hals! Innerhalb von Sekunden schlägt der Ärger ins totale Gegenteil um. Damit können wir uns am Bildschirm alle identifizieren, das können wir gut nachvollziehen.

Wenn so etwas aber möglich ist und andere für diesen Effekt sorgen können, warum fällt es uns dann so schwer, selbst den Schalter von Ärger auf Freude umzustellen? Warum soll das so schwierig sein?

Ich gebe zu, im realen Leben ist es nicht immer leicht, sofort von Ärger auf Freude umzuschalten, weil die Auflösung nicht sofort erfolgt. Wenn wir es jedoch schaffen, den Sinn in dem belastenden Ereignis zu erspüren, wird es uns von Mal zu Mal leichter fallen.

In diesem Zusammenhang berichte ich auf meinen Seminaren gern als Beispiel von Ina, einer guten Bekannten von mir. Sie hatte ein Seminar bei mir besucht und mich dort um ein Gespräch gebeten.

„Gila", eröffnete Ina die Unterredung, „ich habe inzwischen gelernt, zu mir selbst zu stehen. Ich lebe seit acht Jahren mit meinem Lebensgefährten zusammen. Wir sind beide Singles – uns geht es finanziell sehr gut, wir haben beide eine anspruchsvolle Position und ansonsten keine familiären Verpflichtungen. Vor ein paar Monaten haben wir ein sehr schönes Haus gemietet. Alles könnte gut sein, aber ich merke, meine Liebe zu ihm ist auf der Strecke geblieben. Immer wieder habe ich versucht, das zu ändern, aber es ist nicht mehr das, was ich wirklich vom Leben erwarte. Nur – ich kann mich nicht entscheiden."

„Was möchtest du nun von mir wissen, Ina?"

„Ich weiß, dass du mir keinen Rat geben kannst, was ich tun soll."

„Richtig", erwiderte ich. „Ich kann und werde dich keinesfalls ermuntern, dich von deinem Partner zu trennen oder bei ihm zu bleiben. Das kann nur deine eigene Entscheidung sein. Vielleicht wartest du einfach mal ab, bis du wieder zu Hause bist. Oft passiert es, dass du durch die Kraft, die du hier auf dem Seminar auftankst, auch eine persönliche Veränderung erfährst und du deinem Partner ganz anders gegenüber trittst. Die Entscheidung jedoch, Ina, musst du immer selbst treffen. Niemand kann sie dir abnehmen. Welchen Entschluss du auch fasst: Dein Leben geht weiter in die Richtung, die du vorgibst."

Abschließend bat Ina: „Darf ich dich anrufen, wenn ich mal einen Rat brauche?"

Ich nickte, und sie verließ mich sehr nachdenklich.

Kurze Zeit später kam dann wirklich ein Anruf von ihr.

„Gila, bei mir hat sich so einiges ereignet. Nach dem Seminar bin ich in mich gegangen und habe mich nach reiflicher Überlegung entschieden, mich zu trennen. Als ich dies dann meinem Freund schonend beibringen wollte, reagierte er völlig verständnislos. Es gab einfach keine Möglichkeit, mit ihm sachlich und vernünftig über unsere Situation zu reden. Er sieht nur seinen Verlust und die tiefe Verletzung, die ich ihm zufüge. So bin ich gestern in einer Nacht- und Nebelaktion ausgezogen – nur mit den nötigsten Dingen."

„Wo wohnst du jetzt?"

„Bei meinen Eltern – bis ich etwas Neues finde. Aber ich wollte dir nur sagen – ich habe mich entschieden! Ich habe mein Leben selbst in die Hand genommen! Es geht mir zwar irgendwie nicht gut im Moment, aber andererseits hervorragend, weil ich jetzt weiß: Ich habe nach meinem Herzen gehandelt."

Ina hatte ihre Entscheidung getroffen. Wie sehr dieser Entschluss ihr Leben beeinflussen sollte, berichtete sie mir einige Zeit später.

„Gila, alles steht Kopf bei mir. Stell dir vor – vor drei Monaten habe ich einen neuen Arbeitskollegen aus dem Außendienst kennen gelernt. Komisch, es hat sofort gefunkt zwischen uns. Das musst du dir mal vorstellen! Ich hatte wieder Schmetterlinge im Bauch …!"

„Schön, nicht?" lachte ich ins Telefon.

„Ja, jetzt kommt's! Es dauerte eine Weile, bis ich merkte, es waren nicht nur die nur Schmetterlinge, die bei mir im Bauch kribbelten, das Ganze hatte sogar Hand und Fuß. Ich mit meinen vierzig Jahren erwarte mein erstes Baby!"

Was für eine schöne Nachricht! Ina gab mir ihre neue Anschrift durch und hörte sich so froh und begeistert an. Ich konnte förmlich spüren, wie gut es ihr ging. Sie erzählte noch einiges von dem neuen Mann in ihrem Leben, bevor sie das Gespräch beendete. Und ich freute mich mit ihr.

Kurze Zeit später jedoch erhielt ich einen Anruf von ihr, in dem sie sich sehr deprimiert anhörte.

„Ich habe ein Problem, Gila. Wir haben vor kurzem geheiratet. Du weißt ja, wir leben auch seit ein paar Monaten zusammen. Das Problem liegt darin, dass mein Ex-Partner mir keine Ruhe lässt, obwohl er weiß, dass es kein Zurück zu ihm gibt."

„Was macht er?"

„Nun, ich habe dir ja erzählt, dass wir uns vor acht Monaten zusammen ein Haus gemietet hatten, in dem ich ja nur kurz wohnte, weil ich dann ausgezogen bin."

„Richtig", bestätigte ich.

„Jetzt kommt mein damaliger Freund auf mich zu und will auch weiterhin die Hälfte der Monatsmiete von mir haben.

Aber als ich ihn bat, sich doch ein anderes Zuhause zu suchen, er allein brauche kein Einfamilienhaus mit mehr als 150 qm, teilte er mir mit, wir hätten einen Fünf-Jahres-Vertrag abgeschlossen. Niemand könne ihn zwingen, vor dieser Zeit auszuziehen. Für die restlichen Jahre habe er Anspruch auf die Hälfte der Miete."

„Und jetzt musst du zahlen, nicht?"

„Ja, Gila, ich habe keine andere Chance. Aber was mich an der ganzen Sache so ärgert, ist, dass er nicht freiwillig das Feld räumt. Er weiß inzwischen von meinem Baby und dass ich deswegen meine Tätigkeit aufgeben muss. Dadurch kommt auch finanziell einiges mehr auf mich zu. Und jedes Mal, wenn der Betrag – und der ist nicht niedrig – von meinem Konto abgebucht wird, bin ich wütend und zornig. Was kann ich tun, dass sich das ändert?"

„Was soll sich ändern, Ina, dein Gefühl oder die Situation?"

„Am besten beides", erwiderte sie, schon wieder etwas lockerer.

„Schau mal, du weißt inzwischen, dein Gefühl ist ausschlaggebend, wie du eine Situation siehst. Du schaust auf deinen Kontoauszug und ärgerst dich! Deiner Meinung nach zu Recht. Ina, du weißt, ich spreche in meinen Seminaren immer wieder darüber, dass jede Ursache eine Wirkung hat, aber auch jede Wirkung eine Ursache."

„Ja", räumte sie ein, „ich weiß ja, durch meine Unterschrift des Mietvertrages habe ich dieses Problem verursacht."

Ich dachte einen Moment nach und entgegnete dann: „Darauf will ich jetzt gar nicht hinaus. Mir geht es eher darum, diese Situation einfach anzunehmen, aber du selbst kannst entscheiden, ob du sie mit Ärger oder mit Freude annimmst."

„Mit Freude? Darüber soll ich mich freuen?"

„Nicht wie du denkst, Ina. Stell dir jetzt mal vor, du lässt die Beweggründe deines Freundes mal außer Acht. Du betrachtest jetzt nur mal die Abbuchung wertfrei als Kontobuchung. Wenn du die geistigen Gesetze wirklich verstehen willst, dann spür mal in folgenden Gedanken hinein: Kann es nicht sein, dass du jetzt die Wirkung einer Ursache, an die du dich vielleicht gar nicht mehr erinnerst, präsentiert bekommst? Hier höre ich öfters den Einwand, ob das nicht zu einfach sei, es so zu sehen. Meiner Meinung nach, Ina, verlassen wir jedoch damit die Opferrolle, um Verantwortung für unser Denken und Handeln zu übernehmen.

Stell dir vor, es gibt ein karmisches Konto im Universum. Du hast dort einen Kredit aufgenommen. Jetzt zahlst du ihn monatlich zurück und bist glücklich, dass du es schaffst. Bei jeder Zahlung bist du dankbar, dass es von Mal zu Mal weniger wird. *Das* Gefühl, Ina, ist wichtig – mit *dem* Gefühl musst du an die Rückzahlung herangehen und deinen Fokus auf Freude setzen."

Eine ganze Weile blieb es still am Telefon, und ich spürte förmlich, wie diese Worte auf sie wirkten.

Dann brach es aus ihr heraus:

„Whow – das ist die Lösung, Gila! Das ist die Lösung!"

Keine acht Wochen später rief sie mich überglücklich an und berichtete: „Gila, ich habe heute ein Schreiben von meinem damaligen Freund erhalten. Er teilt mir mit, dass er Nachmieter für das Haus gefunden hat und in vier Wochen auszieht!"

Was hatte dieses Ereignis spirituell weiterhin für eine Bedeutung? Mit dunklen Energien – wie ihrem Zorn und Ärger – hatte sie ihren Freund unbewusst festgehalten. Erst als sie ihren Fokus veränderte, konnte sie ihn loslassen. Somit war er nicht mehr resonanzfähig für ihre destruktiven Gefühle. Ihre positive Sichtweise und dementsprechende Schwingung hatten ihm den Nährboden für seine Vergeltung entzogen und damit auch die Grundlage für seine negative Reaktion.

*

Des Öfteren hatte ich mir Gedanken darüber gemacht, wann meine beiden jüngsten Kinder erkennen ließen, ob sie ihren Vater vermissen würden. Rico kannte ihn gar nicht, und auch Dana hatte keine Erinnerung mehr an ihn. Sie war noch nicht einmal vier Jahre alt gewesen, als er uns verließ.

Zum ersten Mal wurde ich im Dezember 1992 damit konfrontiert. Dana war zu dem Zeitpunkt zehn und Rico sechs Jahre alt. Ich hatte bei mir zu Hause für meine Freunde ein Nikolaus-Essen veranstaltet und als Überraschung einen Studenten engagiert, der seine Dienste als Nikolaus über eine Anzeige angeboten hatte.

Ich rief ihn an und vereinbarte mit ihm, dass er am Nikolaustag jedem Teilnehmer ein Päckchen überreichen sollte, in dem ein kleines Geschenk, aber auch ein Zettel mit Lob und Tadel lag. Niemand außer mir wusste von diesem Arrangement.

An dem Abend hatte ich das Feuer im Kamin angezündet, aber nicht daran gedacht, dass zehn Personen auch dazu beitragen, die Raumtemperatur auf Touren zu bringen.

Wir saßen bereits gemeinsam beim Essen, als meine Freundin Marianne den Nikolaus als erste vor der Haustür entdeckte.

„Da – da“, stotterte sie, während sie wie hypnotisiert zur Tür blickte, „ein Nikolaus!“

„Ja, ja – du träumst!“ beruhigte sie jemand aus dem Kreis.

„Nein!" rief sie laut. „Ich habe einen Nikolaus gesehen!"

Der Studenten-Santa-Claus war inzwischen aus Mariannes Blickfeld entschwunden und in die Garage entwichen, um die Tüten zu holen. Ich eilte nach draußen, um ihn abzufangen und ihm letzte Anweisungen zu geben.

Gerade konnte ich ihn noch bitten, die Anwesenden aufzufordern, vor der Übergabe der Geschenke ein kleines Gedicht aufzusagen, als er auch schon mit all den Tüten ins Wohnzimmer stapfte.

„O!" rief ich und tat sehr überrascht, „da ist ja wirklich ein Nikolaus!"

Die Kinder liefen zu ihm hin und bekamen große Augen. Alle anderen waren ebenso überrascht und total begeistert von dieser Idee.

Aus der Winterkälte kam er in unser etwas überheiztes Wohnzimmer, und der einzige Platz, wo er mit seinem Sack noch einigermaßen frei stehen konnte, war vor dem heißen Kamin. Innerhalb von wenigen Minuten lief ihm der Schweiß in seinen weißen Bart.

Ich hatte mit ihm telefonisch abgesprochen, dass er zuerst die Gäste begrüßen sollte, und freute mich jetzt auf die verdutzten Gesichter, wenn jeder von ihnen ein Gedicht aufsagen sollte.

Und dann begann doch wahrhaftig mein Nikolaus stockend: „Von drauß' vom Walde komm ich her, ich muss euch sagen, es weihnachtet sehr …"

Ich dachte, ich hörte nicht richtig, und wand mich wie ein Regenwurm. Heimlich versuchte ich, ihm ein Handzeichen zu geben, dass diese Aufforderung den Gästen und nicht ihm gegolten hatte. Doch er schien meine Handbewegung so zu verstehen, vor dem heißen Kamin noch mehr Gedichte zu zitieren. Der Verzweiflung nahe, kratzte er sein weihnachtliches Wissen zusammen und hörte dann gar nicht wieder auf.

Als er endlich fertig war, applaudierten meine Gäste begeistert, nicht ahnend, dass er sie gerade unwissend von einer Pflichtübung befreit hatte.

Ich ließ mir nichts anmerken.

Und dann wurden die einzelnen Gäste aufgerufen und die liebevoll eingepackten Geschenke verteilt.

Jetzt zog Rico den Nikolaus vorwitzig am Mantel, während dieser noch mehr in Richtung Kamin auswich. Zu allem Überfluss fiel ihm dauernd die übergroße Kapuze in die Augen. „Rico, ich habe gehört“, so brummte er, während der Schweiß unaufhörlich in seine Augen rann, „dass du manchmal nachts aufstehst und heimlich Fernsehen im Wohnzimmer guckst. Irgendwelche Sendungen, die du gar nicht sehen darfst. Was sagt denn dein Vater dazu?“

„Mein Vater?“ antwortete Rico treuherzig und schaute mit seinen kugelrunden schwarzen Augen zu dem schwitzenden Nikolaus hoch. „Ich hab aber keinen Vater!“

„Auch das noch!“ entwich es dem Miet-Nikolaus, was bei uns heftige Heiterkeitsstürme auslöste. Der weiße Bart war inzwischen tropfnass.

Schneller als erwartet war er dann fertig mit der Bescherung. Ich brachte ihn raus und drückte ihm mitfühlend die Hand.

„Wissen Sie was?“ knurrte er. „Den Job mache ich für kein Geld der Welt noch mal! Noch nie hat einer von mir verlangt, dass ich so viele Gedichte aufsage!“ Beleidigt schüttelte er den Kopf, heilfroh, dem heißen Kaminfeuer und meinen immensen Ansprüchen entronnen zu sein. Mit ein paar Worten und einem großzügigen Trinkgeld stellte ich dann die Sache klar.

Am nächsten Tag sprachen Rico und Dana immer wieder von dem Ereignis, vor allem Rico war sehr nachdenklich geworden.

Abends kuschelte er sich an mich und fragte: „Sag mal, Mom, warum habe ich eigentlich keinen Vater? Mag er mich nicht? Was ist los mit mir?“

„Schau mal, Rico, dein Vater hat sich entschieden, in Kanada zu leben, noch bevor du geboren wurdest. Er hat dich gar nicht kennen gelernt.“

„Aber André lebt auch in Kanada und ist oft bei uns und telefoniert. Warum hat mein Vater noch nie angerufen?“

Ganz behutsam versuchte ich, die richtigen Worte zu finden: „Zuerst einmal möchte ich dir sagen, Rico, wenn dein Vater wüsste, was du für ein Prachtbursche bist, dann würde er enorm stolz auf dich sein. Aber er weiß das gar nicht, weil er sich entschieden hat, sein Leben anders zu leben. Also, mit dir ist gar nichts verkehrt, im Gegenteil – alle, die dich kennen, lieben dich, und ich sag es noch mal: Dein Vater würde dich auch lieben, wenn er dich kennen gelernt hätte.“

„Wirklich?“ fragte er und schaute mich mit seinen großen schwarzen Augen an.

„Ehrenwort!“ bestätigte ich und nickte.

„Dann ist es ja gut“, stellte Rico beruhigt fest.

Ein anderes Mal geschah es eher zufällig, dass eine Bemerkung von Dana, die inzwischen erwachsen war, mich aufhorchen ließ.

Reni, meine beiden Kinder und ich waren zum Essen gegangen. Ich stand gerade am Salatbüffet und traf meine Wahl, als ich die Worte meiner Tochter mitbekam: „Weißt du, Reni, ich habe meinen Vater nie vermisst. Egal, was war, meine Mom war immer für mich da.“

Danas Worte taten mir zwar gut, doch ich wusste, dass meine Tochter ja gar nicht abschätzen konnte, wie das Leben mit einem Vater gewesen wäre. Ich habe ihre Worte jedoch als liebevolle Bestätigung aufgefasst, dass sie das Gefühl hatte, auch ohne Vater gut klarzukommen.

*

An einem der Tage, an denen ich im Büro war, klingelte das Telefon, und ich hörte, wie Irmi, meine Mitarbeiterin, einen Anruf entgegennahm. Worte wehten an mein Ohr, und ich ahnte schon, dass der Anruf für mich bestimmt war.

„Da ist eine Dame am Telefon, die nach dir fragt“, sagte Irmi leise. „Kann ich sie mal durchstellen? Es ist eine ganz besondere Situation.“

Ich meldete mich.

„Ich habe Ihr Mutter-Erde-Buch gelesen“, sagte eine kraftlose, fast leblose Stimme. „Es war sehr wichtig für mich, denn ich habe meinen Sohn verloren.“

„Wann war das?“ fragte ich zurück.

„Vor drei Monaten.“

„Wie alt war er?“

„Neunzehn Jahre.“

„Und wodurch?“

„Christof ist erstochen worden in einer Disco. Und das im Beisein meiner Tochter“, sagte sie bitter.

Das war hart. Sie hieß Carola und sagte leise, ihre Freundin Margret habe ihr mein Buch gegeben, und sie wollten sich jetzt beide gern zu meinem nächsten Seminar anmelden.

Ich nahm mir vor, mich während des Kurses, der vierzehn Tage später stattfinden sollte, ganz besonders um sie zu kümmern.

Ich erkannte Carola sogleich an dem tiefen Leid, das sie ausstrahlte. Sie verhielt sich wie eine lebendige Tote. Ihre Lebensgeister waren ganz und gar erloschen. Ihre graue Gesichtsfarbe tat das Übrige. Dennoch nahm ich mir vor, erst dann ein Gespräch unter vier Augen mit ihr zu führen, wenn sie mich darum bitten würde.

In unseren Seminaren gibt es immer viel Bewegung – innerlich und auch äußerlich. Dadurch wird es von Stunde zu Stunde für alle Teilnehmer interessanter. Carola dagegen bewegte sich wie eine Marionette. Sie funktionierte nur noch und folgte der Gruppe lustlos, ohne irgendeine Initiative zu zeigen. Bewusst hatte ich zu den anderen nicht über ihr Schicksal gesprochen, weil in all meinen Teilnehmern so viel Liebe geweckt und wieder ausgestrahlt wird, dass sie Carola auch annehmen würden, ohne etwas über sie zu erfahren. Aber sie hielten sich noch fern von ihr. Carola strahlte eine schier unüberbrückbare Distanz aus. Die einzige, die nicht von ihrer Seite wich, war ihre Freundin Margret.

Auch im Laufe des Kurses änderte sich Carolas Haltung nicht. Im Gegenteil – sie wurde den anderen gegenüber, die mehr und mehr auftauten und aus sich herausgingen, zurückhaltender, ja teilweise sogar abweisender. Ich spürte diesen Prozess sehr wohl, unternahm aber noch nichts.

Erst am dritten Tag bat mich Carola um ein Gespräch. Wir verabredeten uns nach dem Mittagessen im Gruppenraum, wo wir allein miteinander reden konnten.

Unsere Seminarkerze gab warmes Licht. Ihre Augen dagegen hatten allen Glanz verloren. Grau und völlig ohne Energie saß sie mir gegenüber. Sie schwieg. Ich sah sie an und wartete.

Nach einer Weile sagte sie seltsam gleichgültig: „Mir geht's nicht gut, Gila."

„Das sehe ich.“

Wieder schwiegen wir.

Dann schlug Carola die Hände vors Gesicht und brach in ein verzweifeltes Schluchzen aus. Obwohl sie versuchte, dagegen anzukämpfen, gelang es ihr nicht. Tränen liefen über ihre Wangen. Ihr ganzer Körper bebte. All das Leid, das sie in den vergangenen Monaten durchgemacht hatte, schien jetzt hochzukommen. Sanft hielt ich sie fest. Sie weinte sich das ganze Entsetzen von der Seele. Ich ließ sie gewähren.

Dann wischte sie sich mit einer heftigen Bewegung die Tränen vom Gesicht, und als sie sich etwas beruhigt hatte, nahm ich sie in meine Arme und sagte behutsam:

„Sieh mal, Carola, es kam alles so plötzlich. Dass dein Sohn als sehr junger Mensch auf diese tragische Art aus dem Leben gehen musste, traf dich so unvorbereitet. Du konntest keinen Abschied mehr nehmen und hattest das Gefühl, unendlich viel versäumt zu haben. Das war sicherlich nicht leicht für dich.“

„Mein Leben hat seit dem Tag keinen Sinn mehr“, brach es aus ihr heraus.

„Das empfindest du im Moment sicher ganz stark“, versuchte ich sie zu trösten. „Wir können die Trauer nicht aus unserem Leben verbannen. Wir können sie zwar verdrängen und schmerzlos machen mit Tabletten. Doch sie wird durch andere Symptome zu uns zurückkehren, ohne dass wir es merken: Warum leiden wir derart unter rasenden Kopfschmerzen, warum haben wir Herzrasen oder Rückenprobleme – warum? Wir haben die Trauer weggedrückt, und jetzt leidet unsere Seele und zeigt, dass ihr etwas fehlt. Wir werden depressiv, so wie es dir jetzt geht.“

„Das empfinde ich im Moment ganz extrem. Ich habe das Gefühl, als ob ich nie wieder lachen könnte …“

Carolas Gesicht verzerrte sich schmerzlich bei ihren Worten. Wir saßen nebeneinander. Der gemütliche Gruppenraum strahlte auch jetzt behagliche Ruhe aus, obwohl er leer war.

Ich sah die Spuren des Leides in ihrem Gesicht, als ich fort fuhr: „Lass uns die Trauer einmal aus einer anderen Perspektive betrachten. Ist es nicht so, dass Trauer uns auch hilft, Abschied zu nehmen, den Verlust zu erkennen und zu verarbeiten? Wunden heilen, aber es braucht Zeit."

Carola machte eine müde Gebärde und schaute mich fragend an. „Wie lange, Gila, wie lange?"

„Sieh mal, die Natur zeigt uns, dass sie Zeit für die Heilung braucht – für unseren Körper, aber auch für unsere Seele. Wenn wir uns verletzt haben, so schmerzt die Wunde wahrscheinlich bei jeder Bewegung sehr stark. Könnte diese Verletzung nicht auch eine tiefere Bedeutung haben und ein Zeichen dafür sein: Nimm dir Zeit für die Heilung – schone dich?"

„Ja, das könnte ich mir schon vorstellen", gab sie trotz ihrer Verzweiflung zu, „aber der Tod eines so jungen Menschen …"

Ich schwieg eine Weile. Erst als sie etwas ruhiger wurde, stellte ich ihr die Frage: „Hast du dich vor dem Tod deines Sohnes auch so leblos bewegt? So völlig ohne Pep?"

„Wie meinst du das?"

„Na ja, wenn ich sehe, wie kraftlos, ja, fast widerwillig du dich bewegst, wenn es gilt, hier im Seminar unsere Lebensfreude zu zeigen."

Carola schaute mich groß an und schien sich dann zu überwinden. „Wenn du wüsstest", stieß sie plötzlich hervor. „Mein Sohn und ich haben abends die ganze Disco leergefegt, wenn ich einmal mit dabei war. Wir beide waren die Verrücktesten. Er war immer so stolz auf seine Mama, weil ich ihn ja auch sehr jung bekommen habe."

Einen Moment schwiegen wir beide, bis Carola leise fragte: „Warum träume ich nicht von ihm? Warum kann ich mit ihm nicht reden? Immer wieder versuche ich es – ohne Antwort."

„Du bist gar nicht in der Lage, Kontakt durch Träume zu ihm aufzunehmen, geschweige denn, zu erkennen, wie oft er versucht, mit dir zu sprechen. Aber was will er tun, wenn er bei dir keinen Empfang hat? Er versucht immer wieder, Dich zu erreichen – so als wenn er anruft, und du hörst das Läuten des Telefons nicht, weil du ein viel lauteres Programm angestellt hast. Dieses Programm heißt fortwährende Trauer."

„Du meinst, er versucht, mir Zeichen zu geben?"

„Ja – immer wieder! Das geschieht durch Intuitionen. Träume oder Zeichen – auch durch das Gefühl, dass er manchmal mit dir zusammen in einem Raum ist. Das ist die einzige Möglichkeit, dir zu zeigen, wie gut es ihm geht. Er möchte nicht, dass seine Familie leidet."

Es blieb eine Weile still zwischen uns. Meine Worte schienen zu wirken. Tief berührt, aber auch durch das Aufbrechen ihres Schmerzes sehr erleichtert, verließ sie mich, um durch einen Spaziergang mit ihrer Freundin wieder etwas zur Ruhe zu kommen.

Es geschah in einer Pause kurz vor der nächsten Seminareinheit. Ich war gerade mit den anderen Teilnehmern im Gespräch, als ich Carola von weitem kommen sah. Ich merkte, dass sich irgendetwas Gravierendes bei ihr verändert hatte. Ihre Bewegungen und ihre Art zu gehen waren ganz anders – schneller, kraftvoller – ein völlig ungewohntes Bild für mich.

Ein Leuchten lag in ihrem Gesicht, das ihre Aura völlig veränderte. So schön hatte ich sie noch nie gesehen. Irgendetwas Außergewöhnliches musste geschehen sein. Ich stand auf und ging ihr entgegen.

„Gila, hältst du das mit den Zeichen wirklich für möglich?" fragte sie erwartungsvoll, aber noch mit Skepsis.

„Ich bin überzeugt davon."

Ich sah ihr an, wie es in ihr arbeitete.

Plötzlich brach es aus ihr heraus: „Jetzt beginne ich zu begreifen, was gerade passiert ist. Ich habe mit Margret eben einen kurzen Spaziergang gemacht. Und während wir so in Gedanken sind, fährt ganz langsam ein Auto mit einigen jungen Leuten an uns vorbei – mit einem Aufkleber von Christofs Lieblingslied, das er Tag und Nacht gedudelt hat, ich aber seit seinem Tod nie wieder gehört habe. Ganz laut hörte ich dieses Lied aus dem Auto – und der gleiche Aufkleber war hinten quer übers Auto geklebt …! Kann das ein Zeichen von ihm gewesen sein?"

„Schau, Carola – genau das habe ich gemeint."

Selten habe ich so viel Glück und Verstehen in den Augen eines Menschen gesehen. Ich bekam eine Gänsehaut und nahm sie wortlos in meine Arme.

„Wenn du einmal wieder ganz tief in die Trauer hineinsinkst – und das wird vielleicht kommen, Carola – dann denk mal an die folgende Begebenheit: Ich hatte eine junge Frau auf meinem Seminar, die kurz zuvor ihr Baby bei der Geburt verloren hatte. Diese wunderschöne, junge, strahlende Frau sagte mir, sie habe mit folgendem Gedanken ihre Trauer besiegt: Sie sagt sich immer wieder, früher habe sie ihr Baby unterm Herzen getragen – heute trägt sie es im Herzen. Ihr Baby habe nur seinen Platz gewechselt. Und so hat sie es immer bei sich."

Carola wurde still und sagte nach einer Weile: „Das ist ein wunderschönes Bild – daran werde ich mit Sicherheit denken."

Mir kam eine ungewöhnliche Idee. „Und als Beweis, dass du Christofs Zeichen verstanden hast, Carola, tanzen wir gleich, wenn wir wieder beginnen, etwas ganz Wildes und fetzen im Raum herum. Und du holst deinen Christof – wie sonst in der Disco – und tanzt diesen Tanz nur mit deinem Sohn. Mal gucken, wie schnell deine Lebensfreude wieder zurückkehrt."

Beide hatten wir Tränen in den Augen bei diesen Worten.

Niemand wusste von unserem Gespräch, aber alle spürten, dass sich etwas Grundlegendes geändert haben musste, als Carola – die leblose, graue Carola – plötzlich zu einer wunderschönen Frau wurde, die ihre ganze Kraft und Lebensfreude in diesen Tanz mit ihrem Sohn legte. Ganz deutlich spürte ich Christofs Anwesenheit und die Freude, die ab dem Moment plötzlich alle Teilnehmer ansteckte. Dann erst war Carola bereit, auch in der Gruppe über ihr Schicksal zu reden.

Kapitel 3

Geist und Materie sind eins –
Geist ist die lichteste Stufe der Materie –
Materie ist die dichteste Stufe des Geistes.
(Gila van Delden)

Die Macht der Wünsche gibt uns den Mut, immer wieder fremde Türen zu öffnen, ohne zu wissen, was uns dahinter erwartet. Wenn wir uns dieser Macht öffnen, bewirken wir Wunder in unserem Leben.

Affirmationen sind Bejahungen – Bestätigungen für das, was in unser Leben treten soll, sich aber noch gar nicht ereignet hat. In meinem Buch „Mutter Erde, trage mich …“ habe ich über die Wirksamkeit von Affirmationen geschrieben, die ich von Jahr zu Jahr mehr erkannt und erfahren habe. So waren über die Jahre alle, aber wirklich alle Wünsche in Erfüllung gegangen, die ich aufgeschrieben und frohen Herzens bejaht hatte.

Immer wieder spüre ich tiefe Dankbarkeit, wenn ich in meinen Seminaren voller Begeisterung über all diese Erkenntnisse berichte und die selbst erlebten Erfahrungen weitergeben kann. Wir können unser Leben bewusst planen, indem wir uns zum Beispiel fragen: Welche Ereignisse sollen eintreten – welche Wünsche sollen sich verwirklichen?

Wichtig ist dabei, uns dann das entsprechende Ereignis so vorzustellen, als ob sich dieser tiefe Wunsch bereits verwirklicht hätte. Wenn jemand weniger gut mit Bildern umgehen kann, so wird er diesen Effekt auch durch suggestive Worte erreichen. Wird ein Satz ständig wiederholt, so wird sich diese Formulierung früher oder später als Lebensumstand in unserem Leben zeigen – vor allem durch das tiefe Gefühl und den Glauben daran, dass es geschieht. Ein flüchtiger Gedanke dagegen wird sich kaum realisieren, weil keine Kraft darin steckt.

Wir sollten es jedoch auch annehmen, wenn etwas nicht genauso eintrifft, wie wir es uns vorgestellt haben. Als Mensch entscheiden wir uns manchmal für eine bestimmte Richtung, unsere Seele dagegen hat vielleicht eine ganz andere Aufgabe für unser jetziges Leben vorgesehen. Wenn die Erfüllung unseres Wunsches ausbleibt, kann es also auch damit zusammenhängen, dass unsere Seele uns vor Abwegen schützen will. Vielleicht erkennen wir erst im Nachhinein, wie gut es für unser Leben war, dass dieser Wunsch nicht erfüllt wurde.

So sollten wir wirklich darauf vertrauen, dass alle Ereignisse, auch wenn wir deren Sinn nicht gleich begreifen, in der Göttlichen Ordnung geschehen, die auch den Lebensplan anderer Menschen mit einschließt.

Die Ursache für jede Wirkung wird durch unsere Vorstellung und den festen Glauben an die Verwirklichung auf der geistigen Ebene gesetzt. Die feinstoffliche Ebene ist die Sphäre der Ursachen – der Gedanken. Die materielle Ebene dagegen ist die Ebene der Wirkungen und der Gegenstände, die immer eine geistige Ursache haben.

Warum sollten wir unsere Affirmationen mit den Worten „Ich bin dankbar für …“ beginnen? Ist das nicht widersinnig? Wie können wir für etwas danken, das wir noch gar nicht erhalten haben? Affirmationen sind für mich ein anderes Wort für Gebet. Wenn wir nun unser Gebet als Bitte formulieren, könnte unbewusst das Gefühl des Mangels entstehen. Unser Unterbewusstsein wird uns beim Wort nehmen und „Mangel“

speichern – und eben genau das wollen wir nicht erreichen. Wir sollten mit unseren Vorstellungen und Wünschen den Nachteil nicht verstärken, sondern kreativ für angenehme Lebensumstände sorgen, die uns mehr Möglichkeiten geben, unsere eigentliche Lebensaufgabe zu erkennen.

So habe ich auch in meinem Mutter-Erde-Buch erwähnt, dass ich unter meine Affirmationen immer wieder den Satz geschrieben habe:

Danke Gott für die Erfüllung meiner Gedanken,
wenn es Dein Wille ist.

Damit habe ich nicht nur meinen Glauben an die Verwirklichung aktiviert, sondern auch meinen starken Glauben an Gott.

Als mein Husky-Buch 1992 erschien, fragte ich mich, ob es wohl gut wäre, wenn es verfilmt würde. Den Stoff für einen spannenden Film gab es allemal her, wobei es mir allerdings weniger um die spektakulären Umstände unserer Auswanderung als um die spirituellen Themen ging, die mir mehr am Herzen liegen.

Ich stellte mir vor, wie schön es wäre, wenn in diesem Film Teile des Seminars meines Freundes und Lebenslehrers Günter Ilse eingeblendet würden und auf diese Weise viele Menschen von den Möglichkeiten erführen, ihr Leben selbst zu planen. Ich würde natürlich auch damit einverstanden sein müssen, dass dadurch ein sehr privater Teil meines Lebens noch mehr Menschen zugänglich gemacht würde, als es bisher schon geschehen war. Doch mit diesem Gedanken hatte ich mich bereits auseinandergesetzt, bevor das Husky-Buch auf den Markt kam.

Ich wusste, wenn ich diesen Wunsch meinen Affirmationen hinzufügte, würde er über kurz oder lang Wirklichkeit werden wie alles bisher. War ich dazu bereit? Was war mein wirkliches Motiv? Wollte ich mein Buch dadurch noch populärer machen? Ging es mir um das sicherlich einträgliche Geschäft, das der Verkauf der Filmrechte mit sich brachte? Wen würde ich damit eventuell verletzen, wem würde ich dadurch etwas Gutes tun?

Lange habe ich damals über mein echtes Motiv nachgedacht und erkannt, dass der Hauptgrund für meinen Wunsch war, den Menschen zu zeigen: Wendet diese Gesetze an, die euer Leben bestimmen. Es klappt! Es geht gar nicht anders. Wenn wir felsenfest an etwas glauben, so muss es sich verwirklichen.

Alles, an dessen Verwirklichung ich fest geglaubt habe, ist eingetreten. Laut meinen Unterlagen, die mit Datum von mir täglich abgeheftet wurden, habe ich im November 1993 diese Affirmation das erste Mal geschrieben: „Ich bin dankbar für die *sensible* Verfilmung meines Buches ‚... nicht heulen, Husky!'"

Sehr sensibel ist der Film mit Sicherheit nicht umgesetzt worden, aber durch den Film kam das Taschenbuch auf den Markt. Dadurch wurden viele Leser sensibilisiert für neue Wege. Und damit schloss sich indirekt dann doch wieder der Kreis.

Als ich begann, all meine Wünsche aufzuschreiben, habe ich die Seiten mit dem Datum des Tages versehen, an dem ich sie niederschrieb. So konnte ich selbst Jahre später noch genau erkennen, wann ein Wunsch von mir zum ersten Mal formuliert wurde und wann dessen Erfüllung in meinem Leben erschien.

Immer wieder höre ich in meinen Kursen die Frage: „Gila, wie oft sollte man Affirmationen schreiben?"

„Ich möchte diese Frage gern einmal an euch zurückgeben, bevor ich sie beantworte. Was meint ihr?"

„Täglich?" höre ich dann – oder: „Wenn man möchte?" oder auch: „Bis die Verwirklichung eingetreten ist?"

Die Antwort, die ich auf diese Einwürfe schließlich immer gebe, heißt: „Eigentlich nur ein einziges Mal."

Ich ernte meistens verblüfftes Schweigen auf meine Antwort, denn meine Teilnehmer wissen, dass auch ich jahrelang meine Affirmationen öfter als einmal geschrieben habe. Aber dann relativiere ich meine Aussage: „Derjenige, der ein absolutes Urvertrauen hat zu den geistigen Gesetzen, braucht wirklich nur einmal einen tiefen Wunsch zu verinnerlichen. Voraussetzung ist jedoch, dass er überhaupt keinen Zweifel an der Verwirklichung seiner Wünsche hat. Doch unser ‚Partner Zweifel' begleitet die meisten von uns. Voller Zuversicht bauen wir einen Wunsch auf, und wer kommt dann? Richtig! Dann kommt er – der Zweifel: ‚Wie, du willst das schaffen? Wie war das denn beim letzten Mal? Was hast du dir alles vorgenommen und nicht durchgehalten! Immer wieder bist du begeistert – und dann?'"

„Ja", hatte eine Teilnehmerin einmal zustimmend genickt, „diese Stimme kenne ich zur Genüge, wenn man nicht innerhalb kurzer Zeit Erfolge sieht. Aber mal eine andere Frage: Wie ist es – sollten wir andere Menschen in unsere Wünsche und Vorstellungen mit einbeziehen, um der Verwirklichung mehr Kraft zu geben?"

„Nur, wenn wir ganz sicher sein können, dass diese Menschen uns mit unseren Plänen wirklich unterstützen und genau wie wir an die Erfüllung unseres Wunsches glauben", hatte ich geantwortet. „Wir sollten keinem Menschen erlauben, unsere Träume zu zerstören. So manch einer glaubt zu wissen, was das Beste für uns ist. Ungefragt zerpflücken manche unsere Ideen und machen uns – ihrer Meinung nach sogar zu Recht – auf mögliche Risiken aufmerksam. Wenn wir nicht aufpassen, dann werden wir von ihrem so genannten Realitätssinn angesteckt, beginnen, an unseren Zielen zu zweifeln, oder geben diese gar auf. Können wir diesen Menschen schon nicht aus dem Weg gehen, dann sollten wir ihnen zumindest keinen Einfluss auf unser Leben geben und uns klarmachen, dass wir selbst herausfinden müssen, was für uns richtig und gut ist."

Auch ich kenne diese Zweifel – vor allem, was damals den so genannten inneren Schweinehund betraf hinsichtlich meiner täglichen Zeitplanung. Bevor er die Oberhand gewann, habe ich mir einen Plan gemacht. Ich nahm mir vor, nicht irgendwann, wenn ich tagsüber Zeit hatte, meine Affirmationen zu schreiben, sondern täglich zur selben Zeit. Da ich meistens viel zu tun habe, hätte ich dafür sonst kaum Zeit gefunden.

Durch den Schulbesuch meiner Kinder begann mein Tag wochentags um sechs Uhr morgens. Ab da war ich voll im Einsatz, und abends hatte ich auch nicht immer Lust und Ruhe, meine Lebenswünsche aufzuschreiben. Es schien gar nicht so leicht zu sein, sich besser zu organisieren.

Doch dann hatte ich die Idee! Die beste und ruhigste Zeit, die nur mir gehörte, war die Zeit von morgens viertel vor sechs bis sechs Uhr! Es waren nur fünfzehn Minuten, die ich einsetzte, um mein Leben zu bestimmen, ihm eine gewisse Richtung zu geben, meinem Lebensziel näher zu kommen. Nur fünfzehn ruhige Minuten täglich! Das war's!

Ich gebe zu, als ich das erste Mal meine innere Uhr eine Viertelstunde vorstellte, war die Versuchung groß, mich noch ein wenig einzukuscheln und liegen zu bleiben. Die ersten Male fielen mir nicht leicht, aber als ich spürte, welche Kräfte ich damit mobilisierte, war ich morgens hoch motiviert, meine Affirmationen zu schreiben.

Doch nur, indem ich meinen inneren Schweinehund besiegte, konnten weitere Wunder in meinem Leben geschehen. Täglich schrieb ich meine Sätze, um eigenen Zweifeln wie diesen vorzubeugen: „Wie, du bildest dir ein, dass ausgerechnet dein Leben verfilmt wird? Wer soll denn so einen Film machen? Wer soll das Geld dafür geben? Dein eigener Verlag hat ja gar keine Lobby, um das Buch populär zu machen!" – usw. …

In meinem Husky-Buch habe ich beschrieben, wie ich in einer *außergewöhnlichen* Zeit ein *außergewöhnliches* Haus in kurzer Zeit zu einem *außergewöhnlichen* Preis verkauft habe. Und das nur, weil ich mich *außergewöhnlich* verhielt! Innerhalb von drei Wochen hatte ich es damals geschafft.

Nun bildete ich mir zwar nicht ein, dass so kurzfristig ein Regisseur einen solchen Film machen würde, aber ich wusste, dass ich auf der geistigen Ebene mit meinen aufgeschriebenen Lebenswünschen die Ursachen schuf, um die dementsprechende Wirkung zu erzielen.

Ich gebe zu – fast vier Jahre habe ich meine Engel genervt, bis sie meine Affirmationen wohl Leid zu sein schienen. „O je – Gila schon wieder! Sie nervt!" mögen sie gedacht haben: „Jetzt sind wir's Leid. Kommt, geben wir ihr endlich einen Regisseur!"

Und dann kam alles, wie es kommen musste …

Anfang November 1997 stellte meine Mitarbeiterin den entscheidenden Anruf durch. Ein Mann mit einer angenehmen, warmen Stimme war am Apparat.

„Tomy Wigand hier. Guten Tag, Frau van Delden. Sie kennen mich wahrscheinlich nicht. Ich bin Regisseur und habe Ihr Husky-Buch vor und rückwärts gelesen – und das ein paar Mal. Ich will gleich auf den Punkt kommen: Ich möchte Ihre Geschichte gern verfilmen."

Ich verspürte in diesem Moment ein Glücksgefühl, das sich nicht in Worte fassen lässt, und spürte intuitiv: Nicht die Tatsache, dass mein Buch verfilmt werden sollte, berührte mich so tief. Es war mein unerschütterlicher Glaube, der dieses Ereignis nun hervorgebracht hatte. Unendliche Dankbarkeit empfand ich gegenüber der Wirksamkeit der geistigen Gesetze, gegenüber der Schöpfung – selbst wenn es vier Jahre gedauert hatte. Es wurde ein langes, gutes Gespräch zwischen Tomy und mir, in dem wir vereinbarten, uns demnächst bei mir zu Hause zu treffen.

„Mein Buch wird verfilmt", brachte ich nur heraus, als meine Mitarbeiterinnen neugierig in mein Büro kamen und mir dann lautstark gratulierten.

„Es ist ein Wunder", schüttelte Gisela, meine Kollegin, den Kopf. „Dass alles immer so hinhaut bei dir …!"

Gisela, bereits Rentnerin, arbeitete seit Jahren als Teilzeitkraft mit mir zusammen. Sie war für uns alle ein Phänomen. An Geist und Körper jung geblieben, war sie diejenige, die immer als erste Bücheraufträge bearbeitete und die schweren Pakete packte, ungeachtet des Gewichtes. Sie war zu dem Zeitpunkt eine meiner zuverlässigsten und einsatzfreudigsten Mitarbeiterinnen.

Drei Wochen später holte ich Tomy und Silke, die Drehbuchautorin, am Bielefelder Hauptbahnhof ab. Sie wollten einen Tag in unserer Familie verbringen, die Kinder kennen lernen und „konfiszierten“ später sämtliche Fotos und Super-8-Filme, die von alten Zeiten zeugten. In der Zwischenzeit waren wir vertrauter geworden und gingen zum Du über.

„Schau mal, Silke“, wandte sich Tomy der Drehbuchautorin zu, „dieses Bild hier, auf dem Gila das T-Shirt mit dem Ahornblatt trägt, das ist unbedingt ein Fall für die Requisite. Das sagt so viel aus!“

Beide hakten ständig nach und schrieben mit, und ich spürte förmlich die Begeisterung, die immer größere Wellen schlug – nicht nur bei mir.

Als ich die beiden abends zum Bahnhof zurückbrachte, fragten sie mich, wann ich in der Nähe von München mal ein Seminar hielte. Sie würden gern daran teilnehmen.

Ich gebe zu, dass ich mir dadurch große Hoffnungen gemacht hatte, in den Film würde zumindest einiges von der Wirkungsweise der Seminarthemen einfließen. So wie ich auch meine Geschichte als Aufhänger genommen habe, um meinen Lesern die Kraft unserer Gedanken nahe zu bringen. Selbst wenn ich nicht damit gerechnet hatte, dass dieses Thema nun den hauptsächlichen Aspekt darstellen würde, so doch, dass es die Geschichte zumindest wie ein roter Faden durchlief, so wie es in meinem Husky-Buch ja auch geschehen ist.

So freute ich mich, als Tomy und auch Silke drei Monate später in meinem Kurs in Vorarlberg mit dabei waren.

*

Es ist sinnvoll, im Hier und Jetzt zu leben, statt unser Leben in eine ferne Zukunft zu schieben. Irgendwann ist niemals, irgendwann ist nicht fassbar für uns. Unser Unterbewusstsein kann diesen Begriff nicht als konkreten Auftrag annehmen.

Zu diesem Thema erzählte eine Seminarteilnehmerin die Geschichte ihres Vaters: „Immer wieder hat mein Vater von seinen Plänen erzählt. Wenn er erst im Ruhestand wäre, würde er mit meiner Mutter eine große Reise machen. Und sie hätten endlich Zeit, alle ihre Träume zu verwirklichen, Zeit für gute Gespräche."

Etwas wehmütig fuhr sie fort: „Bisher war für ihre Zukunftspläne keine Zeit. Er musste hart arbeiten, um sich das später alles leisten zu können. Doch kurz nach seiner Pensionierung brach seine Krankheit aus, an der er acht Monate später starb. Ich habe daraus gelernt, dass ich heute leben will. Heute will ich meine Träume verwirklichen. Heute will ich mir Zeit nehmen für das, was mir wichtig ist. Heute will ich sehen, wo das Glück auf mich wartet."

Die Gruppe hatte ihr beeindruckt zugehört.

„Das ist genau richtig", bestätigte ich ihre Worte, in denen wir alle die tiefe Erfahrung spürten. „Wenn ich etwas erreichen will, fange ich heute damit an. Damit beginnt heute vielleicht ein einsatzreiches, dafür aber auch spannendes und glückliches Leben. Es lässt sich immer ein Grund finden, unser Vorhaben hinauszuschieben. Aber das Leben ist zu kostbar – und viel zu interessant, um es zu versäumen. Ich kann noch so lange über meinen Weg nachdenken – es nützt mir nichts, wenn ich nicht den ersten Schritt tue und dann mutig und konsequent weitergehe."

Baue deine Wege auf dem Heute,
denn der Boden des Morgen ist zu unsicher für Pläne,
und die Zukunft stürzt oft mitten im Höhenflug ab.

Kapitel 4

Es kann dich niemand kränken,
wenn du es nicht willst.

(Epiktet)

Es geschah in einem Seminar in Bayern.

Einige der Gruppenmitglieder hatten schon vorher Kurse von mir besucht. Da war Reni, die mir zu dem Zeitpunkt schon sehr vertraut war, – Heide, über die ich vorher bereits berichtet habe, – Elke, die zum zweiten Mal extra aus Kanada eingeflogen war, um einen weiteren Kurs bei mir zu besuchen, – Claudia, die zum ersten Mal bei mir war, – und Ellen, zu der ich eine ganz besonders herzliche Verbindung aufgebaut hatte. Ellen war Heilpraktikerin im Norden Deutschlands und hatte schon einige Kurse bei mir besucht. Erst vor kurzem hatte sie mich zu Hause angerufen: „Gila, dein Mutter-Erde-Gebet steht in einer Ausgabe unseres Heilpraktiker-Magazins. Da muss wohl irgendjemand dein Buch gelesen haben." Die Lösung dafür erfuhren wir kurze Zeit später.

Wenn ich an Elke denke, so sehe ich sie noch völlig aufgelöst vorm Fenster sitzen. Gerade hatte sie in Kanada bei ihrer Familie angerufen. Ihr ältester Sohn war an dem Tag eingeschult worden. Deswegen wollte sie eigentlich zuvor einen anderen Kurs buchen. Doch nach einiger Überlegung hatte sie sich anders entschieden und war nach Bayern geflogen, um wieder bei uns zu sein.

Es kriselte schon seit langem heftig in ihrer Ehe, und sie hatte bereits einige Male ein Gespräch mit mir gesucht. Nun saß sie da wie ein Häufchen Elend und weinte sich ihr ganzes Leid von der Seele. Ihr Mann hatte wieder einmal versucht, sie total herunterzuputzen, was ihm anscheinend auch gelungen war.

„Ich kann nicht mehr", schluchzte sie, während einige von uns bei ihr saßen und sie liebevoll trösteten. Ihre Stimme schwankte zwischen Fassungslosigkeit und Entrüstung. „Es geht wirklich nicht mehr. Bei aller Liebe, es geht nicht mehr."

Anschließend führte ich ein ausführliches Gespräch mit ihr, ob sie wegen ihrer beiden kleinen Kinder ihrem Mann nicht nochmals eine Chance geben wollte. Doch sie schüttelte nur den Kopf. Ich wurde das Gefühl nicht los – sie hatte sich entschieden.

Viele der Kursteilnehmer waren mir sehr vertraut. Eigentlich müsste ich hier jeden einzeln aufzählen, so wichtig war er für diese besondere Zeit und das, was dann am gleichen Tag passierte:

In all den Jahren meiner Seminartätigkeit ist es nur einmal geschehen, dass eine Teilnehmerin bewusst ein Seminar gestört hat, und das war hier. Einige Wochen zuvor war sie mir in einem Vortragskurs bereits aufgefallen, weil sie auch dort versucht hatte, das Ruder zu übernehmen. Ich hatte sie mehrmals in die Schranken weisen müssen und überlegt, ob ich nach dem Vorfall ihre bereits vorher erfolgte Anmeldung für den Kurs in Bayern nicht besser stornieren sollte.

Diese Entscheidung hatte ich dann vertrauensvoll meinen Engeln übergeben. „Wenn sie für alle anderen wichtig ist", so hatte ich meine Engel gebeten, „dann wird sie ihre Anmeldung nicht zurückziehen. Sollte jedoch ihre Absage erfolgen, so werde ich dieses als Zeichen auch gern annehmen."

Es blieb ruhig – und das war genau richtig gewesen …

Sie – eine sehr kühle Frau, die mit zwei Freundinnen zu

diesem Seminar nach Bayern gekommen war, – versuchte zuerst hinter meinem Rücken, dann aber ganz offen die Gruppenmitglieder abzuwerben und für eigene Aktivitäten während meines Kurses zu gewinnen. Sie schien dabei sehr dunkle Energien einzusetzen. Ich begriff zuerst gar nicht, was hier wirklich geschah, weil diese Situation so absurd war, dass sie sich außerhalb meiner Vorstellungskraft bewegte.

Nach einem Konfrontationsgespräch verließen sie und ihre Freundinnen unsere Gruppe, blieben aber im Hotel und versuchten trotzdem, weiter zu stören. Es kam zu immer mehr Unruhe in der Gruppe. Vermutlich war es das, was sie bezweckte.

An dem betreffenden Abend war die Stimmung so aufgeladen, dass ich intuitiv entschied: „Kommt, heute Abend lassen wir alles andere sein. Wichtig ist jetzt, dass wir alle Spannungen auflösen, die durch diese außergewöhnliche Situation entstanden sind. Lasst uns einfach einen Spaziergang machen runter zum See. Wir brauchen dringend frische Energien."

Das ließ sich die Gruppe nicht zweimal sagen. Wir gingen raus und genossen die laue Abendluft. Die Hotelanlage war sehr schön gelegen, nicht weit von einem kleinen See entfernt, den man über einen breiten Fußweg durch einen Wald erreichte.

Erika, eine Teilnehmerin, war noch kurz auf die Toilette gegangen und wollte später nachkommen. Ihr war das alles wohl auf den Magen geschlagen.

Trotz der erlebten Spannungen marschierten wir fröhlich durch den Wald zum See hinunter. Als wir den See erreichten, war es bereits dunkel geworden. Ab und zu lugte der Mond hinter den Wolken hervor, spiegelte sich im Wasser und warf ein blasses Licht auf die Szene. Einige von uns hatten sich auf die am Ufer stehende Bank gesetzt, andere wieder waren ein Stück des Weges am See entlang gelaufen.

Plötzlich hörte ich entfernt ein Platschen, ein Geräusch von aufspritzendem Wasser. Gelächter wehte zu mir herüber.

„Da springt jemand ins Wasser“, rief ich belustigt, konnte aber in der Dunkelheit nicht ausmachen, wer es war.

„Das ist Reni!“ hörte ich. Einen kurzen Moment später platschten die nächsten ins Wasser und hatten einen gewaltigen Spaß. Die Situation war einfach köstlich – wir spürten, wie wir all die Spannungen und dunklen Energien, denen wir ausgesetzt schienen, weglachten. Wir alberten herum wie kleine Kinder, tauchten kurze Zeit später kalt und glitschig aus dem See wieder auf. Nass wie wir waren, zwängten wir uns in unser trockenes Zeug hinein.

Der ganze Wald war von unserem vergnügten Lachen und Gejohle erfüllt. Es tat so gut, nach solch einem Erlebnis alle Spannungen abzugeben. Irgendjemand rief: „Es ist so dunkel hier. Hat jemand eine Laterne?“

Fröhliches Gelächter schwoll an. Und da stimmte ich das Lied an: „Ich geh mit meiner Laterne – und meine Laterne mit mir …“

Die Gruppe sang mit, so laut sie konnte. Das war kein Singen mehr – es war eine gewaltige Entladung von Energie. Ein simples Kinderlied, das uns allen so gut tat. Es mochte wohl die 105. Strophe sein, als jemand aus vollem Herzen ins Dunkel hineinrief: „Schluss! Jetzt was anderes“, und fing laut an zu krähen: „Der Hahn ist tot! Der Hahn ist tot.“ Das konnte nur Heide sein.

Alles johlte mit – immer wieder. Jetzt war der Hahn dran. Lautes Gelächter und Gequieke zwischendurch. Fröhlich dachte ich an das Bibelwort: ‚Wenn ihr nicht werdet wie die Kinder …’

Erika hatte uns durch ihre etwas länger dauernde Sitzung leider verpasst. Eigentlich wollte sie hinter uns hergehen. Nicht nur der inzwischen stockdunkle Wald hielt sie von ihrem Vorhaben ab – vor allem bekam sie es fast mit der Angst zu tun bei dem Geschrei und Gejohle, das verstärkt zu ihr hoch drang. Sie dachte, eine Horde Wilder hätte sich im Wald niedergelassen und würde nach Laternen schreien, um Hähne zu schlachten. Nie und nimmer hätte sie geglaubt, dass ihre zahmen Gruppenmitglieder solch einen Zirkus zu nachtschlafender Zeit mitten in einem finsteren Wald veranstalteten.

Später fanden sich alle fröhlich und immer noch ausgelassen in meinem Appartement ein. Wie die Kletten saßen wir nebeneinander. Mein Zwei-Raum-Appartement war sicher nicht geeignet für sechzehn Menschen, aber wir brauchten diese Nähe, um alles zu ventilieren, was tagsüber geschehen war.

Auch für mich war dieses eine besondere Situation. Einerseits bin ich ein Mensch, der sich nicht leicht die Butter vom Brot nehmen lässt – andererseits durfte es sich hier nicht um einen Machtkampf handeln, der auf den Rücken der Teilnehmer ausgetragen wurde.

Dem konnte ich nur mit Liebe und Klarheit begegnen.

Klarheit insofern, als ich signalisierte: Bis hierher und nicht weiter! Hier ist die Grenze! Ab hier trage ich als Seminarleiterin die Verantwortung – nicht so sehr für die Menschen, die sich mir anvertraut haben, mehr für die Prozesse und den Ablauf der Veranstaltung. Wenn jemand so massiv stört, dann ist es meine Aufgabe, dafür zu sorgen, dass die Gruppe ungestört weiterarbeiten kann.

Und Liebe, indem ich die geistigen Gesetze anerkenne und auch lebe, was ich lerne und lehre: Auch diese Teilnehmerin war nur Werkzeug, um uns wachsen und reifen zu lassen.

Vor allem war es für mich eine Prüfung: Wie gehe ich mit solch einer Situation um? Machtgerangel – oder in Liebe loslassen? Auch ich musste in dem Moment mein Ego nach hinten stellen, um mich den Gesetzen der Liebe zu beugen. Vor Jahren hätte ich mich vielleicht zu einem Kinnhaken hinreißen lassen …

Aber wenn es so ist, dass alles im Leben von uns verursacht wird, so auch dieses. Bewusst hatte ich so etwas ganz bestimmt nicht geplant – eher im Gegenteil. Aber wir haben dieses Ereignis gebraucht, um zu lernen, dass wirklich alles so sein durfte, wie es war. Kann ich Grenzen setzen und trotzdem Liebe leben? Diese Frage wurde hier durch Liebe beantwortet.

Ich achte die Würde meiner Mitmenschen. Jeder Mensch ist kostbar und liebenswert – jeder, daran glaube ich ganz fest. Ich versuche meinen Mitmenschen so gegenüber zu treten, wie auch ich gern behandelt werden möchte. Ich nehme ihre Überzeugungen ernst und akzeptiere ihre Besonderheiten. Aber es gibt Grenzen für meine Nachsicht und Freundlichkeit, und zwar dann, wenn ich nicht mehr ich selbst sein darf, wenn ich meine Überzeugungen verraten und meine Eigenschaften verstecken muss. Es gibt Grenzen, wenn Menschen mit unfairen Machenschaften Macht ausüben wollen.

Mit dieser Situation, die wir dort erlebt hatten, wurde meine Würde angetastet. Und die habe ich fröhlich und mutig mit allen Mitteln verteidigt. Nicht die Tatsachen sind wichtig, sondern unsere Gedanken darüber und wie wir sie umsetzen.

Ich machte mir klar, dass jeder seinen Weg gehen muss und auch darf, selbst wenn der Weg des anderen uns nicht richtig erscheint. Menschen schließen sich zum Beispiel Sekten an – für uns ein Anlass des Aufschreis. Ich bin der Meinung, erst wenn uns jemand bittet, ihm zu helfen, haben wir das Recht, das auch zu versuchen. Wir dürfen jemanden warnen, das ist richtig, aber wir sollten mit heiterer Gelassenheit reagieren, wenn dieser unsere Warnung in den Wind schlägt, um seine eigenen Erfahrungen zu machen.

Was aber geschieht, wenn sich jemand zum Beispiel in einer Sekte wohl fühlt? Dann braucht er diese Erfahrung – seine Seele hat sich bewusst dafür entschieden, um daran zu wachsen. Früher oder später wird er erkennen, ob sein Weg richtig ist. Es macht keinen Sinn, die Machenschaften diverser Sekten, die sicherlich oftmals nicht in Ordnung sind, zu verdammen, sondern wir sollten uns fragen: Was ist es? Was zieht die Menschen dorthin? Was suchen sie dort? Ist es Aufmerksamkeit – ist es Nähe oder Gemeinsamkeit?

Wie oft geschieht es, dass wir unsere Partner oder Kinder vor einer Situation warnen. Wir wissen oftmals, wie etwas ausgeht, weil wir es selbst er-lebt haben – ja er-lebt! Warum wollen wir denn, dass andere dieses nicht er-leben dürfen? Wir selbst haben doch auch am meisten durch eigene Erlebnisse lernen können.

Und so war es auch mit der Teilnehmerin und ihren Freundinnen, die einen anderen Weg gehen wollten, was nicht heißt, dass dieser Weg für sie der falsche war. In dem Moment haben sie sich nur bewusst für eine andere Richtung entschieden.

Früher hatte ich eine Krise immer als eine Art Betriebsunfall angesehen – etwas, das mich störte und daran hinderte, glücklich zu sein. Ich hatte stets nur den einen Wunsch, sie so schnell wie möglich wieder loszuwerden. Ich versuchte, sie zu bekämpfen oder wegzudrücken, bis ich dann erkannte: Eine Krise ist immer ein liebevoller Ruf meiner Seele, etwas in meinem Leben zu ändern. Mir wurde deutlich, dass mit jeder Krise auch eine neue Chance kommt.

*Jeder scheinbare Misserfolg
trägt stets den Keim eines neuen Erfolgs.*

Bei dieser kritischen Situation in Bayern stand ich vor der Frage: Macht oder Liebe? Bin ich bereit, alte rationale Verhaltensmuster abzulegen, die ganz klar Machtdenken beinhalten? Bin ich bereit, auf diese Machtkämpfe zu verzichten, selbst mit dem Risiko, auf andere schwach zu wirken? Bin ich bereit, den Schatten anzuerkennen, den diese Teilnehmerin auf uns wirft, und mit meiner Gruppe wieder ins Licht zu gehen – ohne Kampf, nur mit Liebe?

Es war eine wunderbare Wandlung, die ich dort erfahren durfte: Heute ist eine Krise für mich nichts Negatives mehr, sondern ein deutlicher Hinweis darauf, mich mit noch mehr Liebe und Kraft zu versehen.

Alles, was bei diesem Kurs offensichtlich so anders lief, hatte seinen Sinn, denn dadurch entstanden die ersten Wurzeln zu der tiefen Freundschaft mit Reni.

Gib uns Herzen, die verstehen …

*

Oftmals lerne ich wunderbare Menschen kennen, bei denen ich mir vorstellen könnte, über die Seminare hinausgehende freundschaftliche Beziehungen zu pflegen. Allerdings habe ich erkannt, dass das bei der Vielzahl meiner Kurse nicht möglich ist, meine Familie käme einfach zu kurz. Das versuche ich auch stets den Teilnehmern zu erklären, die mir mit liebevollen Absichten vorschlagen, mich einmal zu Hause zu besuchen. Es ist schön, dass die meisten für diese Klarheit meinerseits Verständnis aufbringen.

Ausnahmsweise brach ich dieses Prinzip und lud die komplette Gruppe, mit der mich das tiefe Erlebnis in Bayern verband und die mir dadurch ganz besonders ans Herz gewachsen war, zu einem Wochenende zu mir nach Hause ein.

Es sollten wunderschöne Tage werden.

Nur Elke und Reni fehlten. Elke war nach dem Seminar zurückgeflogen zu ihrer Familie nach Kanada, hatte aber den Kontakt zu jedem von uns gehalten. Direkt nach ihrer Rückkehr hatte sie sich entschieden, mit ihren Kindern Ende Oktober nach Deutschland zurückzukehren. Sie war entschlossen, ein neues Leben in Deutschland zu beginnen. Reni dagegen war an dem Wochenende zu einem Geburtstag eingeladen, bei dem sie schon länger zugesagt hatte.

Irgendjemand stimmte dann das Lied mit der Laterne an – unser Erkennungslied – und auch der tote Hahn durfte nicht fehlen. Lachen, Freude und Erinnern an die liebevolle Auflösung erheblicher Konflikte war angesagt.

Kurz vor 18 Uhr erinnerte uns Ellen an die Kerzenmeditation für Elke, um ihr Kraft und Licht zu geben für all das, was sie im Moment durchmachte und was ihr noch bevorstand.

Genau eine Woche später wollte sie mit ihren beiden Kindern wieder nach Deutschland zurückfliegen – in einer Nacht- und Nebelaktion, wenn ihr Mann im Urlaub wäre. Er, der sehr dominant zu sein schien, hätte sie nie gehen lassen, wie sie uns erzählte.

Nach dem herrlichen Essen – jeder hatte etwas Besonderes mitgebracht – machten wir einen ausgiebigen Spaziergang. Unser Haus liegt sehr ruhig mitten im Naturschutzgebiet, umgeben von Wiesen und Weiden.

Rico folgte unserer fröhlich erzählenden Gruppe mit seinem

Skateboard, begleitet von einem uns nicht näher bekannten Hund, der offensichtlich ausgebüchst war und hocherfreut neben Rico herlief.

Wir waren schon wieder auf dem Nachhauseweg, da geschah es. Rico war ungefähr zweihundert Meter hinter uns, als er aufschrie:

„Nein! Der Hund hat einen Hahn gepackt! O, nein! Er reißt ihn! Mom, was soll ich machen?"

„Nimm ihm den Hahn weg! Los!" schrie ich aus Leibeskräften.

„Kann ich nicht. Er zerfetzt ihn!"

„Ist er schon tot?" rief ich ihm aufgeregt zu.

„Nein, er lebt noch!"

Lieber Himmel! So schnell ich laufen konnte, hetzte ich zu dem Ort des Geschehens. Überall lagen Federn verstreut. Als der Hund sah, in welchem Tempo ich anschoss, sprang er zur Seite und ließ von dem Tier ab. Rico lief zu dem Hund hin und hielt ihn fest.

Völlig außer Atem zerteilte ich das hohe Grass. Da lag der Hahn – auf der Seite, beide Beine von sich gestreckt, die Augen halb geschlossen.

Ich hob ihn hoch, um zu sehen, ob er noch lebte. Gerade noch dem Tod entronnen, erkannte der Hahn plötzlich seine Chance. Seine Lebensgeister erwachten, und er begann, hoffnungsvoll mit den Flügeln zu schlagen. Er lebte! Gott sei es gedankt! Nur sein Schwanz war weg! Sein Flügelschlagen brachte auch den Hund wieder auf den Plan, der seine Beutechancen wieder steigen sah.

Ich hielt den zitternden Hahn an mich gedrückt und fragte erleichtert: „Wem gehört der wohl?"

„Heike", sagte Rico, als er den Hahn in Augenschein nahm.

„Das scheint ihr prämierter Hahn zu sein. Mit ihm gewinnt sie jede Ausstellung."

„Jetzt nicht mehr", meinte ich trocken, den gerupften Hintern vor Augen. Alle Schwanzfedern waren weg. „Fahr mal vor zu Heike und frag, ob er ihr wirklich gehört. Ich komme mit dem Hahn hinterher."

Ja, es war ihr Hahn. Sie, Danas Freundin, war glücklich, ihn zumindest lebend wiederzubekommen. Vorsichtshalber fragte ich Dana danach, was es denn bei Heike am Sonntag Mittag zu essen gegeben habe.

„Hühnerfrikassee", sagte sie arglos, was mich sofort auf den Plan brachte, Heike anzurufen.

„Nein", wehrte sie ab. „Mach dir keine Sorgen. Mein Hahn sitzt im Stall und verarbeitet! Das Frikassee war schon länger geplant."

Dann erst kamen wir dazu, dieses Erlebnis mit den anderen zu besprechen. Was hatten wir vorher immer gesungen? Sollte unser im Spaß gesungenes Lied wirklich derartige Auswirkungen haben? Wie auch immer …

„Los, Kinder", schlug ich vor, „lasst uns jetzt bitte das Lied umstellen auf: Der Hahn, der lebt – der Hahn, der lebt."

Hätte uns jemand beobachtet, so wäre er sicher der Meinung gewesen, eine Gruppe Verrückter säße da am Tisch, munter trällernd, dass der Hahn noch lebt …

So ganz falsch schien Claus doch nicht zu liegen mit seinen Befürchtungen, wo seine Mutter da wohl hineingeraten war.

Eine Woche später wurde im Gruppenraum unseres Hotels ein Anruf durchgestellt, obwohl oberstes Gebot herrschte, dieses nicht zu tun.

„Ja?" meldete ich mich auch dementsprechend kurz.

„Gila, gut dass du abnimmst“, sagte Ellen aufgeregt, aber sehr erleichtert, „Elke hat’s geschafft! Sie sitzt im Flugzeug mit den beiden Kindern. Sie hat’s geschafft.“

Ein gutes Gefühl durchflutete mich. Elke hatte es also wahr gemacht. Obwohl ich mich immer aus derartigen Angelegenheiten heraushalte, hatte ich hier das Gefühl, dass es trotz der Heimlichkeiten eine gute Entscheidung war.

*

Bis zur Geburt meiner Tochter Dana war ich lange Jahre als Gebietsverkaufsdirektorin im Außendienst für eine bekannte Porzellanmanufaktur tätig gewesen. Auch nach meinem Ausscheiden hat der Chef dieses Unternehmens stets Kontakt zu mir gehalten. Selbst bis in die heutige Zeit telefonieren wir ein- bis zweimal pro Jahr miteinander. Aus einer sehr guten geschäftlichen Beziehung ist eine lockere, gute private Bekanntschaft geworden, die dann später in ein vertrautes „Du“ überging.

Erst im Nachhinein hatte Dieter von der schicksalhaften Beziehung erfahren, die sich zwischen mir und Rainer entwickelt hatte. Zu dem Zeitpunkt, als Rainer, seine Frau Eva – meine damalige Freundin – und ich für sein Unternehmen tätig waren, wusste Dieter nur von einer guten Freundschaft zwischen uns.

Eines Morgens im Herbst 1999 rief Dieter an. Seine Stimme war mir durch die fast ein Jahrzehnt dauernde intensive Zusammenarbeit immer noch sehr vertraut.

„Was macht dein Film?“ begann er.

„Kommt bald“, lachte ich und freute mich sehr, ihn zu hören.

„Nein, echt – wie weit ist der Film?“

„Im Februar 2000 fliegt die Film-Crew nach Whitehorse. Dann geht's richtig los.“

„Wirst du dabei sein?“ fragte er mich direkt.

„Ja“.

„Und was macht das mit dir?“

„Also, meine Gefühle spielen schon Achterbahn“, gab ich zu. „Wenn ich daran denke, dass ich an den Ort zurückkehre, wo ich die größte Krise meines Lebens erlebt, aber auch ganz tiefe Empfindungen erfahren habe, dann ist das schon eine besondere Situation für mich.“

Dieter hakte ein: „Dazu kommt, dass es dein Leben ist, was dort verfilmt wird.“

„Zumindest ein Teil davon“, erklärte ich bereitwillig. „Ich weiß nicht mal, in welcher Zeit das Drehbuch beginnt und welche Szenen gedreht werden.“

„Hast du kein Mitspracherecht?“

„Nein“, antwortete ich, „das war nicht möglich. Ich konnte keine Bedingungen stellen. Hätten mehrere Produzenten mein Buch verfilmen wollen, so wäre das eher möglich gewesen. Nun kann ich nur vertrauen, dass alles gut wird und der Stoff sensibel umgesetzt wird.“

„Wie lange wirst du in Whitehorse bleiben?“

„Ungefähr zehn Tage.“

„Wirst du Rainer sehen?“

„Du stellst aber auch Fragen“, lachte ich und meinte ausweichend: „Das weiß ich selbst noch nicht.“ Ich versuchte, das Thema zu wechseln.

„Vor kurzem wurde von Rico und auch von Dana der Wunsch geäußert, ihren Vater wiederzusehen, beziehungsweise ihn kennen zu lernen.“

„Ja und – wie hast du reagiert?"
„Ich stand kurz davor, ihn anzurufen, weil ich diesen Schritt für sehr wichtig hielt und die Initiative von den beiden selbst ausging."
Dana war zu dem Zeitpunkt siebzehn und Rico dreizehn Jahre alt. Meine geplanten Aktivitäten waren den beiden wohl nicht ganz geheuer gewesen, denn als die Entscheidung wirklich anstand, hatten sie beide einen Rückzieher gemacht und wollten dann doch lieber im Sommer 2000 André und Marco, ihre beiden älteren Brüder aus meiner ersten Ehe, besuchen.
„Fändest du es denn richtig, ihn zu besuchen?" unterbrach Dieter meine Gedanken.
„Einerseits schon, denn er ist der Vater meiner Kinder, obwohl er Rico noch nie gesehen und Dana auch nur kurz miterlebt hat. Andererseits hat er nie wieder etwas von sich hören lassen seit wir uns damals drei Monate vor Ricos Geburt getrennt haben. Was mich davon abhalten könnte, ihn zu treffen, ist der Gedanke, nicht zu wissen, wie es ihm geht."
„Wie meinst du das?" hakte Dieter nach.
„Nun, wenn es ihm nicht gut geht und ich nach Whitehorse komme, und er erfährt, dass über unsere Beziehung ein Film entsteht, ohne dass er gefragt worden ist …! Wie würdest du darauf reagieren?"
„Wahrscheinlich wäre ich nicht sehr erbaut."
„Siehst du – dazu kommt, dass ich vor ihm stünde als Frau, der es gelungen ist, nicht nur vier Kinder allein zu erziehen, sondern der es auch noch finanziell gut geht und die recht erfolgreich ist im Leben. Ich würde nicht wollen, dass er Vergleiche zieht zu seinem Leben."
„Ja, du hast Recht – unter den Voraussetzungen ist es doch vielleicht besser, du triffst ihn nicht", entgegnete Dieter

nachdenklich. Er war einer der wenigen Menschen, die Rainer über Jahre hinweg hautnah kennen gelernt hatten und sich eine Meinung über ihn bilden konnten.

Lange noch klang dieses Gespräch in mir nach. Unbewusst hatte es schließlich bei mir den Gedanken gefestigt, Rainer nicht zu treffen. Er war zurückgekehrt in die Yukon Territories und lebte seit Jahren in einem kleinen Ort in der Nähe von Whitehorse, wo er wohl offensichtlich seinen Frieden gefunden hat.

Kapitel 5

Das Glühen mit dem Herzen ist mehr wert
als das Glänzen mit dem Verstand.
(Der Heilige Bernhard)

Bei einem meiner Seminare hatte ich 1998 Ingrid kennen gelernt – eine großartige Frau. Selbst in guten finanziellen Verhältnissen lebend, hat sie auf allen Kursen, die sie bei mir besuchte, stets ein Herz für Menschen, denen es nicht gut geht, gezeigt. Immer wieder spürte ich ihre Güte und ihr liebes Wesen.

Gleich beim ersten Mal steckte sie mir heimlich die kompletten Hotelkosten für eine Teilnehmerin, die nicht sehr begütert war, in meine Tasche mit der Bitte, diesen Betrag für sie anonym übernehmen zu dürfen.

Ihr großer Kummer war, dass sie ein paar Kilo zu viel wog. Ich wandte mich ihr liebevoll zu und scherzte: „Ingrid, dein großes Herz hätte gar keinen Platz in deiner Brust, wenn du schlanker wärst."

Während eines Seminars im Sommer 1999 saßen wir abends auf der Terrasse des Hotels. Lachen und Frohsinn nach einem interessanten Tag waren angesagt. Für mich war es sehr schön zu spüren und zu hören, wie fröhlich die Gruppe war.

Natürlich war die anstehende Verfilmung meines Husky-Buches ein Thema. Viele Fragen wurden mir gestellt, und die Gruppenmitglieder horchten überrascht auf, als sie hörten, dass ich im Frühjahr 2000 bei den Dreharbeiten dabei sein würde.

„Stehen die Schauspieler schon fest?“ fragte Ingrid.

„Nein, keine blasse Ahnung, wer die beiden Hauptrollen übernimmt“, entgegnete ich, während von den anderen spekuliert und Vorschläge gemacht wurden, wer denn am besten meine Rolle spielen könnte. Auf die Auswahl der Schauspieler hatte ich jedoch keinen Einfluss.

Eine Teilnehmerin meinte allen Ernstes: „Gila, ich könnte mir vorstellen, dass du deinen Part selber spielst!“

Ich war erstaunt, welche Begeisterungsstürme das unter den Anwesenden auslöste. Ein starker Lachreiz erfasste mich, als ich an die Bettszenen dachte, die unweigerlich auch gedreht wurden, wie Tomy in einem Gespräch schon angedeutet hatte.

„Da hättet ihr euren Spaß, was?“ konterte ich fröhlich, „das würde euch wohl gefallen! Aber das wollen wir doch mal lieber Professionellen überlassen.“

Ich erntete lautes Gelächter.

„Fliegst du allein nach Whitehorse oder zusammen mit der Film-Crew?“ wollte Ingrid wissen.

„Ich fliege allein.“

„O, Gila, da würde ich gern mitfliegen! Großartig stelle ich mir das vor, einmal hautnah bei Filmaufnahmen mit dabei zu sein, vor allem, wenn ein Buch verfilmt wird, das ich so Klasse finde.“

„Wirklich?“

„Und ob!“ meinte sie im Brustton der Überzeugung.

„Mal sehen, wie das Ganze so läuft“, entschied ich, nahm mir in diesem Moment aber vor, wenn ich wirklich jemanden mitnehmen würde – dann sie.

Unser Hotel lag mitten im Wald. Es war Hochsommer mit Temperaturen über dreißig Grad, die wir jedoch durch den kühlenden Schatten der Bäume nicht spürten. Es herrschten ideale Voraussetzungen für eine zauberhafte Übung im Freien, die nur einmal jährlich im Sommer bei einem ganz besonderen Seminar angesagt ist. Bei diesem Vertrauensspaziergang gibt es immer viel Spaß und Freude. Dass wir dieses Mal jedoch nicht nur Spaß haben sollten, sondern sogar Lachsalven ernten würden, konnte keiner vorher ahnen.

Bei dieser Übung hat einer der beiden Teilnehmer die Augen verschlossen und vertraut sich ganz der Führung des anderen an. Beide schweigen während des Spaziergangs. Der Führende gibt dem „blinden“ Partner nur durch seine Hände und seinen Halt Unterstützung.

Die Aufgabe des Führenden ist es, dem blinden Partner eine möglichst breite Skala von Erfahrungen des Fühlens, des Riechens und des Hörens zu vermitteln. Der führende Partner muss darüber hinaus den Blinden an allen Hindernissen vorbeileiten und ihn schützen vor allem, was möglicherweise gefährlich, erschreckend oder unangenehm für den anderen ist.

Normalerweise verlassen wir uns alle so sehr auf unsere optischen Eindrücke, dass wir unserem Gehör, Tast- oder Geruchssinn weniger Aufmerksamkeit schenken.

Die Hotelanlage war für diese Übung ganz besonders gut geeignet. Unser Gruppenraum lag sehr ruhig – von Wald umgeben, in einiger Entfernung vom Hotelbetrieb. Der einzige Asphaltweg war sehr übersichtlich. Rechts und links dieses Weges führten kleine Pfade in den Wald, die gut begehbar waren.

Ich ging mit und beobachtete die einzelnen Paare, indem ich hier und da – wenn nötig – dem Führenden unterstützende Handzeichen gab.

Interessant war auch die Reaktion der übrigen Hotelgäste.

Aus einiger Entfernung beobachteten sie das eigenartige Treiben. Sofort erkannte auch der Laie an den zaghaften Schritten des Geführten, dass dieser zumindest nichts sehen konnte.

Nachdem ich nun die Regeln dieser Übung sehr deutlich erklärt hatte, sollten die Teilnehmer mit dem Vertrauensspaziergang beginnen, damit sie mit all ihren Sinnen und mit ihrer Vertrauensfähigkeit in besseren Kontakt kommen könnten. Nach einer Weile sollten die Gruppenmitglieder unterwegs in eigener Regie schweigend wechseln. Später erwartete ich alle wieder im Seminarraum, wo jedem die Möglichkeit gegeben wurde, über seine Erfahrungen zu sprechen.

Abschließend sagte ich noch: „Wenn ihr Lust habt, könnt ihr auch schnell laufen. Das ist sehr schön, aber tut es nur dann, wenn die Gelegenheit günstig ist und ihr beide Mut dazu habt." Doch ich ahnte nicht, welche kuriose Geschichte uns noch bevorstand ...

Ein Paar nach dem anderen verließ unseren Raum, vorsichtig tastend die blinden – doch beschützend geführt von ihren schweigenden Partnern.

Auch Elke und Ludwig, die sich für diese Übung zusammengetan hatten, machten sich auf den Weg. Ludwig hatte sich entschieden, als erster die Führungsrolle zu übernehmen, und leitete Elke nun behutsam die Treppe hinunter, die zu dem asphaltierten Weg führte.

Irgendwann während meines Rundgangs traf ich auf die beiden und sah, wie sorgsam sich Ludwig um Elke kümmerte. Alles war in Ordnung. Ich spürte, wie sehr alle diese Übung genossen. Hatte es auch anfangs noch bei manchem Zweifel gegeben, ob man sich dem anderen blind anvertrauen konnte, so spürte jetzt jeder, wie viel Vertrauen aufgebaut wurde und wie viel Freude die Übung machte.

Nach genau einer Stunde waren alle wieder zurückgekehrt, voller Erlebnisse und Erfahrungen – nur Elke und Ludwig fehlten. Da sie auch beruflich zwei gestandene Persönlichkeiten sind, machte ich mir um sie keine Gedanken, selbst als sie eine Viertelstunde später immer noch nicht da waren.

Um den Zeitplan des Mittagessens einzuhalten, hatten wir inzwischen mit der Auswertung begonnen, obwohl Elke und Ludwig noch fehlten. Ich konnte mir keinen Reim darauf machen, wo sie blieben.

Plötzlich hörte ich draußen Stimmen. Ich schaute aus dem Fenster. Dort saßen sie in einiger Entfernung und hielten sich die Bäuche vor Lachen.

Ich wusste zwar nicht, was geschehen war, rief ihnen aber zu: „Also, ihr beiden, jetzt kommt aber! Wir sind schon mitten bei der Auswertung."

„Wir kommen rauf!" rief Elke lachend, während Ludwig übers ganze Gesicht grinste.

Und dann erzählte Elke, was ihnen widerfahren war.

Wie auch ich beobachtet hatte, war Ludwig in der ersten halben Stunde derjenige gewesen, der Elke geführt hatte.

Elke hatte meine Anweisungen wohl nicht ganz richtig verstanden. Als Ludwig ihr nach dreißig Minuten schweigend das Zeichen zum Wechsel gab, hielt sie weiterhin ihre Augen geschlossen – sie ließ sich von Ludwig führen, der nun auch blind war und natürlich dachte, Elke führe ihn. So liefen die beiden blind und schweigend Arm in Arm durch hohe Farne, Gebüsch, kugelten zusammen die Böschungen hinunter – im festen Glauben, dass der Partner führe.

Bis zum Schluss hatte keiner gewagt, die Augen zu öffnen oder auch nur ein Wort zu sagen.

„Also, ihr könnt euch gar nicht vorstellen, wie sauer ich auf

Ludwig war!“ rief Elke und stimmte wieder in das laute Gelächter der anderen ein. „Wo der mich überall hinführte …!“

„Ja, von wegen“, protestierte Ludwig lauthals. „Ich habe gedacht, was ist denn mit Elke los? Vor einen Baum – Berg hoch – zusammen einen Abhang hinuntergekugelt – und keiner hat die Augen oder den Mund aufgemacht …“

Diese Doppelblindstudie blieb ein beliebtes Gesprächsthema nicht nur während dieses Seminars.

*

Im November 1998 erlebte ich etwas ganz Besonderes. In einem Hotel in der Nähe des Edersees leitete ich ein Harmonie-Seminar. Es hatte schon heftig gefroren, und die Straßen waren vereist.

Gerade hatten wir uns zum Kaffeetrinken eingefunden, als von der Rezeption die Nachricht kam, Besuch wäre für mich eingetroffen.

„Besuch?“ fragte ich überrascht. „Wer ist es denn?“

„Eine Dame möchte Sie gern sprechen.“

Ich rätselte, wer sie sein könnte, und ging erwartungsvoll in die Hotelhalle.

Eine mir unbekannte Frau – sie schien etwas jünger zu sein als ich – sah mich mit großen Augen an. Sie war eine sehr angenehme Erscheinung. Etwas ganz Besonderes ging von ihr aus. Sie kam auf mich zu, stellte sich vor und sprach mit leuchtenden Augen die schlichten Worte: „Sie sind die Frau meines Herzens. Ich habe Ihr Mutter-Erde-Buch gelesen.“

Oft erhalte ich Briefe mit dankbaren Worten, Briefe, die mit Herzblut geschrieben werden und über die ich mich sehr freue. Aber was ich hier erlebte, schien der Höhepunkt zu sein.

„O, danke für Ihre Worte", entgegnete ich verblüfft und nahm ihre Hände. „Woher kommen Sie?"

„Aus Bonn."

„Sie kommen jetzt aus Bonn – bei dem Wetter?"

„Ja, aber ich wäre auch zur Nordsee gefahren, wenn Sie dort ein Seminar gehalten hätten …!"

„Und woher wussten Sie, wo ich jetzt bin?" fragte ich, immer noch völlig fassungslos.

„Ich habe bei Ihnen zu Hause angerufen. Ihr Sohn Rico hat mir gesagt, wo ich Sie finde."

Auch sie schien sich aufgrund der ungewohnten Situation in einer eigenartigen Spannung zu befinden. Ich konnte dieses alles noch nicht einordnen, aber das musste ich vielleicht auch gar nicht – einfach in Liebe annehmen, das war's.

„Darf ich Sie bitten, mit in unseren Raum zu kommen, wo unsere Gruppe gerade beim Kaffeetrinken ist? Sie sind herzlich eingeladen."

Ganz liebevoll schaute sie mich an und sagte schlicht, dass sie gern mitkäme.

Sie hieß Christine. Kurz darauf stellte sich heraus, dass sie mitverantwortlich war für die Ausgabe des Heilpraktiker-Magazins.

„Moment", runzelte Ellen die Stirn, die dieses Mal auch mit dabei war, und sah sie fragend an, „kann es sein, dass Sie das Mutter-Erde-Gebet in der letzten Ausgabe veröffentlicht haben?"

„Ja", nickte Christine, „schön, dass Sie es gelesen haben. Es hat mich so beeindruckt, dass ich es gern herausgebracht habe."

Und damit schloss sich wieder ein Kreis.

Unsere Kaffeepause war zu Ende. Christine war so angetan

von der Liebe und der Sympathie, die ihr von der Gruppe entgegenströmten, dass sie mich zu meiner Überraschung bat, im Gruppenraum für die Teilnehmer ein Lied singen zu dürfen.

Da stand sie – und sang mit ihrer wunderschönen Stimme ein Lied über den Reichtum des Herzens, über das Licht der Welt, über Wunder und wie es ist, einfach einmal dem Herzen zu folgen.

Die Anwesenden waren derart beeindruckt von Christine, dass die Bitte ausgesprochen wurde, ob sie nicht noch einen Tag länger bei uns bleiben könnte bis zum Ende des Seminars.

Ich bin sicher, das wäre sehr schön gewesen, aber es hätte eine ganz andere Schwingung ergeben, und so entschied ich, dass Christine gern zu einem späteren Kurs kommen möge, wo sie auch von Anfang an dabei sein konnte.

Mit vielen liebevollen Umarmungen und herzlichem Winken haben wir sie dann kurz darauf in Liebe entlassen.

Immer wieder habe ich mich zu dem Zeitpunkt gefragt, was sie wohl für Beweggründe gehabt haben mochte. Ich fand keine Antwort. Es war mutig von ihr – und etwas verrückt.

Erst später, als sie mit ihrer ganzen Familie zum Silvester-Seminar 2000 kam, hat sie mir gestanden, es sei eine Art Mutprobe gewesen. Sie habe vorher einen Lehrgang besucht, wo die Aufgabe gestellt wurde, etwas zu tun, was voll aus ihrem Herzen kam, ohne Wenn und Aber des Kopfes, egal, was es für einen Einsatz erfordere oder koste, um dann zu sehen, was das mit einem Menschen mache. Diese Saat ist nicht nur bei ihr, sondern bei uns allen voll aufgegangen.

Kurze Zeit nach unserem ersten Treffen erhielt ich einen Brief von ihr:

Liebe Gila,

neu geboren kehrte ich nach Hause zurück –
von einem Abenteuer voll Herzenswärme und Glück –
der Abendhimmel stand in rotgoldenen Flammen –
die schmale Mondsichel leuchtete hell und klar –
ich wurde begleitet von einer Engelschar.

Die Luft war klar und kalt –
die Bäume huschten vorüber in dunkler Gestalt –
mein Herz war warm, vibrierend und tief bewegt –
als ich plötzlich einen Kometen am Himmel sah –
und mein Herz sofort wusste, was hier geschah.

Du hast meine Heimreise gesegnet –
aus dem Himmel hat es Sternenglanz geregnet –
in diesem Augenblick wurde ich neu geboren –
in ein Leben voller Liebe und Licht –
das alles wäre ich ohne unsere Begegnung nicht.

Ein Gott hat meinen Weg zu Dir gelenkt –
ich wurde mit Wundern und Liebe so reich beschenkt –
ich danke Dir für diese wundervollen Stunden –
unsere Begegnung hat sich tief in mein Herz gesenkt –
und mein Leben in eine neue Richtung gelenkt.

In Liebe

Christine

Im Sommer 2000 kamen André und seine Frau Kari zu Besuch. Sie wollten zusammen mit Karis Freundin und einem befreundeten Lehrerehepaar aus Nome ein paar Wochen bei uns bleiben, um unter anderem die Expo 2000 in Hannover zu besuchen.

Achim, mein Ex-Ehemann, Andrés und Marcos Vater, hatte die ganze Truppe von Amsterdam abgeholt und zu mir nach Hause gebracht.

Obwohl meine Gäste durch den langen Flug und die Zeitverschiebung sehr müde waren, war die Atmosphäre locker und entspannt – auch zwischen Achim und mir. Seit langen Jahren war er wieder verheiratet. Ab und zu geschah es noch, dass er ganz unerwartet auf einen Kaffee vorbeikam.

„Übrigens, Eva geht es gar nicht gut. Sie ist sehr krank“, sagte er. „Sie hat mich vor einiger Zeit angerufen und mir das erzählt.“

Eva war Rainers Frau, mit der ich damals befreundet war. Ich hatte sie sehr verletzt, weil ich mich in ihren Mann verliebt hatte und heimlich mit ihm nach Kanada ausgewandert war. Als ich die Nachricht von Achim hörte, war ich sehr betroffen.

Ich überlegte: Warum hatte Eva Achim von ihrer Krankheit erzählt? War es einfach nur aus Freundschaft geschehen? Hegte sie vielleicht damit indirekt die Hoffnung, dass ich sie anrufen oder besuchen würde, um uns endlich auszusprechen? Hatte ich nicht oft genug von ihr und dieser Situation geträumt? Aber war ich es nicht gewesen, die sie vor Ricos Geburt um Verzeihung gebeten hatte? Hatte sie mich nicht einfach stehen lassen? Musste ich mir Vorwürfe machen?

Doch das waren Gedanken, die ich als Mensch mit einem spirituell wachsenden Bewusstsein gleich wieder verwarf. Darum ging es gar nicht, sondern den Stolz abzubauen – das Ego zurückzustellen – auf den anderen zuzugehen, wenn wir das Gefühl haben, die Zeit ist reif – jetzt fühlt es sich richtig an, und es gibt beiden ein Gefühl von Liebe, die wieder frei fließen kann.

Nachdem ich all diese Dinge in meinem Herzen überprüft hatte, traf ich die Entscheidung, Eva in einer stillen Stunde anzurufen.

Mit sehr viel Liebe in mir, aber auch mit Herzklopfen, wählte ich ihre Nummer. Ihr Sohn meldete sich. Als ich ihm sagte, dass ich gern Eva sprechen würde, sagte er mir in ruhigen Worten, dass sie vor kurzem gestorben sei.

*

Dass unsere Engel Humor haben, durfte ich schon des Öfteren erleben. Es macht mir trotzdem jedes Mal wieder Spaß. So hatte ich zum Jahreswechsel 2000 auf Wunsch vieler Teilnehmer ausnahmsweise ein Silvester-Seminar angesetzt, zu dem auch Christine, ihr Mann und ihre beiden Kinder kamen. Zu dieser Veranstaltung hatten sich auch bereits im Juni meine Freundin Gudrun mit ihrem Mann Karl-Friedrich angemeldet.

Der Bestätigungstext der Anmeldungen ist bei uns im Computer abgespeichert, wird dann jeweils individuell ausgedruckt und abgesandt. Die vorgegebene Maske kann jedoch manuell verändert werden. Wenn sich also ein Paar anmeldet, so wird die Bestätigung nur einmal verschickt, indem der vorgegebene Text durch den Namen des Partners ergänzt wird.

In diesem Fall wurde Gudrun die Teilnahme für sie und ihren Mann Karl-Friedrich bestätigt. Durch einen Computerabsturz war dieser Zusatz hinterher jedoch nicht wieder gelöscht worden, und es kam dann zu folgendem Zwischenfall:

Am Wochenende zuvor hatte ich einen zweitägigen Kurs gehalten, den auch zwei Damen besuchten, deren Herzenswunsch es war, wieder einen Partner zu finden.

Da wir in unseren Kursen auf die Wirkung von Affirmationen eingehen, lernten die beiden, wie sie dieses Ereignis in Zukunft planen konnten. Voller Tatendrang wollten sie die Sache angehen.

Genau zwei Tage später erhielt ich einen Anruf von Heike:

„Gila, das ging aber schnell!“

„Was?“

„Na, das mit dem Mann!“

„Welchem Mann?“

„Mit Karl-Friedrich!“

Ich begriff gar nichts und fragte etwas naiv: „Woher kennst du Karl-Friedrich?“

„Na, du hast wahrscheinlich einen neuen Lebenspartner für mich gefunden …“

Langsam kam mir die Sache wirklich spanisch vor, und ich bat Heike um die Auflösung des Ganzen.

„Ich habe heute die Bestätigung für Silvester erhalten, und da wurde mir die Teilnahme für mich und meinen Mann Karl-Friedrich bestätigt. Wo hast du den denn so schnell her? Und – wie ist er?“

Jetzt dämmerte es mir – der Computerabsturz! Der Zusatz wurde nicht gelöscht!

Heike hatte sich schon etwas Ähnliches gedacht und war nicht sehr enttäuscht, dass sie sich ihren Lebenspartner nun doch selbst suchen musste. Die Situation löste sich in Heiterkeit auf.

Als keine halbe Stunde später wieder ein Anruf wegen Karl-Friedrich durchgestellt wurde, weil dieser auch der anderen

Teilnehmerin bestätigt wurde, war ich bereits gewappnet. Sie war jedoch etwas zurückhaltender und erklärte, sie wolle keinen fremden Bettgenossen und bevorzuge lieber ein Einzelzimmer. Mit Humor konnte ich auch diese Angelegenheit entschärfen.

Beide Damen waren nun jedoch auf Karl-Friedrich gespannt, der Silvester mit seiner Frau Gudrun ausgerechnet zuletzt eintraf. Da wir bereits begonnen hatten, stellte ich ihn der großen Runde etwas theatralisch vor: „Und das, ihr Lieben – ist Karl-Friedrich!"

Dieser hatte von seiner ereignisschwangeren Vorgeschichte keine Ahnung, genoss jedoch den überwältigenden Empfang der anwesenden Damen sichtlich.

Im Dezember führe ich üblicherweise keine Seminare, doch auf Wunsch vieler Teilnehmer hatte ich bereits frühzeitig den Termin für den Jahrtausendwechsel in der Tagungsstätte bestätigt, in der ich auch Heide zuvor kennen gelernt hatte.

Der große helle Raum hatte durch seine pyramidenartige Kuppel eine ganz besondere Atmosphäre. Zusätzlich stand uns zu diesem Termin das ganze Haus mit zwei Etagen zur Verfügung. Hier waren Familien mit Kindern sehr willkommen. So waren wir voll ausgebucht.

Drei Bezugspersonen kümmerten sich eine Etage tiefer um die Kinder – gleich welchen Alters, während die Eltern oben in Ruhe am Seminar teilnehmen konnten. Abends, wenn ich die Gute-Nacht-Geschichte vorlas, waren alle Kinder wieder mit dabei. Meinen drei Helferinnen gebührt dabei ein ganz besonderer Dank für die intensive Kinderbetreuung.

Silvester war dann ein bunter Abend mit allerlei Aufführungen von Kindern und Erwachsenen angesagt. Zuvor gab es jedoch noch eine Spaghetti-Krise, die wir mit Liebe und viel diplomatischem Geschick meistern konnten. Bei Konflikten sollte immer der Gedanke an die harmonische Auflösung im Vordergrund stehen und nicht so sehr die Absicht des Siegens, so wie es auch hier geschehen ist:

Bereits am ersten Tag merkten wir, dass hier kein kindgerechtes Mittagessen von der Küche zubereitet wurde. Welches Kleinkind isst schon gern Pellkartoffeln mit Hering!

Ich bat die Küche freundlich darum, man möge auch auf die Kinder Rücksicht nehmen. Es ginge nicht an, dass die Eltern mittags ihre Kinder mit gekauftem Obst fütterten, damit sie einigermaßen satt würden.

Die Damen in der Küche, die wirklich bei jedem Kurs auf all unsere Wünsche eingingen, wollten es dem Küchenchef weitergeben, gaben aber zu bedenken, dass für so viele Personen nicht zwei verschiedene Gerichte in der Küche zubereitet werden könnten. Da spiele der Chef nicht mit. Außerdem sei alles bereits geplant und eingekauft worden.

Heide, die mehr als sechzehn Jahre in der Tagungsstätte tätig gewesen und jetzt Rentnerin war, wiegte den Kopf und sagte: „Na, da bin ich mal gespannt, wie er reagiert. Er lässt sich normalerweise nicht vorschreiben, was er kocht."

Als auch am nächsten Tag mit dem Essen genauso wenig Rücksicht auf die Kinder genommen wurde, berief ich die Eltern zu einer Krisensitzung ein.

„Also", begann ich, „ihr kennt die Situation, und wir müssen eine Änderung herbeiführen. Ich habe den Küchenchef bei vielen Veranstaltungen, die ich hier im Haus geleitet habe, kennen gelernt. Er hat wirklich Pfiff in der Auswahl des Essens, das habt ihr ja auch gemerkt."

„Aber mit Kritik hat er Probleme", unterbrach mich Heide

und grinste, „ich kenne ihn nun schon länger. Als Kollege dagegen ist er ganz in Ordnung."

„Okay", warf ich ein, „wir müssen einen Weg finden, damit er das Ganze nicht als massive Reklamation empfindet, sondern als konstruktiven Lösungsvorschlag akzeptiert."

„Na, dann viel Glück …!" lästerte Heide.

Ich wandte mich an sie. „Gibt's hier irgendwo noch eine Kochgelegenheit?"

„Ja", meinte Heide, „im anderen Teil des Hauses ist noch eine kleine Küche mit Herd."

„Meinst du, wir könnten dort notfalls Spaghettis kochen?" wollte ich wissen.

„Gila, was hast du vor?" lachte Heide.

„Nein, im Ernst – ich muss eine Lösung anbieten, bei der auch er sein Gesicht wahren kann, denn er hat bereits abgelehnt."

„Da wird er nie drauf eingehen, dass in der zweiten Küche für die Kinder Spaghettis gekocht werden", schüttelte sie den Kopf.

„Na, warten wir's ab", sagte ich hoffnungsvoll, „ich habe nämlich eine Idee. Heide, wie weit entfernt ist deine Wohnung von der Tagungsstätte?"

„Nicht ganz einen Kilometer", antwortete Heide und wusste mit meinen Worten nichts anzufangen.

„Könntest du dort Spaghettis kochen?"

Sie schien meine Absicht noch immer nicht ganz zu durchschauen, ging aber trotzdem auf meine Frage ein. „Bei mir zu Hause?" grinste sie, während ihre dunklen Augen funkelten, „für fünfzig Personen, wenn es sein muss."

„Okay", bestimmte ich, „das ist die Lösung! Lasst mich das mal machen."

„Was hast du vor, Gila – was hast du bloß vor?“ fragte Heide wieder.

„Das kriegen wir hin!“ versprach ich dem elterlichen Krisenkomitee und marschierte zielbewusst in Richtung Küche.

Erika, die Küchenfee, die stets ein gutes Wort für uns übrig und bisher vieles möglich gemacht hatte, erkannte meinen Tatendrang, bekam es mit der Angst zu tun und stellte sich mir in den Weg. Flehentlich bat sie mich: „Bitte, Gila, morgen ist Silvester – bitte keinen Stress im alten Jahrtausend, das halte ich nicht aus!“

„Ich mache keinen Stress, versprochen, aber ich brauche den Chef.“

Wieder versuchte sie mich mit hochrotem Kopf zu überzeugen, keinen Ärger zu machen, dabei hatte ich nicht im geringsten vor, irgendwelchen Stress zu produzieren, aber das konnte sie natürlich nicht ahnen.

„Wo ist der Chef?“ fragte ich noch einmal und schob sie liebevoll zur Seite. Und dann sah ich ihn.

„Kann ich Sie mal einen kleinen Moment sprechen?“ sagte ich – wirklich ganz liebenswürdig. Erika gab auf und harrte aufgeregt, aber hilflos der Dinge, die ihrer Meinung nach jetzt zwangsläufig geschehen mussten.

„Ja, worum geht's denn?“ fragte der Küchenchef knapp, während wir beide an einem Tisch Platz nahmen.

Freundlich erklärte ich ihm die Situation, dass die Kinder heute Mittag bereits zum zweiten Mal kaum etwas gegessen hätten.

„Zugeben muss ich jedoch“, sagte ich anerkennend, „das Essen schmeckt uns Erwachsenen wirklich sehr gut. Nur wir haben halt die Situation, dass die meisten Kinder lieber etwas anderes essen und dann hungrig vom Tisch aufstehen.“

„Es ist einfach von unseren Gegebenheiten her nicht möglich“, wandte er ein, „für so viele Erwachsene zu kochen und fast für die gleiche Anzahl von Kindern etwas anderes zuzubereiten.“

„Gut“, nickte ich, „das verstehe ich. Deshalb möchte ich Ihnen ja auch einen Vorschlag machen.“ Aus den Augenwinkeln sah ich Erika, die uns voller Angst, dass die Bombe gleich platzte, von der Küche her beobachtete.

Der Küchenchef schaute mich erstaunt an. Er hatte nicht mit Verständnis gerechnet, sondern mit Druck und Ärger von meiner Seite und saß bereits in Abwehrstellung. Doch den Gefallen tat ich ihm nicht.

„Ich möchte Ihnen vorschlagen, dass wir Spaghettis kaufen und diese für die Kinder in der kleinen Küche im Anbau selbst zubereiten. Einen Topf haben Sie sicher übrig für uns, oder?“

Er zuckte zusammen. Mit so viel Kreativität meinerseits hatte er nun nicht gerechnet. „Nein, das geht nicht“, lehnte er rigoros ab, „das ist versicherungstechnisch nicht möglich! Das geht auf keinen Fall, dass Sie hier selbst etwas kochen.“

Ich schwieg einen Moment. ‚Ruhig bleiben, Gila‘, dachte ich. ‚Alles darf so sein, wie es ist‘, sagte ich mir in Gedanken.

„Ja, das verstehe ich“, sagte ich und schaute den inzwischen leicht irritierten Küchenchef an, „es wäre natürlich eine gute Möglichkeit gewesen, das Problem in den Griff zu bekommen.“

Er saß mir gegenüber und schaute mich abwartend an, was denn jetzt noch käme. So viel Verständnis war ihm offensichtlich suspekt. Jetzt aber zog ich meinen Joker.

„Wissen Sie“, entgegnete ich ganz ruhig, „dann habe ich die optimale Lösung für alle. Heide, ihre Ex-Kollegin, hat uns nämlich angeboten, dass wir bei ihr zu Hause die Spaghettis für die Kinder kochen können. Darum möchte ich Sie bitten, morgen Mittag dementsprechend weniger Essen zu planen. Wir werden die Spaghettis bei Heide zubereiten und dann hierher fahren. So kriegen wir alles hin, und Sie haben keine Schwierigkeiten."

Als ob er nicht richtig verstanden hätte, fragte er noch einmal zurück: „Sie wollen die Spaghettis bei Heide kochen?"

Ich sah, wie es heftigst in ihm arbeitete.

„Ja, wenn's anders nicht geht", erklärte ich munter. „So haben Sie keine Probleme mit Ihrem Platz in der Küche, und auch versicherungstechnisch – wie Sie sagten – wäre damit alles geregelt."

Es dauerte eine ziemliche Weile, bis er antwortete: „Na ja, ich muss mal mit meinen Damen sprechen, ob wir das nicht doch irgendwie anders schaffen."

„Also, wenn das klar ginge", freute ich mich, „hätten wir natürlich bessere Karten. Das wäre einfach hervorragend."

Ich gab ihm die Hand und bedankte mich freundlich bei ihm.

„Und ab wann soll das Ganze laufen?" fragte er grimmig.

„Am besten ab heute Abend, damit die Kinder wieder etwas zu essen bekommen."

„Na gut", brummte er. „Aber nur heute Abend und morgen Mittag, denn morgen Abend findet ja das große Silvesterbuffet statt. Das haben wir ja sowieso für die Kinder mitgeplant."

Voller Freude, aber auch mit dem Gefühl, dass es hier keinen Verlierer gab, ging ich zurück zur Gruppe.

„Kinder, heute Abend gibt's Spaghettis!" rief ich der Gruppe zu, und ich spürte überall Erleichterung, dass die Situation auf so weiche Art und Weise gelöst werden konnte.

Völlig erleichtert kam Erika später zu mir und sagte glücklich: „Gila, wie hast du das bloß hingekriegt ...!"

Kapitel 6

Was die Raupe Ende der Welt nennt,
nennt der Rest der Welt Schmetterling.
(Laotse)

Kurze Zeit später erfuhr ich von Tomy, dass nun der männliche Hauptdarsteller für den Husky-Film unter Vertrag sei. Es sei Heiner Lauterbach. Heiner war zu dem Zeitpunkt schon sehr bekannt in der deutschen Filmszene. Die Rolle des Naturburschen Rainer mit seinen Schlittenhunden war ihm wie auf den Leib geschrieben.

„Er fliegt bereits im Februar mit uns nach Whitehorse, Gila, um dort alles zu begutachten und sich an die Hunde zu gewöhnen."

Nun war auch für mich die Zeit gekommen, Ingrid zu fragen, ob sie mich nach Whitehorse begleiten wollte.

„Gila", meinte sie bewegt, „dass du daran gedacht hast! Damit habe ich gar nicht mehr gerechnet. Es ist doch schon ein halbes Jahr her, dass wir darüber gesprochen haben."

„Du musst nicht immer davon ausgehen, dass du nur für andere etwas tun darfst. Du siehst, über Umwege kommt alles zu dir zurück. Also, willst du – oder willst du nicht?"

„Na klar", entgegnete sie erfreut.

So buchten wir unsere Flüge für den 9. März 2000 über Vancouver nach Whitehorse. Ingrid sollte von München, ich von Düsseldorf nach London reisen. Dort wollten wir uns treffen, um anschließend gemeinsam nach Vancouver zu fliegen.

Vorher hatte ich Tomy gebeten, dass er uns zwei Zimmer in dem Hotel in Whitehorse reservieren sollte, damit wir zusammen mit der Filmcrew dort untergebracht waren.

*

Manchmal höre ich in meinen Seminaren über Schwierigkeiten bei Unterhaltszahlungen. Gerichtliche Auseinandersetzungen sind dann meistens die Folge. Jeder von uns kann wohl nachvollziehen, wie viel Ärger und negative Emotionen so eine Situation mit sich bringt. Auch Kinder werden oft bewusst oder unbewusst involviert und können gar nicht verstehen, warum die beiden Menschen, die sie am liebsten haben, sich so heftig streiten.

Wie kann man diese Problematik lösen? Wie bin ich selbst damit umgegangen, dass ich damals keine Unterstützung bekam, aus welchem Grund auch immer? Sicherlich nicht so großzügig, wie ich heute darüber denke, das gebe ich zu. Ärger und Angst kamen auch in mir hoch, als ich allein für meine vier Kinder sorgen musste, ohne dass sich die beiden Väter daran beteiligten. Und dann noch in der Situation, wo ich nach meiner zweiten Rückreise aus Kanada völlig mittellos dastand und überhaupt nichts mehr besaß – außer dem festen Glauben an mich selbst. Aber waren es nicht meine eigenen Worte gewesen, die ich einem Mitreisenden im Zug geantwortet hatte: „Ich selbst bin mir Kapital genug!?“ Anerkennung hatte ich dafür von ihm geerntet.

Doch ich gebe zu, die spätere Umsetzung im Alltag war wirklich nicht leicht. Hochschwanger mit meinem vierten Kind war ich nicht mehr in der Lage, meine selbständige Tätigkeit in der Versicherungsbranche auszuüben. Drei Monate vor der Geburt war Rainer wieder nach Kanada zurückgekehrt. So musste ich allein mit meinen Kindern durchkommen. Mein gesamtes Kapital hatte ich in Kanada für uns alle eingesetzt, um nicht zu sagen „verloren."

Rainer hatte damals selbst keinen Cent mehr und musste sich – wie ich es im Husky-Buch beschrieben habe, das Geld für die Rückflüge seiner 13 Huskies leihen. Achim dagegen, den Vater meiner beiden ältesten Söhne, hätte ich für Unterhaltszahlungen in Anspruch nehmen können.

Seinerzeit hatten wir jedoch einen Ehevertrag geschlossen mit der Regelung, dass ich solange für unsere beiden Söhne auf Unterhalt verzichtete, wie ich allein für sie sorgen konnte. Doch so kurz vor der Geburt meines vierten Kindes ging es mir finanziell und seelisch nicht gut.

Als mich Achim eines Tages unerwartet besuchte, sagte ich ihm nebenbei, dass Marco dringend eine neue Jeans brauche, ob er das einmal übernehmen könne. Er lehnte meine Bitte ab. Aufgrund seiner guten Einkommensverhältnisse war seine Reaktion für mich nicht nachvollziehbar.

Ich habe lange überlegt, ob ich diese Begebenheit hier überhaupt erwähnen soll. Könnte nicht dadurch der Gedanke der Wertung aufkommen: Ich habe mich richtig verhalten – aber der andere …? Darum geht es mir absolut nicht. Ich möchte etwas ganz anderes herausstellen:

Mitte 1989 wurde ich durch einen Zeitungsbericht sensibilisiert, dass ein Augenarzt in Hamburg Hornhautverkrümmungen mit einem Excimer-Laser operiere. Diese Operation stellt in der heutigen Zeit sicher nichts Besonderes mehr dar, war damals jedoch der Durchbruch für viele Menschen, die starke Brillen tragen mussten.

Andrés Augen wiesen mehr als minus 9 Dioptrien auf. Sein bildliches Erleben war bisher stets von enorm dicken Brillengläsern bestimmt worden. Zu dem Zeitpunkt studierte er in Kanada. Ich rief ihn an und schlug ihm diese Operation vor. Die nicht unerheblichen Kosten dafür mussten allerdings privat getragen werden.

„Frag doch mal Achim", meinte André, „ob er sich an den Kosten beteiligt. Das ist doch alles zuviel für dich allein. Du zahlst mir doch schon die kompletten Studienkosten."

‚Ja, das könnte ich eigentlich machen', kam es mir in den Sinn, da Achim keinerlei Unterhaltsverpflichtungen hatte. Doch ich erinnerte mich sofort an seine damalige Reaktion in Bezug auf Marcos neue Hose.

Ich wusste genau, was passierte, wenn ich Achim um die Hälfte der Operationskosten bäte. Er wäre mit Sicherheit wieder nicht bereit dazu. Auch an Andrés Studiengebühren hatte er sich damals beteiligen wollen, war aber über den ersten Monat nicht hinausgekommen.

Was aber wäre, wenn ich mich frei machte von dem Ärger, den eine Ablehnung mit sich bringt? Wenn ich es mir und André ersparte, Achims Absage zu verdauen, die im Raum stünde? Aber wie sollte ich das schaffen? Es war mir nicht möglich, einen zweistelligen Betrag aus meinem Budget abzuzweigen. Die einzige Möglichkeit wäre, ein Darlehn aufzunehmen.

Da André im gleichen Jahr im Dezember sowieso in Deutschland sein wollte, machte ich einen Termin bei dem Augenarzt. Dort entschieden wir uns dann für die Operation an beiden Augen. Damit war eine Brille für ihn nicht mehr erforderlich. Ohne Achim finanziell mit einzuschalten, bekam ich von meiner Bank das Darlehn.

Das Fazit dieser Begebenheit darf nicht heißen: Ich bin stark – der andere nicht, sondern muss lauten: Indem ich meine ganzen Reserven mobilisiere, mache ich mich selbst immer stärker.

Wenn ich darauf vertraue, dass mir das Leben nur Aufgaben stellt, die ich auch bewältigen kann, mache ich mich selbst immer unabhängiger von meinen Erwartungshaltungen. Wenn der andere jedoch nicht will, selbst wenn er könnte, werde ich ihn nicht dazu zwingen. Mit Druck erreicht man Gegendruck, der auch der Beziehung nur schadet.

„Aber", mag ich vielleicht als Gegenargument hören, „ich kann doch nicht allein die ganze Verantwortung tragen für meine Kinder – für die Erziehung, Ausbildung und dann auch noch für die Finanzen! Mein Partner hat doch auch seinen Aufgabenbereich, selbst wenn wir nicht mehr zusammen leben!"

Das ist richtig – was aber ist, wenn der andere nicht will? Kann man ihn zwingen? Ja, rechtlich ist das sicherlich möglich, aber was macht das mit uns? Fühlen wir uns wohl dabei? Meine Meinung dazu ist: Je mehr wir selbst schaffen, umso besser fühlen wir uns. Wenn der andere nicht mitziehen will, so wird auch *er* die Wirkung in seinem Leben dafür erfahren, ob er daran glaubt oder nicht!

Vielleicht ist so mancher Leser mit dieser Aussage nicht ganz einverstanden, weil sie *scheinbar* ein Ungleichgewicht darstellt. Doch in dem Maße, wie wir Verantwortung tragen für die Harmonie in unserem Leben, lösen wir dieses Ungleichgewicht auf. Das habe ich bei vielen Ereignissen meines Lebens erkannt.

Denn nur so war es möglich, dass sich das Verhältnis zu Achim ohne irgendeine Erwartungshaltung meinerseits wieder verbesserte und wir heute einen zwar nicht mehr häufigen, aber guten Kontakt haben. Denn Achim ist und bleibt der Vater meiner beiden ältesten Söhne.

Und was ist mit Rainer, dem Vater von Dana und Rico? Auch bei ihm akzeptiere ich, dass er seit seiner Rückwanderung nach Kanada nie mehr Kontakt zu den beiden aufgenommen hat. Trotzdem habe ich meinen Frieden gefunden, weil ich auch ihm zugestehe, für sein Leben Entscheidungen getroffen zu haben, wie er sie für richtig gehalten hat.

In diesem Zusammenhang möchte ich gern folgende Geschichte von Laotse erzählen, die mich sehr beeindruckt hat:

In einem chinesischen Dorfe lebte ein alter Mann, der ein wunderschönes, weißes Pferd besaß. Darum beneideten ihn selbst die Fürsten. Der Greis lebte in ärmlichen Verhältnissen, doch sein Pferd verkaufte er nicht, weil er es als Freund betrachtete.

Als das Pferd eines Morgens verschwunden war, erzählte man sich im ganzen Dorf: „Schon immer haben wir gewusst, dass dieses Pferd eines Tages gestohlen würde. Welch ein Unglück für diesen alten Mann!"

„Soweit dürft ihr nicht gehen", erwiderte der alte Mann. „Richtig ist, dass das Pferd nicht mehr in seinem Stall ist, alles andere ist Urteil. Niemand weiß, ob dies ein Unglück ist oder ein Segen."

Nach zwei Wochen kehrte der Schimmel, der nur in die Wildnis ausgebrochen war, mit einer Schar wilder Pferde zurück.

„Du hast Recht gehabt, alter Mann", sprach das ganze Dorf, „es war ein Segen, kein Unglück."

Darauf erwiderte der Greis: „Ihr geht wieder zu weit. Tatsache ist nur, dass das Pferd zurückgekehrt ist."

Der alte Mann hatte einen Sohn, der nun mit diesen Pferden zu arbeiten begann. Doch bereits nach einigen Tagen stürzte er von einem Pferd und brach sich beide Beine. Im Dorf sprach man nun: „Alter Mann, du hattest Recht, es war ein Unglück, denn dein einziger Sohn, der dich im Alter versorgen könnte, kann nun seine Beine nicht mehr gebrauchen."

Darauf antwortete der Mann: „Ihr geht wieder zu weit. Sagt doch einfach, dass sich mein Sohn die Beine gebrochen hat. Wer kann denn wissen, ob dies ein Unheil ist oder ein Segen?"

Bald darauf brach im Lande ein Krieg aus. Alle jungen Männer wurden in die Armee eingezogen. Einzig der Sohn des alten Mannes blieb daheim, weil er ein Krüppel war. Die Bewohner des Dorfes meinten: „Der Unfall war ein Segen, du hattest Recht."

Darauf entgegnete der alte Mann: „Warum seid ihr vom Urteilen so besessen? Richtig ist nur, dass eure Söhne ins Heer eingezogen wurden, mein Sohn jedoch nicht. Ob dies eine Segen oder ein Unglück ist, weiß nur GOTT."

*

In meinem Leben haben Günter und Röschen Ilse eine bedeutende Rolle gespielt. Bei Günter hatte ich im November 1983 mein erstes Seminar besucht, das eine entscheidende Bedeutung für mein Leben haben sollte. Im Laufe der Zeit sind Günter und Röschen dann sehr gute Freunde geworden.

Ich habe später noch viele Kurse von Günter besucht. Mit seiner Unterstützung ist es mir gelungen, seit 1994 selbst Seminare zu leiten. Durch meine Bücher, in denen ich über Günters hervorragende Arbeit berichte, wurde auch meine Organisation stets größer.

Im Juli 1999 besuchten mich meine beiden Freunde und blieben ein paar Tage bei mir. Es waren Tage voller guter Gespräche und Erinnerungen.

Als sich Günter nach Jahrzehnten erfolgreicher Tätigkeit Ende 1999 entschied, es etwas ruhiger angehen zu lassen und seine Aktivitäten nur noch auf einzelne Firmenkunden zu richten, wollte er mir die Organisation für seine offenen Kurse übergeben.

Aus dem Grunde hatte er im November ein Rundschreiben an seine Teilnehmer gesandt, in dem er die Übergabe und für Januar 2000 seinen letzten offenen Termin ankündigte.

Die Freude über sein Vertrauen, in mir seine Nachfolgerin zu sehen, war etwas getrübt von dem Wissen, dass sich hier ein Mensch von der Aufgabe seines Lebens zurückzog, der er über Jahrzehnte hinweg gefolgt war und mit der er viel Gutes für viele Menschen erreicht hatte.

Zur gleichen Zeit überbrachte mir Tomy Wigand die Nachricht, dass er Barbara Rudnik, eine bekannte und gute Schauspielerin, für die weibliche Hauptrolle unter Vertrag genommen hatte. Obwohl sie eher den kühlen Frauentyp verkörperte, traute ich ihr zu, in dem Film, der den gleichen Titel wie mein Buch tragen sollte, diese Rolle zu übernehmen.

Ich freute mich über Tomys Wahl und rief danach gleich bei Günter an.

„Hallo, Ihr Lieben, es geht langsam los mit unserem Film.

Die Hauptdarstellerin steht jetzt auch fest. Frag mal Röschen, ob sie Barbara Rudnik kennt."

„Gila, da musst du sie schon selber fragen, denn sie liegt im Krankenhaus."

Ich war bestürzt, als mir Günter erzählte, dass Röschen an der Galle operiert sei. Er sagte jedoch gelassen, sie befände sich bereits auf dem Wege der Besserung.

Gleich danach rief ich sie im Krankenhaus an. Es schien ihr schon wieder recht gut zu gehen. Eine Woche später sollte sie entlassen werden. Sie kannte Barbara aus einigen Filmen, gab aber zu bedenken, sie sei zwar eine sehr gute Schauspielerin, sie aber hätte sich gern eine passendere Darstellerin gewünscht.

„Gila, du bist eine so warme, herzliche und spontane Frau. Aber", meinte sie etwas resignierend, „findest du, dass sie die richtige Besetzung für dich ist?"

„Ich denke schon, Röschen. Ich habe sie in einigen starken Frauenrollen gesehen, wo sie mir gefallen hat. Außerdem, selbst wenn sie mir nicht zusagte, ich habe kein Mitspracherecht."

Nachdem wir uns noch eine Weile unterhalten hatten, verabschiedete ich mich von ihr mit dem Hinweis, dass ich mich darauf freue, sie beide im Januar in Ismaning bei Günters Abschied wiederzusehen. Wir drei würden einen Tag eher anreisen und wieder ein paar schöne Stunden für uns haben.

Ich war früh losgefahren und kam gegen Mittag in Ismaning an. Während der Fahrt hatte ich mich auf Günter und Röschen gefreut. Gegen 14 Uhr wollten meine Freunde eintreffen, damit wir den Nachmittag nur für uns hatten.

Gerade hatte ich im Hotel eingecheckt, da fing es an zu

schneien – dicke, weiße Flocken. Innerhalb kurzer Zeit war alles weiß. Die beiden würden sicher auch gleich eintreffen. Ich hatte ein gutes Gefühl, denn der Schneefall konnte sie höchstens eine halbe Stunde vor ihrem Eintreffen erwischt haben.

Ich saß in der Lobby des Hotels und wartete. Jedes Mal, wenn sich die Tür öffnete, hoffte ich, die beiden zu sehen. Es wurde später und später – sie kamen nicht, völlig ungewöhnlich.

Sorgen machte ich mir keine um die beiden, sondern gab ihnen mit meinen Gedanken Licht und gute Energie, obwohl ich intuitiv wusste, etwas Außergewöhnliches musste geschehen sein. War es das Wetter? Vielleicht waren sie in einen Stau hineingeraten – es war Freitag Nachmittag. Da passiert es oft, dass die Autobahnen um München herum besonders stark befahren sind.

Hätte ich mir Sorgen gemacht, dann hätten mich diese von klaren Gedanken abgehalten. Sorgen lähmen. Sie ziehen uns runter. Sie nehmen uns gefangen. Sie stehlen uns die Freude am Leben und können uns sehr schnell veranlassen, Bilder des Schreckens oder der Furcht aufzubauen.

Ich hatte mir angewöhnt, sobald sich wieder einmal Sorgen in mein Denken einschlichen, sie zu verscheuchen und durch gute Gedanken zu ersetzen. Und so saß ich da in der großen Hotelhalle und hüllte meine Freunde in Licht und Liebe ein.

Irgendwann zwischen 17 und 18 Uhr kam Günter – allein. Wieder einmal war ich überrascht über seine Erscheinung. Man sah ihm nicht an, dass er zu dem Zeitpunkt die Siebzig längst überschritten hatte. Voller Freude sprang ich auf und begrüßte ihn. Er stellte seine Sachen ab und nahm mich herzlich in die Arme.

„Hallo, Gila“, sagte er liebevoll, „du hast sicher schon lange gewartet.“

Ich schaute mich suchend um und fragte: „Wo ist mein Röschen?“

„Sie ist zu Hause. Lass mich erst einchecken, dann erkläre ich dir alles.“

Wir gingen zusammen zur Rezeption. Danach brachte Günter das Gepäck auf sein Zimmer, und wir trafen uns kurze Zeit später wieder in der Hotelhalle.

„Was ist mit Röschen?“ fragte ich, als wir in Ruhe beisammen saßen.

„Ja, das ist nicht so schön, was heute geschehen ist. Du weißt doch, Röschen ist vor einigen Wochen an der Gallenblase operiert worden. Heute Morgen sagte sie, irgendetwas sei nicht in Ordnung. Es haben sich Veränderungen an der Narbe gezeigt. Ich habe dann den Professor, der sie operiert hat, angerufen und um einen kurzfristigen Termin gebeten. Er hat ihn heute Nachmittag dazwischen geschoben. Darum ist es auch so spät geworden“

„Und – was hat er gesagt?“

Ich merkte, dass Günter sich nicht anmerken lassen wollte, wie schwer ihm die Worte fielen: „Er hat entschieden, dass Röschen am kommenden Dienstag nochmals operiert werden muss. Darum ist sie jetzt zu Hause geblieben, um alles vorzubereiten. Es ging ihr auch nicht sehr gut.“

Das war es also. Ich atmete tief durch und spürte, dass etwas nicht so war wie immer – dass etwas auf uns zu kam, das wir annehmen mussten.

Trotz der Situation hatte Günter am nächsten Tag bei seinem Seminar den gleichen Schwung wie immer. Abends kam Marianne, eine Teilnehmerin, die auch ich gut kannte, und wollte Röschen und Günter ihr Baby vorstellen. Auch sie fragte sofort nach Röschen und war sehr betroffen.

Bruno und Marina, ein Ehepaar, das schon viele Seminare von Günter besucht und inzwischen auch an weiterführenden Kursen von mir teilgenommen hatte, waren Hunderte von Kilometern gefahren, um ihm mit ihren Kindern am Sonntag Mittag ein rührendes musikalisches Abschiedsständchen zu bringen.

Günter saß neben mir. Ich nahm seinen Arm und schaute ihn an. Tränen rannen über sein Gesicht – er, der in andere Herzen so viel Licht und Erkenntnis gebracht hatte, war tief bewegt.

Zum Schluss habe ich Günter einen großen geschliffenen Glasdiamanten übergeben mit dankbaren Worten an ihn und Röschen:

Für Günter und Röschen Ilse

Im Kleinen Großes sehen – im Stillen Freude haben.
Die Hand ausstrecken –
und dieses Gefühl hinübertragen in das Herz eines Fremden.
Es macht den Wert und das Glück des Lebens aus,
in etwas Größerem aufzugehen als man selbst ist.
Sobald wir verstanden haben, dass das Geheimnis des Glücks
nicht im Besitzen liegt, sondern im Geben,
werden wir, indem wir die Menschen
um uns herum glücklich machen,
selber glücklich werden.
Und ich sagte zu dem Engel,
der an der Pforte des Jahres stand:
„Gib mir ein Licht, damit ich sicheren Fußes
der Ungewissheit entgegengehen kann."
Der Engel antwortete:
„Geh' nur in die Dunkelheit
und lege Deine Hand in die Hand Gottes,
das ist besser als ein Licht
und sicherer als ein bekannter Weg."
Für dunkle Stunden wünsche ich Dir
die Eigenschaft der Sonnenblume,
die ihr Gesicht dem Licht zuwendet,
damit die Schatten hinter sie fallen.

Die Klarheit und das Strahlen dieses Diamanten,
soll Dich, lieber Günter, immer daran erinnern,
dass Du es warst, der die Herzen vieler Menschen
zum Strahlen gebracht und vielen Klarheit
durch Deine eigene Klarheit gegeben hat.

Am Mittwoch danach rief ich Günter an, wie es Röschen ginge. Sie hatte die Operation überstanden, das Resultat jedoch stand noch aus.

Freitags erkundigte ich mich erneut, und Günter teilte mir mit knappen Worten mit, dass es ein bösartiger Tumor sei. Es ginge Röschen nicht sehr gut, sie könne nichts mehr essen. Ich spürte, wie er um Fassung rang.

Ständig stand ich in Kontakt mit ihm. Auf meine Frage, ob ich Röschen besuchen könne, sagte er leise: „Gila, sie will im Moment nur mich an ihrer Seite haben."

Immer, wenn ich an Röschen dachte, gab ich ihr Kraft, Licht und Liebe – und das war oft.

An dem Wochenende vom Samstag, den 19. und Sonntag, den 20. Februar 2000 versuchte ich mehrmals, Günter zu erreichen. Immer wieder meldete sich der Anrufbeantworter. Ich spürte, Günter war bei seinem Röschen. In Gedanken war auch ich bei ihnen.

Am Montag Morgen, den 21. Februar 2000 gegen 8.30 Uhr, klingelte das Telefon. Ich hob ab. Günter am Apparat. Seine Stimme zitterte, als er sagte:

„Gila, Röschen hat's geschafft."

Eine eisige Hand krallte sich um mein Herz. Ich wollte die Bedeutung seiner Worte nur im Positiven verstehen und fragte unsicher nach:

„Günter, wie meinst du das?"

„Röschen hat's überstanden."

„Günter, was heißt das? Bitte sag, was das heißt!"

Seine Stimme versagte, als er flüsterte: „Röschen ist heute Morgen von uns gegangen."

Ich konnte eine Weile gar nichts sagen. Wie oft hatte ich in meinen Seminaren vom Loslassen gesprochen – wie oft hatte ich Menschen getröstet und ihnen die Worte ans Herz gelegt, dass der Tod zum Leben gehört. Und nun traf es eine meiner Freundinnen – gänzlich unerwartet, obwohl meine Seele schon eine leise Ahnung hatte. Aber es ging alles so schnell. Es hatte nur knapp vier Wochen gedauert.

Unser Gespräch war voller Emotionen. Hinter all der Trauer, dem ungeheuren Schmerz, seine Partnerin so plötzlich nach über dreißig wunderbaren Ehejahren zu verlieren, erkannte ich bei Günter eine tiefe Dankbarkeit, dass es so schnell gegangen und Röschen ein langes Siechtum erspart geblieben war. Immer wieder kam das bei ihm durch.

Er war am Ende seiner Kraft, und ich bot ihm meine Hilfe an, alle anderen zu benachrichtigen.

Gegen 11 Uhr schellte es bei uns an der Tür. Eine Blumenlieferung. Für mich? Ich nahm eine große Schale mit einer blühenden Buschröschenpflanze in Empfang. Rote Röschen! Röschens Blumen!

Eine Gesprächskreisteilnehmerin schickte sie mir, weil ich ihr durch ein Gespräch einen Impuls gegeben hatte, der offensichtlich sehr viel Gutes nach sich gezogen hat.

Ich bekam eine Gänsehaut nach der anderen. Rote Buschröschen – und das an dem Tag, an dem Röschen ins Licht gehen durfte!

Für mich war es ein Zeichen, dass es ihr gut geht, dass sie jetzt in einer Dimension lebt, wo ihr Körper sie nicht mehr belastet – in einer Welt, an die sie geglaubt hat.

Ich glaube ganz fest an Zeichen und nicht an Zufälle. Für mich hat das Wort Zufall nur die Bedeutung, dass uns etwas ‚zu-fällt‘, das wir selbst herbeigeführt haben, an dessen Ursache wir uns aber nicht mehr erinnern.

Tief berührt rief ich Günter an und erzählte ihm von den roten Buschröschen. Er konnte vor Bewegtheit kaum sprechen.

Ich erinnerte mich an die Worte, die ich ihm erst vor kurzem mit dem Glasdiamanten in seinem Seminar überreicht hatte – nicht ahnend, wie bald er dieser Worte bedurfte:

Für dunkle Stunden wünsche ich Dir
die Eigenschaft der Sonnenblume,
die ihr Gesicht dem Licht zuwendet,
damit die Schatten hinter sie fallen.

Nur mit den engsten Angehörigen und in aller Stille wollte Günter sein Röschen zu Grabe tragen. Ich sandte ihm einen Blumenstrauß mit den Worten

Ich bin von dir gegangen
Nur für einen Augenblick.
Wenn du dahin kommst,
wo ich bin,
wirst du dich fragen,
warum du geweint hast.

Als ich später ein privates Schreiben von ihm bekam, fand ich diese Gedanken wieder. Ich las, meine Worte hätten ihn so tief berührt, dass er sie gern für die Danksagung übernommen hat.

Kapitel 7

Vertraue auf deine unerschöpflichen Kräfte wie auf Gott selbst, denn deine Seele ist nur eine Ausstrahlung des großen Ganzen.

(Ella Wheeler Wilcox)

Im Mai 1998 hatte Borgi aus Vancouver einen Abstecher zu mir nach Hause gemacht. Sie war meine direkte Nachbarin gewesen, als ich von Dezember 1986 bis Juni 1987 in Vancouver gelebt hatte. Ihre beiden Töchter Christina und Michelle waren damals Danas Spielkameradinnen gewesen. Sie und ihr Mann René besitzen in Vancouver eine exklusive Schokoladenfabrik. Nun hatte sie mit ihm die Süßwarenmesse in Köln besucht.

Über all die Jahre waren wir in losem, aber liebem Kontakt geblieben, der nun durch ihren Besuch wieder aufgefrischt wurde.

In den Sommerferien 1998 war Dana vierzehn Tage zu ihnen nach Vancouver geflogen, während ihre Tochter Michelle im Frühjahr 1999 drei Monate bei uns wohnte, um eine Waldorf-Schule in Bielefeld zu besuchen.

Da ich nun nicht nach Whitehorse mit Zwischenstop Vancouver fliegen wollte, ohne Borgi zumindest davon in Kenntnis zu setzen, rief ich sie an.

„Schlaft doch bei uns, Gila“, bat sie mich. „Wir haben ein großes Haus und Platz genug für euch beide.“

Zwei Dinge hielten mich davon ab, auf ihren liebevollen Vorschlag einzugehen: Erstens lag ihr Haus direkt gegenüber dem Haus von Axel, mit dem ich damals zusammengelebt hatte, und zweitens hatte ich mich abends mit Marco, meinem Sohn, der in der Nähe von Vancouver lebt, zum Essen verabredet.

Sie konnte meine Gründe nachvollziehen, zumal Ingrid und ich schon die Übernachtung im Waterfront-Hotel in Vancouver gebucht hatten.

„Darf ich euch wenigstens vom Flughafen abholen und zum Hotel bringen?“ bat sie mich.

„Du hast aber heute auf ganzer Linie Pech, Borgi“, flachste ich, „du weißt ja, dass Marco seit anderthalb Jahren in Vancouver lebt. Ich habe ihn seit der Zeit nicht gesehen. Du kannst dir denken, dass er sich die Chance nicht nehmen lässt, seine Mom abzuholen und mir seine neue Lebensgefährtin vorzustellen. Ich habe die beiden zum Essen im Hotel eingeladen.“

Borgi hatte natürlich Verständnis für die Situation, aber sie hätte mir gern etwas Gutes getan. Doch ich versprach ihr, sie zumindest vom Hotel aus anzurufen, wenn ich eingecheckt hatte.

Donnerstag, 9. März 2000

Es ging los. Während ich von Düsseldorf nach London flog, war Ingrid von München dorthin unterwegs. Erst in London konnten wir die Platzreservierung für den Langstreckenflug nach Vancouver vornehmen.

Durch ein Versäumnis des Reisebüros kam Ingrid erst sehr spät in London an. Unsere Begrüßung war herzlich – aber die guten Plätze waren weg.

Ingrid würde nie darüber sprechen, aber ich ahnte, dass sie normalerweise 1. Klasse flog. So musste es für sie eine besondere Herausforderung sein, als wir schließlich im hinteren Mittelgang etwas eingepfercht unsere Plätze bezogen. Trotzdem versuchten wir es uns einigermaßen bequem zu machen.

Der Flieger hob ab – und wir flogen einem außergewöhnlichen Abenteuer entgegen.

Wir waren schon eine Weile in der Luft, als ich Ingrid leise murmeln hörte. Sprach sie mit mir? Nein, es hörte sich eher an, als ob sie betete. Was war los? Hatte sie Angst? Das konnte ich mir nun beim besten Willen nicht vorstellen. Ich wollte nicht indiskret sein und ihren Worten lauschen, aber ich machte mir schon Gedanken, was mit ihr los war. Also versuchte ich, sie zu verstehen – und hörte ganz deutlich: „Der Platz ist schön – der Platz ist schön – der Platz ist schön."

„Was sagst du da?" fragte ich verblüfft.

„Na, Gila, du hast uns das doch beigebracht. Ich spreche nur meine Affirmationen: ‚Der Platz ist schön. Der Platz ist schön.'"

Ich bekam einen derartigen Lachreiz, dass es lange dauerte, bis ich mich wieder beruhigt hatte.

Nach dem Essen lief ein Film. Die Fluggäste dunkelten die Fenster ab. Ich wollte ein wenig dösen und meinen Gedanken nachhängen.

„Willst du den Film nicht sehen?" fragte mich Ingrid.

„Nein, mal sehen, ob ich etwas schlafen kann."

Ich zog meinen Pullover aus, unter dem ich ein T-Shirt trug, um es mir noch etwas bequemer in meinem Sitz zu machen.

Ingrid schien die Situation völlig misszuverstehen und fragte mich allen Ernstes: „Ziehst du jetzt ein Nachthemd an?"

„Na klar", sagte ich mit todernster Miene, „sag bloß, du hast deins vergessen?"

Aus ihrem Blick konnte ich nicht ersehen, ob sie nicht

vielleicht doch dachte, in der Economy-Class würden andere Gesetze herrschen.

Während der nächsten Stunden setzte ich mich auseinander mit dem, was da auf mich zukommen sollte. In erster Linie freute ich mich ganz besonders auf Marco, der uns mit seiner Freundin Beverly vom Flughafen abholen und zum Hotel bringen wollte.

Ich hatte Ingrid von Marco erzählt, von seinem Leben in Deutschland. Marco war 1998 nach Holland gezogen und dann kurze Zeit später zurückgekehrt nach Kanada, weil seine Papiere von der damaligen Auswanderung noch gültig waren. Dort hatte er Beverly kennen gelernt, eine Kanadierin, die ihre familiären Wurzeln in China hatte. Meine Freude war groß, als ich an die beiden dachte.

Als habe Ingrid meine Gedanken gespürt, sagte sie: „Also, wenn ihr drei heute Abend essen gehen wollt, möchte ich mich gern ausklinken. Ich denke, ihr habt euch so viel zu erzählen, dass ich nicht unbedingt dabei sein muss. Außerdem – wenn ich an die Zeitverschiebung denke …"

Mein leiser Protest half nichts. Sie hatte ja Recht. Es war ein strammes Programm, das ich geplant hatte. Rechnete man die neun Stunden Zeitverschiebung mit, so war es nach deutscher Zeit drei Uhr nachts, wenn wir das Hotel erreichten. Wir wären nicht nur total übermüdet, sondern würden mit Sicherheit auch keinen großen Hunger haben um die Zeit. Aber für Marco und Beverly war es 18 Uhr – und beide freuten sich auf ein Dinner mit mir.

Die besondere Situation, die ich vor mir hatte, machte mich nachdenklich. Nicht nur, dass ich unterwegs war zu Filmarbeiten, in denen mein eigenes Leben dargestellt würde – sondern, dass sogar an den Originalschauplätzen gedreht wurde, die ich seit damals nicht mehr wiedergesehen hatte. Auch der Gedanke an das Zusammensein mit Tomy Wigand, dem Regisseur, und den Schauspielern berührte mich sehr. Wie würde ich Barbara Rudnik wohl empfinden? Wie würde sie mich darstellen? Wie würde Heiner Lauterbach in der Rolle als Rainer auf mich wirken?

Diese Fragen und Eindrücke beschäftigten mich, auch der Gedanke, ob Rainer, der ja im weiteren Umkreis von Whitehorse lebte, von den Filmarbeiten erfahren und ob oder wie er darauf reagieren würde.

Das Telefonat mit Dieter kam mir wieder in den Sinn. Ich hatte mich entschieden, Rainer weder anzurufen noch ihn zu treffen. Was wäre aber, wenn er zum Set käme, und dort alles auseinander nähme? Hirngespinste? Von wegen!

Vage Erinnerungen kamen in mir hoch an die chaotische Weihnachtsfeier vor vielen Jahren …

Rainers vierzigster Geburtstag fiel auf den ersten Tag der Weihnachtsfeier, die jedes Jahr im großen Rahmen stattfand. Dieter, der Chef der Firma, hatte die komplette Außendienstorganisation aus ganz Deutschland für zwei Tage ins Kurhaus in Bad Meinberg eingeladen.

Rainer, seine Frau Eva, mein Mann Achim und ich waren damals nur befreundet. Niemand ahnte zu dem Zeitpunkt, dass Rainer später der Vater meiner beiden jüngeren Kinder werden sollte.

Er war mit dem eigenen Auto zur Weihnachtsfeier nachgekommen, weil er ausgerechnet an dem Tag noch unzählige Auslieferungen in Belgien vornehmen musste. Schon das hatte seinen heißen Zorn hervorgerufen. Zusätzlich hatte er wohl viel Stress erlebt bei der Verzollung – und dann noch die lange Fahrt nach Bad Meinberg!

Seinen vierzigsten Geburtstag hatte sich Rainer anders vorgestellt. So war es schon irgendwie nachvollziehbar, dass er erst einmal kräftig „einen hob" – und zwar nicht nur einen, sondern einen nach dem anderen.

Durch eine unglückliche Bemerkung von Dieter ihm gegenüber kam es dann zum Eklat. Rainer entlud seine aufgestauten Spannungen ohne Rücksicht auf Verluste in mehreren lautstarken Kraftausdrücken – zum absoluten Entsetzen aller Damen in Abendkleidern und der Herren im Smoking. Seine Frau Eva rang nach Luft. Auch Dieter wechselte abrupt die Gesichtsfarbe.

Wie ein Donnergott zog Rainer ab, um seine Wut und seinen Rausch auszuschlafen. Irgendwo legte er sich dann hin und schlief. Und wehe, wenn ihn in diesem Zustand jemand weckte …!

Aber mein lieber Mann Achim kannte diese Spielregeln nicht – und obwohl Eva ihn heftigst warnte, sprang Achims Helfersyndrom an, das im nicht alkoholisierten Zustand weniger ausgeprägt war. Da Rainer auch nach einer längeren Weile nicht zurückgekehrt war, ließ Achim sich nicht davon abhalten, ihn entgegen aller Warnungen zu suchen.

Und so kam es, wie es kommen musste:

Achim kehrte nach einiger Zeit mit einem blauen Auge zurück, verfolgt von einem absolut aggressiven Rainer, der schließlich bei der nächsten Bemerkung, die ihm nicht passte, wie ein Gorilla in die herrlichen Wolkenstores des Kurhauses sprang und aus lauter Wut alles herunterriss – eines der teuersten Wochenenden für meine Freunde …

Ich konnte mir ein Grinsen nicht verkneifen, als ich die

Situation wieder hautnah durchlebte. Heute kann ich darüber lachen – damals war das alles weniger angenehm. Lange war das her – über zwanzig Jahre. Der Stress von heute ist die gute alte Zeit von übermorgen …

‚Hör auf mit den Gedanken', dachte ich. ‚Er wird schon nicht zum Set kommen und dort Ärger machen.'

Meine Müdigkeit war wie weggeblasen, als unser Flugzeug in Vancouver landete. Passkontrolle – Zoll, das übliche – dann der Moment, als ich Marco sah! Unübersehbare 2,05 Meter winkten mir zu.

„Mom, hier sind wir – hier! Willkommen in Kanada!"

Wir flogen uns in die Arme – ach, was tat das gut, zumindest einen meiner Söhne wieder im Arm zu haben! Und dann sah ich Beverly, zwei Köpfe kleiner als Marco. Ich begrüßte sie ganz herzlich. Sie schien einen sehr guten Einfluss auf Marco zu haben, das hatte ich vorher schon bemerkt.

Fröhlich nahm Marco unser Gepäck und ging voraus. Er hatte uns mit seinem alten Wohnmobil abgeholt. Ingrid grinste, als sie einstieg und sich irgendwo einen Platz suchte.

„Ja, Mom, das ist nun mal kein Rolls Royce", meinte Marco locker, „aber er bringt uns überall hin, wo wir hin wollen."

Marco nahm die Kurven voller Elan, Kochtöpfe schepperten in den Schränken. Mal saß ich Ingrid, mal sie mir auf dem Schoß. Sicherheitsgurte waren nicht vorhanden. Trotz ihrer Müdigkeit nahm Ingrid es mit Humor.

Während der halben Stunde zum Hotel erzählte Marco voller Begeisterung von seinem Leben in Kanada und wie er nun hier endgültig sein Zuhause gefunden hatte.

Ich hörte aufmerksam zu, stellte ab und zu Fragen auf Englisch, damit Beverly sie auch verstand.

„Ich möchte euch gern zum Essen einladen im Waterfront-Hotel“, sagte ich, „aber genauso gern würde ich Kentucky Fried Chicken essen. Was ist euch lieber?“

„Also, wenn du uns fragst“, meinte Marco trocken, „dann lieber KFC.“

„Auch mir ist das lieber“, stellte ich fest, „das geht einfach schneller. Wir können ja bei mir im Appartement essen. Wisst ihr, ob KFC einen Lieferservice hat?“

„Ja klar“, meinte Beverly. „Ab einer gewissen Bestellgröße liefern sie überall aus. Ich organisiere das telefonisch, wenn ihr eingecheckt habt.“

Es war ein herrlicher Anblick, als mein Sohn mit seinem alten, scheppernden Wohnmobil direkt vor dem Eingang des 5-Sterne-Hotels hielt und ein Portier in Livree uns mit einer gekonnten Verbeugung die Tür öffnete.

Während Marco und Beverly noch einen Parkplatz suchten zwischen all den Luxuslimousinen, checkten wir an der Rezeption ein.

„Ich habe eine Box für Sie“, informierte mich der Herr an der Rezeption, als er meine Daten eingab.

Die Müdigkeit forderte ihren Tribut. Ich war nicht mehr ganz klar und verstand, er wolle mir ein Schließfach anbieten.

„Nein, danke“, erwiderte ich.

„Sie möchten die Box nicht?“ fragte er und schaute mich erstaunt an.

„Nein, danke“, wiederholte ich müde.

„Die Dame möchte die Box nicht“, rief er seinem Kollegen zu, der bereits unsere Koffer auf einen Kofferwagen geladen hatte, um sie zu unseren Zimmern zu bringen.

Aus den Augenwinkeln sah ich, wie der Kollege ein Paket von dem Wagen, der mit unseren Koffern beladen war, herunternahm und seinen Kollegen hilflos fragte, was er denn damit machen sollte.

Jetzt erwachte ich aus meiner Lethargie und fragte sensibilisiert: „Moment, das ist die Box? Darf ich sie einmal sehen?“

Ich ging hin, nahm ein schweres Paket hoch und erkannte voller Staunen: Es war direkt an mich adressiert – von Borgi als Absender!

„O, nein! Ich möchte die Box doch“, rief ich dem Herrn an der Rezeption zu, den nichts, was seine Gäste taten oder unterließen, aus der Ruhe zu bringen schien. Er war wohl noch anderes gewohnt. Also blieb die Box auf dem Kofferwagen.

Ingrid hatte sich derweil von uns verabschiedet. Sie wollte nichts mehr essen und nur schlafen gehen.

In meinem Appartement packte ich als Erstes die Box aus. Sie war randvoll mit exklusiver Schweizer Schokolade. Ich war den Tränen nahe, als ich Borgis Brief las.

„Willkommen in Kanada.“

Trotz meiner Müdigkeit rief ich sie sofort an, um ihr zu danken. Die Geschichte mit dem Schließfach ließ sie laut auflachen, und sie sagte:

„Gila, die Produktion ist frisch von heute Morgen. Ich bin extra zur Firma gefahren und habe alles eingepackt – für dich!“

Wir unterhielten uns noch kurz, bis Marco und Beverly in meinem Appartement eintrafen. Sofort organisierte Beverly telefonisch den KFC-Service.

Ungefähr zwanzig Minuten später klingelte das Telefon. Der Herr an der Rezeption teilte uns lapidar mit, das Essen sei geliefert worden – und das alles in einem 5-Sterne-Hotel!

Marco holte die Bestellung an der Rezeption ab und brachte sie in unser Zimmer.

Obwohl ich sehr müde war, wurde es noch ein wunderschöner Abend mit den beiden – mit viel Lachen, Erinnerungen und improvisiertem 5-Sterne-Ersatz-Dinner.

Freitag, 10. März 2000

Am nächsten Morgen frühstückten wir vier gemeinsam. Auch Ingrid hatte sich inzwischen einigermaßen von den Strapazen des Fluges und der Zeitverschiebung erholt.

Wir checkten aus. Marco und Beverly brachten uns zum Flughafen zurück. Jetzt am Tag erkannte ich so einiges von Vancouver. Hier hatte ich 1987 ein halbes Jahr gelebt.

Zum Abschied winkte ich Marco und Beverly zu, bis wir den Sicherheits-Check passierten und die beiden aus den Augen verloren.

Um 12 Uhr startete unsere Maschine nach Whitehorse. Während des zweistündigen Fluges schwirrten mir viele Gedanken durch den Kopf. Wie war es beim letzten Mal, als ich Whitehorse besuchte? Welchen Gefühlen war ich ausgesetzt? Es war immerhin dreizehn Jahre her. Wie würde es jetzt sein?

Mit einer Spur von Wehmut dachte ich an Marco und Beverly, die uns am Flughafen so liebevoll erwartet hatten. Hier in Whitehorse würde uns niemand abholen. Unsere Ankunftszeiten hatten wir auch Tomy nicht mitgeteilt. Er hatte genug am Set zu tun. Jede Stunde war für ihn kostbar.

Ich dachte an André, meinen ältesten Sohn. Er lebt in Nome in Alaska, einer kleinen Stadt an der Bering-See. Während seines Chemie- und Pädagogikstudiums hatte er Kari aus Seattle kennen gelernt. Kari wurde seine große Liebe, und er war ihr nach Nome gefolgt, nachdem beide ihr Studium abgeschlossen hatten und Kari einen Job als Sozialpädagogin in

Nome bekommen hatte. André war Lehrer geworden und unterrichtete seit Jahren auf der Highschool in Nome.

Die einzige, an die ich mich in Whitehorse noch erinnerte, war Tamara. Vage schoss mir der Gedanke durch den Kopf, ob sie uns vielleicht erwarten könnte am Flughafen. ‚Ach was', dachte ich, ‚wie kann sie wissen, dass wir kommen?'

Selbst wenn sie es wusste, sie ist die Tochter von Gerd, der uns damals weniger freundlich mitgespielt hatte. Sie hätte absolut keinen Grund, uns abzuholen. Seit damals hatte ich sie nicht wiedergesehen. Es war André, der zu Tamara und ihrem Mann über all die Jahre eine freundschaftliche Beziehung behalten hatte.

Jetzt setzte der Flieger zur Landung an. Mit einem eigenartigen Gefühl im Bauch schaute ich aus dem Fenster auf die Stadt. War das wirklich Whitehorse – die Stadt, in die ich 1985 ausgewandert war? Wie sehr hatte sich alles verändert – viel größer, viel moderner wirkte alles auf mich.

Zu meiner großen Überraschung sah ich kaum Schnee in Whitehorse. Die weiße Pracht, die mich damals einerseits so fasziniert, aber anderseits auch sehr belastet hatte, war einem müden Grau-Braun gewichen, obwohl die Temperaturen weit unter Null lagen. Dem vertrauten Bild von damals fehlte einfach die weiße Schneedecke.

„Okay", sagte Ingrid, „ich organisiere mal einen Wagen für unsere Koffer."

Nachdem wir unser Gepäck aufgeladen hatten, begaben wir uns zum Ausgang, um nach einem Taxi Ausschau zu halten.

In der Halle angekommen, sah ich eine junge Frau. Wie gebannt schaute sie mich an, lachte und hob zaghaft die Hand zum Gruß. Ein ganz kurzer Moment – beiderseitiges Zögern – da erkannte ich sie.

„Tamara?“ fragte ich unsicher.

„Hi, Gila! Willkommen in Kanada!“ begrüßte sie mich herzlich.

Vor Überraschung und Freude konnte ich im Moment kein Wort herausbringen. Ich war völlig überwältigt. Also doch! Wir nahmen uns in die Arme.

„Woher weißt du, dass wir kommen?“

„Na ja,“ antwortete sie lachend, „du hast doch einen Sohn, nicht? André hat es uns verraten. Und da hab ich gedacht, ich überrasche dich und bringe euch zum Hotel. Habt ihr diese Woche übrigens einen Abend Zeit? Ich möchte euch gern zum Essen einladen.“

Nachdem wir unser Gepäck in ihren Jeep verstaut hatten, schrieb ich ihre Telefonnummer auf, um sie früh genug anzurufen, wann es uns passte.

Mir war ganz leicht zumute. Was war los? Zweimal war ich nach Kanada ausgewandert – und zweimal musste ich nach kurzer Zeit nach Deutschland zurückkehren. Das Schicksal hatte Nein gesagt zu Kanada. Wenn ich diese chaotische Zeit, über die ich in meinem Husky-Buch berichtet habe, betrachtete, hatte ich stets das Gefühl gehabt: Kanada will mich nicht.

Erst später hatte ich ganz klar erkannt: Deutschland ist mein Land – dort liegt meine Aufgabe. Irgendwo hatte ich den nachstehenden wunderschönen Satz gelesen, dessen Inhalt ich voll annehmen konnte:

Wo Gott dich hinsät, sollst du blühen.

Nun geschah hier etwas ganz anderes. Innerhalb von vierundzwanzig Stunden hieß mich Kanada dreimal willkommen – durch Marco, durch Borgi und durch Tamara.

Vor allem die Begegnung mit Tamara hatte mich tief berührt. Hier war ein Mensch, für den die eigenartige Geschichte und die späteren Disharmonien zwischen ihrem Vater Gerd und unserer Familie gar nicht wichtig waren. Sie war ihrem Herzen gefolgt und hatte uns begrüßt.

Auch Ingrid war sehr berührt von Tamaras Ausstrahlung und der liebevollen Geste des Empfangs.

Im Hotel angekommen, fragte Tamara hilfsbereit: „Habt ihr schon ein Auto für die Zeit gemietet oder soll ich das noch schnell für euch erledigen?"

Gern nahmen wir ihre Hilfe an. Tamara orderte einen kleinen Wagen, der uns kurze Zeit später sogar zum Hotel gebracht wurde. Dann verabschiedeten wir uns herzlich von ihr mit dem Versprechen, sie anzurufen.

Während der Fahrt zurück zum Office zeigte uns die Mitarbeiterin des Autoverleihs auch gleich, wo im Moment in Whitehorse gedreht wurde. „Unterhalb der Main Street ist alles abgesperrt. Sehen Sie, dort stehen die Autos mit den aufgebauten Kameras!"

Es war ein überwältigendes Gefühl: Die Main Street war abgesperrt für meinen Film – für meine Geschichte, die ich genau hier erlebt hatte!

Bei der Übernahme des Wagens wurden wir gefragt: „Fahren Sie nur in Whitehorse oder auch weitere Strecken?"

„Voraussichtlich nur in Whitehorse", entgegnete ich und erledigte die weiteren Formalitäten.

„Möchten Sie eine Vollkasko-Versicherung abschließen?" wurde ich routinemäßig gefragt, als meine Kreditkarte eingelesen wurde. Da diese Leistungen damit abgesichert waren, verzichtete ich. Nun übernahm ich das Auto – einen sportlichen roten Flitzer.

Anschließend fuhren wir zum Set, um Tomy Wigand, den Regisseur, zu begrüßen. Er war bisher der Einzige, den ich kannte.

Und da kam er auch schon. Neben ihm Barbara Rudnik, die Darstellerin, die meinen Part spielte. Sie war kleiner und zierlicher, als ich sie vom Fernsehen her kannte und ich sie mir vorgestellt hatte.

„Hallo, Gila", begrüßte mich Tomy in seiner warmen, herzlichen Art, die ich so an ihm liebte, und nahm mich nach alter Gewohnheit in die Arme.

„Barbara – das ist Gila!" Ich mochte Barbara auf Anhieb, begrüßte sie herzlich und stellte den beiden Ingrid vor.

„Schön, die Frau kennen zu lernen, die das wirklich alles erlebt hat, was ich hier nachspiele", lachte Barbara.

Wir gerieten mitten in die Aufnahmen der Szene, bei der Kinder auf der Straße Eishockey spielten. Dachte ich erst noch, sie spielten zufällig dort, wurde ich bald eines besseren belehrt, als ich immer wieder den Ausruf „ACTION" hörte und die offenen Kamerawagen vorpreschen sah. Zigmal wurde die Szene wiederholt.

Ingrid und ich hatten uns am Straßenrand postiert. Zwischen zwei Szenen kam Tomy zu uns mit einem Mann an seiner Seite.

„Gila, darf ich dir Andreas Bareiß, den Produzenten deines Filmes, vorstellen?"

„Wir nennen uns hier alle beim Vornamen", sagte Andreas und hieß uns willkommen. Ich kannte ihn nur vom Telefon her. Wir hatten wenige Male miteinander gesprochen, zumal die Hauptverhandlungen und Verträge über meine Presseagentur in München gelaufen waren.

Tomy warf ein: „Ihr kommt übrigens gerade noch rechtzeitig. Morgen wären wir weg gewesen."

Jetzt erst erfuhr ich die Neuigkeit: Weil wirklich sehr wenig Schnee in Whitehorse lag, sollten die Dreharbeiten am nächsten Tag – also am Samstag – nach Dawson City, ungefähr 540 Kilometer nördlich von Whitehorse, verlegt werden. Für uns stellte sich gar nicht die Frage, ob wir mitfahren sollten oder nicht. Es war selbstverständlich, obwohl ich gern ein paar Tage in Whitehorse verbracht hätte, um alte Erinnerungen aufzufrischen.

„Siehst du, Tomy, deine Bedenken waren unnötig. Unsere Groupies fahren uns hinterher," grinste Andreas.

Ingrid korrigierte ihn: „Sie meinen Grufties ...", und hatte die Lacher auf ihrer Seite.

Wir blieben also nicht in Whitehorse. Ich schlug vor, noch einmal zum Office zu fahren, um nachzumelden, dass wir mit dem Auto am nächsten Tag nach Dawson City fahren würden.

Unterwegs zum Büro hörten wir im Autoradio Nachrichten. Plötzlich vernahm ich etwas über den Film. Ich drehte lauter und hörte, wie durchgegeben wurde, wo das Filmteam im Moment drehte und dass die Main Street voll gesperrt war. Es war nicht nur die Durchsage der Sperrung, die mich aufhorchen ließ, sondern auch, dass der Titel des Filmes „Husky, don't cry!" und auch dessen Inhalt kurz dabei erwähnt wurden.

Zu jeder vollen Stunde in den Nachrichten wurde dieser Bericht durchgegeben. Was mich dabei besonders berührte, war der Gedanke: Was mochte Rainer wohl empfinden, wenn er diese Meldung hörte? Er, der im wirklichen Leben hier die Hauptrolle gespielt hatte und nun in der näheren Umgebung lebte?

Abends konnten wir von Ingrids Hotelzimmer aus sehen, wie noch bis kurz vor 22 Uhr Innenaufnahmen in einem extra angemieteten Haus gedreht wurden, das ganz in der Nähe war.

Samstag, 11. März 2000

Nun hieß es wieder, alles einpacken und in den Wagen verladen. Vorher hatte ich jedoch den starken Wunsch, unser altes Haus in der Hot Springs Road aufzusuchen. Es lag auf dem Weg nach Dawson City.

Früh morgens bogen wir in die Hot Springs Road ein und konnten das Haus nach 800 Metern auf der rechten Seite schon durch den lichten Wald – kaum verändert – liegen sehen. Ich hatte mit starken Gefühlen zu kämpfen. Die Erinnerungen überwältigten mich.

Ingrid wollte draußen ein paar Aufnahmen machen. Um die jetzigen Besitzer davon zu informieren, schellte ich an deren Haustür.

Zu der frühen Morgenstunde öffnete uns eine Dame im Morgenmantel. Ich entschuldigte mich für das unangemeldete Erscheinen, stellte mich vor und wollte nur eine Erklärung abgeben, warum wir Fotos von ihrem Haus machten.

Obwohl wir es gar nicht erwartet hatten, bat sie uns freundlich hinein. Interessiert hörte sie mir zu, als ich ihr von unserer Auswanderung erzählte und welche Rolle ihr jetziges Zuhause für uns gespielt hatte. Meine Gefühle überwältigten mich, als ich wieder in dem Haus der Geschehnisse war.

Ingrid durfte auch vom Inneren des Hauses Aufnahmen machen, womit sie gar nicht gerechnet hatte.

Angefüllt von all den überwältigenden Erinnerungen stieg ich wieder in unser Auto. Ein langer Weg nach Dawson City lag noch vor uns.

Auf der Karte hatten wir entdeckt, dass unser Weg nach Dawson City uns ausgerechnet durch den kleinen Ort führte, in dem Rainer jetzt lebte. Ingrid versuchte vehement, mich davon zu überzeugen, dass ich Kontakt aufnehmen sollte mit ihm.

„Es ist doch ein Zeichen, Gila, dass wir ausgerechnet hier durch diesen Ort fahren, was gar nicht geplant war. Fahr doch zumindest einmal zu seinem Haus und schau dir an, wo und wie Rainer wohnt."

„Aber ich habe entschieden, dass ich es nicht tue, Ingrid."

„Du hast dich aber zu einer Zeit entschieden, als du noch nicht wusstest, dass wir hier durchfahren", argumentierte sie.

„Ich spüre einmal in mich hinein", gab ich kurz zurück.

Nach ungefähr 180 Kilometern hatten wir die kleine Ortschaft erreicht und machten die erste Pause. Bei dem Besitzer des Restaurants wagte ich die vorsichtige Frage nach Rainer. Er wusste sofort, wen wir meinten, und beschrieb uns, wo er wohnte.

Während des Essens ermunterte mich Ingrid immer wieder, wenigstens an seinem Haus vorbeizufahren, allein schon, um eine Vorstellung davon zu bekommen, wie er heute lebte. Ich horchte nach innen: Es war keine Resonanz mehr da. Ich wollte wirklich nicht, obwohl Ingrid sicherlich gute Argumente hatte.

Ingrid war etwas enttäuscht, als wir – ihrer Meinung nach – unverrichteter Dinge gleich weiter in Richtung Dawson City fuhren.

Ich dagegen fühlte mich total wohl. Nein, da war nichts mehr, was mich zu Rainer hinzog, nicht einmal das Bedürfnis zu schauen, ob es ihm gut ging oder nicht. Es war nicht mehr wichtig für mich. In all den Jahren hatte er sich nie um unsere beiden Kinder gekümmert, weder ein Lebenszeichen gegeben noch sich finanziell an ihrem Leben beteiligt. Es ist schön, dass ich dieses ohne Vorwurf schreiben kann – völlig sachlich und ohne Emotionen. So wollte ich mir auch kein Bild davon machen, wo und wie er jetzt lebte.

Nachmittags erreichten wir dann Dawson City, trotz seines Rufes als Goldgräberstadt jetzt im Winter ein völlig verschlafenes Nest mit zauberhaften pastellfarbenen Häuserfronten.

„Wie in Geiselgasteig in den Filmstudios …!“ sagte Ingrid beeindruckt. Wir trafen vor der Crew in Dawson City ein. Über dreißig Vans, Pick-ups und LKWs waren im Konvoi die Strecke hinter uns hergefahren.

Unser Hotel Aurora Inn hatte eine hellgelbe Fassade, ein ruhiges, neues, sauberes Hotel mit Pensionscharakter. Vom Inhaber erfuhr ich, dass das Filmteam sich auf mehrere Hotels verteilte – für Dawson City um diese Zeit ein absoluter Glücksfall.

Andreas, der Produzent, Ulli, seine Assistentin und Tomy, der Regisseur, sowie Ingrid und ich übernachteten im Aurora Inn. Heiner Lauterbach, Barbara Rudnik und die Film Crew hatten ihre Zimmer im Downtown Hotel, das zumindest über einen Saloon verfügte. Heiner war mir noch nicht begegnet.

Als wir uns abends mit der Film Crew im Downtown Hotel trafen, hörten wir, dass sich ein Auto des Filmteams überschlagen hatte, der Fahrerin war aber glücklicherweise nichts passiert, sie war mit einem Schock davon gekommen. Aber alle standen noch unter dem Eindruck des Unfalls. Es war ein kleiner roter Flitzer vom selben Typ und der selben Mietwagenfirma wie unserer – ohne Winterbereifung …

Die Schneeverhältnisse in Dawson City waren sehr gut. Während sich Ingrid abends entspannte, saß ich mit Andreas und Tomy zusammen und erfuhr von ihnen einige interessante Details von unserem Filmprojekt. So sollten am Dienstag, den 14. März, etliche Journalisten aus Deutschland anreisen und ein paar Tage bleiben. Eine Woche später dann wollten einige Fernsehsender ihre Vertreter nach Whitehorse schicken.

Heiner schlief den Schlaf des Gerechten, denn er war total übermüdet. Am Tag zuvor in Whitehorse hatten die Dreharbeiten bereits um 6 Uhr in der Frühe am Fish Lake begonnen und waren erst abends gegen 22 Uhr beendet.

Am Sonntag war drehfrei, weil Tomy an dem Tag geeignete Motive suchen wollte. Er war mit seinem Team schon ab 7 Uhr morgens unterwegs.

Zwei deutsche Schauspieler, Tobias Schenke und Willy Rachow, die beide schon in mehreren Filmen mitgespielt hatten, sollten meine beiden Söhne André und Marco darstellen. Allerdings wurden die Namen im Film durch andere ersetzt.

Für meine Tochter Dana, die damals drei Jahre alt war, hatte Tomy in Whitehorse ein dreijähriges Zwillingspaar engagiert, Donna und Keltie Wilson. Wenn eine von ihnen einmal müde wurde, war die andere ausgeruht und konnte eingesetzt werden. Die Kleine, wer immer von beiden sie auch gerade spielen mochte, hieß Lizzy im Film.

Am Sonntag Vormittag bummelten Ingrid und ich ein wenig durch Dawson City. Nichts war los, kaum, dass uns mal ein Auto entgegenkam. Auch unser Auto konnten wir getrost vorm Hotel stehen lassen, die paar – allerdings zauberhaften – Häuser konnten wir zu Fuß erreichen. Alle Geschäfte hatten geschlossen.

Doch dann schlenderten wir an einem Juweliergeschäft vorbei, das geöffnet zu sein schien. Ein Paar, dem Yukon entsprechend gekleidet, stand drinnen und schaute interessiert einige Sachen an.

Ingrid und ich gingen auch hinein und unterhielten uns leise.

Als die beiden unsere Worte hörten, sprachen sie uns in Deutsch an.

„Gehören Sie auch zum Film-Team?"

Natürlich gab es in Dawson City kaum anderen Gesprächsstoff als die Filmarbeiten.

„Nur indirekt", antwortete ich.

„Wissen Sie, worum es geht bei dem Film?"

Wir klärten kurz die Lage, als plötzlich ein Strahlen über das Gesicht der Dame ging.

„Sagen Sie bloß, die Geschichte ‚... nicht heulen, Husky!' wird verfilmt!"

„Kennen Sie das Buch?" fragte ich überrascht.

„Na klar! Ich habe es bereits einige Male gelesen. Das ist ja super!"

Und als Ingrid ihr dann noch erzählte, dass ich die Autorin war, war's um ihre Fassung geschehen.

„Sie sind die Gila?" fragte sie überrascht. „Ihr Buch liegt auf meinem Nachttisch."

Ein Foto nach dem anderen wurde geknipst, und alle waren ganz angetan, dass wir uns in Dawson City getroffen hatten. Die beiden kamen aus der Nähe von Salzburg und waren mit ihren eigenen Huskies für drei Monate in Dawson City.

Mittags befanden Ingrid und ich uns gerade beim Essen im Downtown Hotel, als sich Barbara zu uns setzte. Jetzt konnten wir uns zum ersten Mal richtig austauschen und miteinander unterhalten.

„Ich habe diese Rolle gern übernommen", sagte sie, „aber seit ich weiß, dass du kommst, Gila, stelle ich mir die Frage: Wie fühlst du dich hier, wo du mit deiner Vergangenheit konfrontiert wirst?"

„Das habe ich mich vorher auch gefragt und mich schon

seelisch ein wenig darauf vorbereitet, dass Emotionen hochkommen werden – zum Beispiel, als wir gestern auf dem Weg hierher kurz bei meinem alten Haus vorbeigefahren sind."

Es war ein lockeres und angenehmes Gespräch mit ihr. Ich sagte ihr, wie froh ich sei, dass sie diese Rolle übernommen hatte. Ich spürte, wie sehr sie sich über meine Worte freute.

Sie erzählte, das Schwierigste bei Dreharbeiten sei immer, mit Kindern oder Tieren zu arbeiten.

„Bei diesem Film haben wir beides. Kinder und Hunde. Beide sind unberechenbar."

„Das kann ich mir gut vorstellen", nickte ich.

Als sie dann über die doch recht traurig wirkende Szene der Beerdigung von unserem Husky Tevka sprach, die sie bereits gedreht hatten, huschte ein Lachen über ihr Gesicht: „Mindestens achtmal mussten wir die Szene wiederholen, einmal war's Lizzy, die Darstellerin deiner Tochter, die fröhlich in die Kamera lachte, einmal war's ein weiterer Husky, der plötzlich beim Drehen das Bein hob und voll aufs Grab pinkelte."

Trotz der Erinnerungen, die ihre Worte bei mir wachriefen, musste ich lachen.

„Sehr gefroren habe ich bei den Szenen am Fish Lake. Die Nachtszenen mit Temperaturen zwischen minus fünfundzwanzig und fünfunddreißig Grad sind nicht gerade sehr lustig."

Sie fragte sehr interessiert nach Rainer und wie es ihm heute ginge. Ich erzählte ihr von ihm.

„Wenn du ihn schon nicht anrufst, willst du ihm dann nicht zumindest ein paar Zeilen schreiben über die Filmarbeiten?"

„Barbara, ich habe mich entschieden, es nicht zu tun. Vielleicht, dass ich auf dem Rückweg ein paar Grüße an ihn bei dem Wirt hinterlasse, damit er weiß, dass ich hier war – mal sehen", wich ich aus.

Sonntag Abend ging ich in den kleinen Saloon, um zu sehen, ob die Film Crew schon von ihrer Motivsuche zurück war. Barbara saß an der Bar. Sie winkte mir zu. Neben ihr saß Heiner Lauterbach. Der seit Wochen gewachsene Bart stand ihm gut. Ich ging auf ihn zu und stellte mich vor.

„Das ist ja schön, dass Sie dabei sind“, begrüßte er mich interessiert.

„Och,“ meinte ich treuherzig, „wenn du schon der Vater meiner beiden Kinder bist, darfst du mich auch duzen!“

Heiner grinste. Neben ihm saß Alexander Pelz, ein aus Kriminserien bekannter Schauspieler, den ich jedoch nicht kannte. Alexander stand auf, nahm mich in die Arme und sagte schlagfertig: „Hallo, Gila, mich darfst du auch duzen, denn ich bin der Vater deiner ersten beiden Kinder. Ich heiße Alexander!“

Ich lachte und fragte: „Was hast du denn in Kanada zu suchen? Achim, der Vater meiner beiden Söhne, ist doch in Deutschland geblieben!“

„Hast du das Drehbuch nicht gelesen?“

„Nein, das hat man mir wohlweißlich vorenthalten!“

„Also, in unserem Film hole ich unseren Sohn Daniel – im Buch und im echten Leben dein Sohn Marco – nach Deutschland zurück.“

„Ach, du Schreck!“ entfuhr es mir, als ich daran dachte, welche Beziehung Achim zu Marco in Wirklichkeit hatte. Zum ersten Mal wurde ich hier mit Begebenheiten konfrontiert, die sich in meinem Leben ganz anders abgespielt haben.

„Hier ist der Film etwas humaner als die Wirklichkeit“, stellte Alexander fest. Er schien wohl mehr zu wissen als ich. Ich dagegen konnte nur ahnen, dass das Drehbuch noch weitere Überraschungen für mich bereit hielt.

Heiner stellte mir viele Fragen über Rainer, um sich ein

wenig mehr mit seiner Rolle identifizieren zu können. Bereitwillig gab ich ihm aus meiner Sicht eine Skizze von Rainers Persönlichkeit.

Montag, 13. März 2000

Am Montag Morgen ging's für Ingrid und mich endlich los mit den Filmarbeiten. Gedreht wurde vormittags in der über hundert Jahre alten Pit-Bar in Dawson City, nachmittags in dem daneben liegenden Barraum.

Während einer Szene mit Barbara sollte ein neu eingewanderter Yukoner den Sourdough-Contest (Sauerteig-Wettbewerb) bestehen. Auf seinen Rücken wurden drei bis vier Zentner Mehl geladen, und damit sollte er ein paar Meter im gebückten Zustand laufen.

Immer wieder wurde die Szene gedreht – immer wieder musste der arme Kerl, der zum Filmteam gehöre, unter seiner Last zusammenbrechen.

Ingrid konnte gar nicht hinschauen. Sie hatte Tränen vor Mitgefühl in den Augen. Komparsen, alle von der Straße geholt, feuerten den neuen Yukoner mit den vier Zentnern Mehl auf dem Buckel an. Eine Maschine produzierte Rauch, um die Bar dunstig erscheinen zu lassen.

Die Stimmung im Team war hervorragend – locker, lustig und stets irgendwo ein Witzchen.

Noch immer habe ich die Worte vom Set im Ohr:

„Rolling!" – „Video is rolling!" – „Camera is rolling!" – „Sound is rolling!"

Zwischendurch wurde mir von irgendjemandem die Frage gestellt: „Wie geht es dir bei den Filmarbeiten?"

Bisher ging's mir noch ganz gut. Erleichternd kam vielleicht dazu, dass ich diese Woche doch nicht in Whitehorse, sondern in Dawson City verbrachte, wo ich noch niemals zuvor gewesen war.

Ingrid und ich durften Fotos machen. Gefreut hab ich mich auch, dass nicht nur ich Fotos von Barbara, sondern dass sie auch einige von mir für ihre Sammlung geschossen hat. Barbara trug „mein“ Kanada-T-Shirt mit rotem Ahornblatt auf weißem Grund, das nach meinem Videofilm von damals produziert worden war.

Zum Lunch wurden wir alle mit der Film Crew und den Komparsen ins Downtown Hotel eingeladen. Während des Essens saß Heiner allein an einem Tisch und lernte seinen Text. Er war erst später an der Reihe.

Nachmittags ging's weiter im Nachbarraum der kleinen, über hundert Jahre alten Bar, die den Goldrausch noch voll erlebt hatte.

Anschließend sollte ein Dialog zwischen Heiner Lauterbach und Tobias Schenke (Rainer und mein Sohn André) gedreht werden. Dieses Gespräch hat mich dann sehr berührt, sagte es doch all das aus, was damals wirklich geschehen war. Mir kamen die Tränen dabei, so echt wirkte Heiner, und ich vergaß sekundenlang, dass dort Heiner Lauterbach und nicht Rainer saß.

Nach dem für die anderen doch recht anstrengenden Drehtag trafen wir uns mit der gesamten Film-Crew an der Bar, und ich schmiss eine „Null-Klappe“, wie das im Fachjargon heißt – eine Einladung zu einem Drink für jeden der sechzig Mitarbeiter.

Dabei wurde ich von Jochen, dem Regie-Assistenten, vorgestellt: „Das ist Gila, die wirkliche Barbara!“

Abends im Saloon stand ich zwischen Heiner und Alexander,

den beiden Vätern meiner Kinder, als irgendjemand von uns ein Foto schoss. Heiner strich sich über seinen Bart und entschied: „Der Bart kommt ab, wenn ich wieder zu Hause bin", obwohl wir ihm alle zurieten, ihn doch stehen zu lassen.

In der Zwischenzeit war der Produktionsdirektor von PRO7 eingetroffen, der drei Tage am Set in Dawson City bleiben sollte. Am Abend wurden Ingrid und ich mit allen Hauptdarstellern und dem Produktionsteam von ihm zum Essen eingeladen.

Dienstag, 14. März 2000

Minus dreißig Grad. Und heute wurde draußen gedreht. Die Crew war schon sehr früh zum Drehort aufgebrochen, während Ingrid und ich – jetzt wohl wissend, dass die Szenen sowieso öfters gedreht wurden – ausschliefen. Wir wollten uns bei Ulli, der Produktionsassistentin, im Husky-Büro treffen. Die komplette Goldgräberstadt Dawson City stand im Zeichen der Dreharbeiten für den Husky-Film.

Da unser kleiner Flitzer keinen Vierradantrieb hatte, ließen wir ihn dort stehen und sollten von einem der dreißig Kleinbusse zum Drehort gebracht werden. Der zugefrorene Yukon diente an einer ganz bestimmten Stelle als Eisbrücke, die wir mit unserem Bus passierten. Äußerst respektvoll beäugte ich das Eis. Wenn ich mir vorstellte, dass hier dreißig Busse und viele voll beladene LKWs an diesem Morgen schon darüber gefahren waren …

Höher und höher fuhren wir ins Gebirge hinein. Und dann verschlug es mir die Sprache! Oben – beim Highway On Top Of The World – war die Aussicht atemberaubend! Wir genossen das wunderbare Bild des Klondike River, der in den

Yukon River mündet, während wir Dawson City nur noch ganz vage und klein als eine Ansammlung von Häusern und Straßen erkennen konnten.

Nur mit Mühe löste sich mein Blick von dem überwältigenden Panorama. Nach einigen Kilometern erreichten wir die Crew am Set. Dort war alles gut vorbereitet. Viele Busse und Filmproduktions-LKWs standen auf dem frei geräumten Plateau. Ich war völlig beeindruckt von dem enormen Aufwand, der für meinen Film betrieben wurde.

Heute lernte ich auch Willi Rachow kennen, der im Film meinen Sohn Marco spielte. Erst vierzehn Jahre alt, hatte er bereits in mehreren Filmen mitgewirkt und war von seiner Schule für die Zeit der Dreharbeiten freigestellt worden. Hier sollte am nächsten Tag die Szene gedreht werden, bei der Barbara mit ihrem Filmsohn Daniel zum Arzt fährt und später verunglückt. Auch dieses Erlebnis hat es im wirklichen Leben nicht gegeben.

Es war sehr kalt, vor allem, weil wir uns so wenig bewegen konnten. Es war nur auszuhalten mit Zeh- und Hand-Wärmern, die man in Stiefeln und Handschuhen verstaut.

Mittags hatte das Downtown Hotel für warmes Essen gesorgt und die Verpflegung für sechzig Leute zu dem doch recht abgelegenen Drehort gebracht. Gegessen wurde in einem riesigen, durch Wärmestrahler aufgeheizten Zelt.

Barbara sah etwas erschöpft aus und klagte über eine beginnende Erkältung und Halsschmerzen.

„Kennst du Teebaum-Öl?“ fragte ich sie.

„Ja, aber ich habe keins dabei.“

„Aber ich. Ich bringe es dir heute Abend in dein Hotel. Es wird dir helfen.“

Mittwoch, 15. März 2000

Nicht ganz so kalt wie am Tag vorher. Morgens frühstückten wir mit dem am Vorabend sehr spät angerückten Presse-Team, das aus mehreren Mitarbeitern von PRO7, von dpa, TV-Movie und GONG bestand.

Äußerst erfreut, dass ich als Autorin in ihrem Hotel untergebracht war, machten sie gleich für mittags einen Interview-Termin mit mir und Heiner Lauterbach. Dabei entstand dann das offizielle Pressefoto mit Heiner und mir.

Heute sollte am Set der Autounfall gedreht werden. Alle waren ein wenig nervös, weil die Szene möglichst beim ersten Versuch sitzen sollte. Mit einem unwahrscheinlichen technischen Aufwand musste sich der Wagen überschlagen.

Tomy war nicht ganz zufrieden mit dem strahlend blauen Himmel. Für den Unfall brauchte er einen Schneesturm. So wurde kurzerhand eine Schneemaschine eingesetzt.

Mittags sprach mich Rob, der kanadische Produktionsmanager, auf meine Empfindungen an, so hautnah am Set dabei zu sein. Ich erklärte ihm, dass es für mich sicherlich leichter sei, das Ganze hier in Dawson City zu erleben als in Whitehorse.

„Rob, ich habe einen Riesenrespekt vor der Eisbrücke, die über den Yukon führt. Es ist doch bereits März. Warum seid ihr so sicher, dass sie die ganzen schweren Trucks aushält, die täglich über sie hinweg fahren?“

„Du musst nicht denken, dass wir das einfach probieren, so nach dem Motto: Wenn sie hält, dann ist es gut – wenn nicht, haben wir eben Pech gehabt. Die Stärke des Eises wird schon gemessen.“

Ich erzählte ihm von dem tragischen Ereignis, dass Rainer damals mit seinen Hunden eingebrochen war, obwohl ich nie direkt Einzelheiten darüber erfahren hatte. Von verschiedenen Seiten war mir dieses immer nur berichtet worden. Auch in meinem Husky-Buch hatte ich die Situation nur durch ein Telefonat erfahren und dementsprechend wiedergeben können.

In Robs Augen las ich Bestürzung, und um mich dann etwas aufzuheitern, wechselte er das Thema und berichtete, dass er des Öfteren zum Eisangeln fährt. Durch die Löcher, die in die dicke Eisdecke gefräst werden, kann man feststellen, wie dick das Eis des Yukon noch ist.

„Gila, du kennst doch Paul, den Truckfahrer aus meiner Crew. Er trinkt gern einen übern Durst. Am Set ist er nüchtern, darauf achte ich schon, aber wenn er frei hat …! Letzte Woche hatte ich mich mit Paul zum Eisangeln verabredet. Ich stellte meinen Truck ab und sah von weitem, wie jemand auf allen Vieren um das Loch herumkroch, das wir einen Tag zuvor gebohrt hatten. ‚Paul ist wieder hackevoll‘, dachte ich – setzte meine Brille auf, ging näher ran und sah: Es war nicht Paul – es war ein Bär!“

Rob konnte so packend erzählen. Ich konnte mir das Lachen nicht verkneifen, als ich mir das Bild vorstellte. Er hob dann sein Glas und prostete mir kräftig zu: „Übrigens, Gila, danke für den Job!“

Den Interviewtermin am Abend mit Barbara konnte ich nicht mehr wahrnehmen, weil wir bereits wieder Koffer packen mussten. Außerdem wollte ich gern die beiden kleinen Mädchen Donna und Keltie Wilson, die als Zwillinge meine damals dreijährige Tochter Dana spielten, kennen lernen und fotografieren. Beide waren erst gegen Abend von Whitehorse in Dawson City eingetroffen, um am nächsten Tag bei den Dreharbeiten wieder dabei zu sein.

Donnerstag, 16. März 2000

Morgens konnten wir die Szene des Husky-Rennens noch miterleben, als Heiner und Barbara mit der kleinen Lizzy den jüngeren Film-Sohn Daniel zum Husky-Rennen begleiteten, wo er als Musher mit den Huskies an dem Rennen teilnahm.

Durch und durch ging es mir, als Daniel plötzlich den Leithund anfeuerte: „Tevka, go!“ Die Namen der Hunde waren die einzigen Namen, die identisch waren mit meiner erlebten Geschichte. Da brauchte Tomy zumindest keine Angst zu haben wegen der Persönlichkeitsrechte …

Als Heiner neben mir stand, mit einer Wollmütze auf dem Kopf, dem vollen Bart und nach Wodka duftend, verschwamm auf einmal das Bild und wurde total überlagert von Rainers Bild. Ich bekam eine Gänsehaut – so ähnlich, ja fast identisch, erschienen mir die beiden auf einmal, nicht nur vom Aussehen her.

Gegen halb zwölf nahmen wir Abschied von den Darstellern. „Bei den Aufnahmen in Deutschland sehen wir uns wieder“, sagte Barbara und winkte uns nach.

Als ich mich im Husky-Büro von Andreas, dem Produzenten meines Films, verabschiedete, sagte er plötzlich: „Warte mal, Gila, ich habe hier noch etwas für dich.“

Er griff in eine Schublade und holte das Drehbuch heraus, auf das ich schon so lange gewartet hatte. Selbst mein Agent in München hatte vorher des Öfteren vergeblich versucht, Einblick zu erhalten – keine Chance. Und jetzt hielt ich es in der Hand – kurz vor der Rückreise!

„Aber erst im Flugzeug lesen …!“ drohte mir Andreas augenzwinkernd.

Wir brachen auf und machten uns auf den sechsstündigen Weg zurück nach Whitehorse. Eine Zeitlang waren wir bereits gefahren, als Ingrid erneut ihr Glück bei mir versuchte: „Willst du nachher nicht noch einmal mit dem Wirt reden und Rainer zumindest Grüße ausrichten von dir?"

„Eigentlich nicht, Ingrid."

Sie war so lieb, als sie wieder ansetzte: „Es ist aber die letzte Gelegenheit, die du sonst verpassen würdest."

Ich lächelte, weil sie nicht locker ließ.

Die Sonne hatte schon viel Kraft. Wie ein goldenes, glänzendes Band lag die Asphaltdecke des Highways vor uns. „Gila, du fährst zu schnell", warnte mich Ingrid, „da ist Eis auf der Straße."

„Meinst du wirklich? Das sieht eher aus wie Nässe."

Durch die eisigen Temperaturen waren die Straßen – anders als auf der Hinfahrt – unberechenbar. Ich reduzierte die Geschwindigkeit und hing meinen Gedanken nach.

Plötzlich fuhren wir in eine Kurve, die um einen hohen Felsen herumführte. Zu spät bemerkte ich, dass die Straßendecke völlig vereist war. Der Wagen brach aus – wir gerieten ins Schleudern – bloß nicht bremsen!!!

Der Wagen knallte in eine eisige Schneewand, wurde auf die Straße zurückgeschleudert. Wir drehten uns um die eigene Achse und prallten dann mit aller Wucht wieder in die Schneewand.

Von der Heftigkeit des Aufpralls schlug ich mit meinem Kopf gegen das Seitenfenster und hatte noch den Gedanken: ‚Das geht jetzt zu Bruch!'

Als der Wagen dann zum Stehen kam, stöhnte ich nur: „O, Himmel!"

Ingrid war glücklicherweise auch nichts geschehen. Sie war

es, die mich sofort tröstete: „Es ist nichts passiert, Gila – uns ist nichts passiert! Gott sei Dank! Und mach dir keine Gedanken. Der Schaden des Autos ist über deine Kreditkarte abgesichert.“

Mein Kopf hatte zwar eine Beule, aber das war auch alles, zumindest bei mir. Unser Flitzer dagegen hatte verschiedene dicke Beulen, schien aber noch zu laufen. Das Fenster war trotz meiner Befürchtungen heil geblieben.

Mir zitterten die Knie. Weit und breit war keine Hilfe zu sehen. Wir brauchten jemanden, der unser Auto aus der Schneewand auf die Straße zog. Kein Haus in der näheren Umgebung – nur Einsamkeit.

Glück im Unglück war für uns, dass eine halbe Stunde später Su, die Innenarchitektin unserer Filmcrew, mit ihrem Mitarbeiter Kurt in ihrem Pick-up auf dem Weg nach Whitehorse vorbeikam und die beiden uns helfen konnten. Herausziehen klappte zwar nicht, aber sie fuhren zur nächsten Farm und holten Verstärkung durch zwei junge Männer in ihrem Pick-up und einer Seilwinde, die die Sache dann klarmachten.

„Es wäre vielleicht besser, Gila,“ schlug Su vor, „wenn ihr beide mit uns nach Whitehorse fahren würdet. Euer Wagen würde dann abgeschleppt werden. Wer weiß, was damit ist. Außerdem sollte man nach so einem Unfall nicht mehr selber ans Steuer. Was meinst du?“

Mir graute davor, zu Viert vorn im Pick-up zu sitzen, und das über 400 Kilometer! Notfalls hätten wir natürlich darauf eingehen müssen.

Ingrid schaute mich fragend an. „Kannst du noch fahren?“

Ich überlegte und machte dann den Vorschlag: „Es wäre schön, wenn ihr unser Auto eine Weile begleiten würdet, ob es wirklich in diesem Zustand noch eine weite Strecke fährt. Zur

Not können wir dann immer noch umsteigen. Vielleicht schaffen wir es ja bis zur nächsten Tankstation, die 100 Kilometer entfernt liegt. Lasst uns dann entscheiden, ob wir dort umsteigen und den Wagen stehen lassen oder ob wir weiterfahren können nach Whitehorse."

Mit zitternden Beinen setzte ich mich wieder hinters Steuer, aber es war ein gutes Gefühl zu wissen, dass Su und Kurt uns Geleitschutz gaben.

Nach einigen Kilometern wusste ich, das Auto musste durch den heftigen Schlag Schaden genommen haben, aber wenn ich etwas langsamer fuhr, würden wir es bis Whitehorse schaffen. Bei der nächsten Service-Station stoppten wir. Su fragte uns, was wir vorhätten.

„Wir fahren weiter", entschied ich. „Es wird gehen. Danke für eure Hilfe. Es war großartig, dass ihr gerade vorbei gekommen seid. Wir sehen uns heute Abend im Hotel. Tschüs ihr beiden!"

Wir hatten noch über 300 Kilometer nach Whitehorse mit dem beschädigten Wagen vor uns. Auch er hatte keine Winterreifen ...

Und wieder passierten wir den kleinen Ort, der auf der Hinfahrt schon zu vielen Diskussionen zwischen Ingrid und mir geführt hatte. Durch den Unfall dachte ich, das Thema sei bei ihr ein wenig in den Hintergrund geraten.

Weit gefehlt – kurz vor dem besagten kleinen Restaurant angekommen, erinnerte mich Ingrid heftig an ihren Vorschlag.

Wegen der Eisglätte und in dem Wissen, dass das Auto doch nicht ganz okay war, drängte es mich, möglichst noch bei Hellem in Whitehorse anzukommen und den Versicherungsschaden zu regeln.

„Aber ich muss ganz dringend auf die Toilette“, reklamierte Ingrid. „Wir müssen dort halten – fahr bloß nicht weiter!“

Ich konnte mir ein Grinsen nicht verkneifen. Okay, wenn es Ingrid so wichtig war, sollte Rainer zumindest ein paar Grüße von mir bekommen. Ich bog rechts ein. Aus den Augenwinkeln bemerkte ich Ingrids zufriedenen Gesichtsaudruck.

Wir stiegen aus unserem Auto und gingen zur Tür des kleinen Restaurants. Bevor wir jedoch die Tür öffneten, ging diese auf, und wie von Engeln geführt, verließ der Wirt gerade sein Lokal. Er hatte wohl Feierabend. „Bye bye, Ladies!“ grüßte er uns freundlich.

„Siehst du, Ingrid, das ist die Entscheidung, Rainer in seinem Seelenfrieden, den er inzwischen gefunden haben muss, zu belassen.“

Als Ingrid dann den Vorschlag machte, vielleicht dem Koch in der Küche die Grüße an Rainer zu überbringen, streikte ich endgültig.

Tief im Innern spürte ich ihre große Liebe zu den Menschen und das Bedürfnis, Dinge zu glätten oder in Harmonie zu bringen.

Noch eine letzte Hotelübernachtung in Whitehorse, bevor wir endgültig heim fliegen wollten.

Su und Kurt brachten uns morgens noch kurz zum Fish Lake, wo Su mit ihrer Crew das Haus als Kulisse aufgebaut hatte. Dies war später im Film das Haus am Ort des Geschehens.

Vorher musste ich jedoch erfahren, dass meine Entscheidung bei der Vermietung, keine über die Versicherung meiner Kreditkarte hinausgehende Versicherung abzuschließen, mich circa 4300,- Dollar kosten sollte.

Meine Kreditkarte basierte zwar auf der Eurocard, aber

mein Vertragspartner war Mercedes. Durch die kostenfreie Nutzung dieser Karte wurden seinerzeit sämtliche Versicherungen in ihrem Leistungspaket gestrichen.

So war es fast wieder wie damals, als ich 1987 voller Eindrücke, Emotionen, aber um einige Dollar ärmer wieder zurückkehrte nach Deutschland. Aber für nichts auf der Welt hätte ich weder damals noch dieses Mal auf meine Eindrücke verzichten mögen …

Im Flugzeug holte ich endlich das Drehbuch aus meiner Tasche. War ich vorher der Meinung, dass mich durch die vielen Abweichungen bei den Filmaufnahmen nicht mehr viel schrecken konnte, so war ich bei manchen Passagen richtiggehend entsetzt. Ich las von Handgreiflichkeiten und Ohrfeigen, die es bei uns nie und nimmer gegeben hatte.

Tobias Schenke, der die Rolle meines Sohnes André übernommen hatte, sollte einen sehr aggressiven Part gegenüber seiner Mutter spielen und sie sogar mit Schmähworten wegen ihrer Beziehung zu ihrem neuen Mann fertig machen.

Ich war erschüttert und total aufgelöst. „Nie im Leben hat André mich so behandelt …“

Es war Ingrid, die die tröstenden Worte sprach: „Gila, du bist nicht verantwortlich für diese geänderten Passagen im Film. Deine Leser wissen das, denn sie kennen das Husky-Buch. Und diejenigen, die dein Buch aufgrund des Films kaufen, werden überrascht sein von dessen echter Botschaft.“

Ich schaute in ihr liebes Gesicht, das so feine, edle Züge aufwies.

„Warum wird hier nur Aggression in den Vordergrund gestellt? Warum fehlen hier sämtliche Themen, die tiefer gehen, alle spirituellen Gedanken? Nicht eine humorvolle Begebenheit, über die ich berichtet habe, ist mit eingebaut worden! Die Mutter wird hier als absolute Verliererin hingestellt!" warf ich ein.

„Ja, das sehe ich auch so. Aber auch für diese Änderung müssen andere die Verantwortung tragen."

Ingrids liebe Worte trösteten mich.

Wieder zu Hause, begann ich langsam zu begreifen, dass dies nicht mehr der Film war, mit dem ich mich identifizieren konnte.

Kapitel 8

In der Stille
findet der Mensch
sich selbst.
In der Gemeinschaft
kann er über sich hinauswachsen.

(Cécile Hammel-Brun)

Meine Seminare sind immer eine Quelle von Erlebnissen. Ich darf von meiner Erfahrung und meinem Wissen abgeben, doch im gleichen Maße oder sogar mehr lerne ich von anderen.

Ein Erlebnis ist mir besonders in Erinnerung geblieben. Der erste Teil einer ganz speziellen Übung bestand darin, dass sich die eine Hälfte meiner Gruppe auf ihre Decken legte, während die zweite neben mir auf das wartete, was da kommen sollte.

Ich bat nun die liegenden Teilnehmer, die Augen zu schließen und sie nicht eher zu öffnen, bevor die Übung abgeschlossen war. Dann forderte ich die bei mir stehenden Gruppenmitglieder auf, sich jeweils einen liegenden Partner auszusuchen, sich an dessen Kopf zu knien, diesen in ihre Arme zu nehmen und ihm für eine Weile Geborgenheit zu geben. Der Sinn dieser Übung war für den liegenden Partner, Nähe und Geborgenheit anzunehmen, ohne zu werten und zu wissen, von wem diese sanfte Energie ausströmte.

Auch hinterher wurden die Teilnehmer ganz klar darum gebeten, nicht darüber zu sprechen, wer wem diese Vertrautheit gegeben hatte. Beim zweiten Teil der Übung waren dann die anderen an der Reihe, auch ohne sich erkennen zu geben.

An diesem Termin waren unter anderem Mary, Bernadette und Marianne dabei. Sie hatten schon mehrmals an meinen Seminaren teilgenommen.

Bevor Mary das erste Mal zu mir kam, hatte sie mich persönlich angerufen. Sie würde so gern kommen, könne vielleicht nicht alles mitmachen – sie wöge 140 kg. Durch ihre Offenheit war sie mir auf Anhieb sympathisch. Ihre klare Aussage hatte mich sehr berührt. Welche Frau gibt schon zu, ohne dazu aufgefordert zu werden, dass sie ein paar Kilos zu viel hat? Ihr Gewicht war absolut kein Problem für unsere Übungen. Auch später wurde jeder Teilnehmer durch ihre starke, leuchtende Persönlichkeit fasziniert.

Bernadette hatte wegen plötzlich auftretender extremer Rückenschmerzen eigentlich gar nicht teilnehmen können, kam aber trotzdem mit einem Sitzballon, um so einigermaßen Entlastung zu bekommen.

Marianne hat mich voller Liebe über Jahre hinweg mit handgefertigten Bildern und kleinen Kunstwerken begleitet, die ich jedes Mal dabei habe.

Mary hatte sich nun als Partnerin Marianne ausgesucht, die bereits mit geschlossenen Augen auf ihrer Decke lag und auf den, der da kommen sollte, wartete. Ich sah, wie Mary sich vorsichtig mit ihrer ganzen liebevollen Fülle zu Marianne herabkniete und ihren Kopf behutsam auf ihren Bauch legte. Dann hielt sie ganz sanft Mariannes Kopf in ihren Händen.

Es war eine wunderbare Energie. Leise Musik lief im Hintergrund, und alle konnten merken, wie wohl sich die nehmenden, aber auch die gebenden Gruppenmitglieder fühlten.

Später sprachen wir im kleinen Kreis über die tiefe Erfahrung, bei dieser Übung nicht zu wissen, wer einem diese sanfte Geborgenheit gegeben hatte. Plötzlich schaute ich zu Marianne hinüber und spürte, irgendetwas schien da nicht zu stimmen.

„Was ist los mit dir?“ fragte ich sie leise.

Da brach es aus Marianne heraus: „Es war sicherlich für die anderen eine schöne Übung, aber ich fand es so schade, dass ich wusste, wer es war.“

Die starke Enttäuschung war nicht nur Marianne anzumerken, sondern jetzt auch Mary, Mariannes Partnerin. Ihre Energie ging in den Keller. Sie zog sich den Schuh voll an – mit dem Gefühl, dass Marianne mit ihr nicht einverstanden war. Beide gingen daraufhin etwas traurig zum Mittagessen.

Eine Weile später vernahm ich lautes Gelächter, in das immer mehr Teilnehmer einfielen. Ich drehte mich um zu dem Tisch, an dem Mary saß, und sah, wie sie Tränen in den Augen hatte vor Lachen – vor ihr Marianne, ebenfalls mit strahlendem Gesicht.

„Was ist denn bei euch los?“ fragte ich, überrascht über den abrupten Stimmungswechsel.

Obwohl Marianne gerade noch so traurig gewesen war, zog sie mich, immer noch laut lachend, zur Seite: „Das ist ein Ding, Gila! Ich habe mich zum Mittagessen zu Mary gesetzt und ihr heimlich gestanden, wie sehr ich mir gewünscht hätte, sie würde mich in den Schoß nehmen.“

Mary unterbrach sie – noch völlig außer Atem: „Ich war ganz perplex, habe sie total entgeistert angesehen und geantwortet: ‚Aber das *war* ich doch …!!!‘“

„Ach was!“ hatte Marianne geantwortet, „ich habe auf einem Gummiball gelegen. Meine Partnerin war Bernadette, die ich auch sehr mag, aber der Gummiball hat mich doch erheblich gestört.“

Mary lachte Tränen, als sie konterte: „Das war mein Bauch, Gila – stell dir vor: das war mein Bauch!“

Das Gelächter wollte nicht aufhören. Alle waren sie glücklich über Marys Bauch. Noch tagelang wurde darüber geredet.

Zum Abschied meinte Mary: „Gila, solltest du ein weiteres Buch schreiben, dann darfst du diese Geschichte erzählen."

Danke – Mary!

*

Wie ein roter Faden durchzieht meine Bücher und all meine Seminare das Thema, dass unsere Gedanken schöpferisch sind und dementsprechende Ereignisse in unserem Leben hervorbringen. Doch es wird uns dabei auch bewusst, dass diese Kraft von uns bisher oft vernachlässigt wurde.

Immer mehr Menschen erfahren, wie sie die Verantwortung für ihr Schicksal selbst in die Hand nehmen können, indem sie die Kraft ihres Unterbewusstseins erkennen und für ihr Leben einsetzen. Unsere Gedankenenergie kennt keine Grenzen. Es gibt sie, seit es die Menschheit gibt. Wir können die Verantwortung für unser Glück nicht auf andere oder unsere Umwelt schieben. Warum sollen wir die Lösung anderen überlassen? Es sind tausend Umstände, die uns bedrängen oder vielleicht sogar bezwingen können, wenn wir unsere eigene Kraft nicht selbst mobilisieren.

Auch ist es ganz natürlich, Fehler zu machen, doch wir sollten dazu stehen und die Verantwortung für unsere Entscheidungen – gleich welcher Art – übernehmen.

Glück bedeutet, im Leben erfolgreich zu sein. Doch auch ein mehrfach schwerstbehinderter Mensch ist ein erfolgreicher Mensch, wenn auch weniger an den Maßstäben der Gesellschaft gemessen. Diese würde Erfolg definieren mit dem, was jemand für die Gemeinschaft tut. Ich sehe das ganz anders:

Ein erfolgreicher Mensch ist für mich jemand, der seine Lebensaufgabe erkannt hat und sie lebt.

Die Lebensaufgabe eines stark behinderten Menschen, dessen Zustand intensive Pflege und Aufmerksamkeit braucht, kann zum Beispiel darin bestehen, seine Angehörigen durch seine Behinderung stark zu machen. Oftmals erkennen diese dadurch einen anderen Sinn im Leben als den durch die Gesellschaft vorgegebenen. Diese besonderen Menschen müssen keine Leistung erbringen, sondern sie sind einfach sie selbst.

Wir sollten nicht nach dem Sinn des Lebens suchen, wir sollten ihm einen geben, denn unser Leben hat nur den Sinn, den wir ihm selbst Tag für Tag geben. Manche sehen ihren Sinn darin, eine Partnerschaft zu leben und Kinder zu erziehen. Andere entscheiden sich dafür, etwas von bleibendem Wert zu erschaffen. Wiederum andere wählen als ihr vorrangigstes Ziel, ihren Mitmenschen zu helfen. Entscheidend für unsere Zufriedenheit ist es nicht, was wir wählen, sondern dass wir es ganz bewusst wählen und unser Leben darauf abstimmen.

Mit allem, was wir denken oder tun, formen wir unser Leben. Wir können vieles für unser Unglück verantwortlich machen, zum Beispiel eine schwere Kindheit, Krankheit oder Mobbing am Arbeitsplatz. Unsere stärkste Waffe gegen Mobbing sollte die Suggestion sein: „Ich bin wertvoll." Ein ganz wichtiger Satz, der gegen alle destruktive Kritik immun macht: „Ich bin wertvoll." Dieser Satz hilft immer.

„Ich bin wertvoll." Das ist der ideale Schutz gegen jeden Angriff auf unser Selbstbewusstsein. Und wie schaffen wir das? Stellen wir uns unser angegriffenes Ego als eine schutzlose Person vor, der jemand Unrecht tut. Sagen wir ihr: „Keine Angst, ich stehe zu dir. Was auch passiert: Du bist wertvoll."

Und wenn die Kritik berechtigt ist? Dann erst recht. Bedeutet ein Fehler etwa den Weltuntergang? Müssen wir uns für eine verfehlte Aktion erschießen? Natürlich nicht. Wer tatsächlich einmal Murks produziert hat, sollte Einsicht zeigen: „Ja, ich gebe zu, ich habe einen Fehler gemacht, aber ich werde versuchen, es wieder in Ordnung zu bringen." Angriffe lässt man so ins Leere laufen. Und ernsthafte Kritiker erkennen daran Einsicht, echte Leistungsbereitschaft und Selbstvertrauen.

Wir sollten unseren Kritiker zum Freund machen. Wir wissen doch selbst, wie unangenehm es uns häufig ist, wenn wir selbst Kritik vorbringen müssen. Darum ist der Kritiker oft erleichtert, wenn er nicht, wie erwartet, auf Feindseligkeit, sondern auf Verständnis stößt durch die Worte des anderen: „Danke, dass Sie die Sache noch einmal gecheckt haben. Vier Augen sehen eben mehr als zwei."

Wer Kritik richtig abfängt, kann nicht nur im Job Punkte machen, auch die Partnerschaft wird daran wachsen.

Und die andere Seite der Kritik? Wenn wir es sind, die über unseren lieblosen Partner klagen, uns über rücksichtslose Nachbarn beschweren oder über das grausame Schicksal? Wenn wir das tun, haben wir die Verantwortung für unser Leben aus den Händen gegeben. Das gilt auch, wenn wir erwarten, durch einen bestimmten Menschen glücklich zu werden. Es gibt nur einen einzigen Menschen, der für unser Glück verantwortlich ist, und nur einen, der uns glücklich machen kann: Das sind wir selbst.

Ist es nicht ein Segen zu wissen, dass wir in hohem Maße die Herrschaft über die Ereignisse unseres Leben selbst in der Hand haben? Jeder Mensch, auch wenn er es nicht weiß, hat in sich selbst alles, was er benötigt. Wenn es ihm nur wichtig genug ist, so wird er sich die Zeit nehmen, die er braucht, um seinen Charakter und sein Leben neu zu formen. Aufgabe und

Ziel sind dabei für jeden Menschen verschieden, aber der Vorgang selbst ist überall der gleiche und für alle möglich.

Folgendes Beispiel kommt mir in den Sinn: Ein Künstler wird nicht blindlings drauflos malen, sondern, die Augen fest auf sein Werk gerichtet, jeden Pinselstrich in dem Gedanken an das Bild ausführen, das er im Geiste bereits als fertig vor sich sieht. So sollten auch wir es machen, wenn wir unser Leben gemäß unserer ureigenen Lebensaufgabe gestalten wollen.

Oft werde ich gefragt: „Gila, wie erkenne ich meine Lebensaufgabe?"

„Was uns oft davon abhält, diese klar zu erkennen, ist unser Sicherheitsdenken. Kennt ihr das Gefühl zu leben, um zu arbeiten? Unser Leben kostet nun mal Geld, sei es Miete oder monatliche Hypotheken, Versicherungen, Lebensmittel, Auto, Telefon, kurzum: unser so genannter Lebensstandard. Ihr wisst, da kommt so einiges zusammen. Das Geld muss erst mal da sein. Bevor ich bereit bin, mich auf irgendwelche Experimente einzulassen, muss all das gesichert sein. Dann erst bleibt vielleicht noch etwas Spielraum, unsere Lebensaufgabe zu erkennen – meinen wir."

Ich setze dann des Öfteren eine kurze, aber effektive Übung ein. „Schließt mal eure Augen und versetzt euch einen Augenblick in das Bewusstsein, dass irgendwo eine Geldquelle für euch sprudelt, die nie versiegt. Die monatlichen Zinsen könnt ihr kaum aufbrauchen. Euer Konto läuft über. Die einzige Bedingung ist: Ihr müsst damit etwas aus eurem Leben machen."

Mit diesem Beispiel möchte ich meinen Teilnehmern nicht nur das Gefühl des Überflusses geben, sondern in erster Linie die Frage stellen: „Wenn ihr euch in dieses Gefühl hineinversetzt habt und es eine Weile für euch annehmt – was würdet ihr dann mit eurem Leben tun? Welche Aufgabe würdet ihr ausüben? Wohin würde es euch ziehen? Was käme da ganz klar zum Vorschein?“

Nach einer Weile bitte ich sie dann, ihre Augen wieder zu öffnen mit den Worten: „Und wenn es auch anfangs nur ein zaghafter Gedanke ist, könnte das ein Zeichen sein für das, was das Leben von euch will.“

Wir müssen vor allem selbst wissen, was wir wollen. Wenn wir die Kraft erkennen, durch unsere Gedanken unsere Persönlichkeit zu formen, was hält uns dann davon ab, Harmonie und Erfolg in unser Leben zu bringen?

Mit jedem Gedanken schmieden wir ein Stück von unserem Leben. Darum sollten wir unser Denken liebevoll und konstruktiv für uns und für andere einsetzen.

Zum Schluss meiner Kurse weise ich gern darauf hin: „Wir haben in diesen Tagen erkannt, wie wichtig die bewusste Gedankenkontrolle für unser Leben ist. Und doch kann es sein, dass oft durch lebenslange Gewohnheiten und festgefahrene Gedankengänge feste Strukturen entstanden sind, die auch nach einem solchen Seminar noch wirken, selbst wenn wir sie mit allem gutem Willen angehen. Hier ist es jedoch wichtig, uns immer wieder bewusst zu machen, welche Qualität unsere Gedanken in diesem Moment haben, in der Gegenwart, um dadurch die Zukunft zu gestalten.“

Sicher gibt es viele Möglichkeiten, uns das Leben unnötig schwer zu machen. Wir können alte Verletzungen aufreißen und Enttäuschungen wieder hervorkramen oder uns um alles Sorgen machen. Wir leiden unter Stress, weil wir nicht richtig geplant haben.

„Neid ist doch auch eine negative Lebenseinstellung“, warf

ein Teilnehmer während eines Kurses ein. „Was geschieht, wenn ich einem Menschen etwas nicht gönne?“

Ich gab zurück: „Neid richtet sich gegen Menschen, die mehr haben als wir. Wir sind fixiert auf etwas, das anderen gehört, und werden das Objekt unserer Begierde wahrscheinlich nie erreichen.“

„Und warum nicht?“

„Wir haben darüber gesprochen, dass unser Unterbewusstsein zwischen den Gefühlen, die ich für mich selbst hege, und denen, die ich für andere empfinde, nicht unterscheiden kann. Wenn also ein Neidgefühl entsteht, wird unser Unterbewusstsein so programmiert, den Faktor des Neides vom anderen, aber auch von uns selbst fernzuhalten.“

Ich sprach weiter darüber, dass es die Anerkennung der Leistung des anderen ist, die uns das Leben leichter macht. Wenn wir uns mit ihnen über ihre Erfolge freuen, tun wir uns selbst Gutes. Wir sollten ihnen ihren Besitz gönnen und ihnen Gutes wünschen, denn wenn wir über ihr Glück erfreut oder begeistert sind, sind wir dabei, selbst glückliche Menschen zu werden.

Erst wenn wir uns mit anderen über ihren Reichtum freuen, geben wir unserem Unterbewusstsein das großartige Gefühl der Freude und des Reichtums. Und auch hier setzt die Funktion automatisch ein, dass das Unterbewusstsein nicht unterscheiden kann zwischen dem, was ich anderen wünsche, und den eigenen Wünschen – es bringt beides in unser Leben.

Wenn wir Erfolg und Reichtum erwarten, dann sollten wir den Gedanken der Fülle Raum geben, aber Reichtum zum Wohle aller. Er wird so sicher kommen wie das Amen in der Kirche.

Beim Thema Kraft des Glaubens meldete sich ein weiterer

Teilnehmer zu Wort: „Ich erinnere mich an einen Zeitungsbericht, in dem eine seit Jahren schwerkranke Frau, nicht imstande, sich selbst allein zu versorgen, plötzlich in der absoluten Not fähig war, die Treppen hinauf zu rennen und ihre schlafenden Kinder aus dem brennenden Hause zu tragen. Wie kommt es, dass sie plötzlich Dinge schaffte, die ihr unter gewöhnlichen Umständen unmöglich gewesen sind? Woher kommt die Kraft, die eine dermaßen kranke Frau stark genug macht?"

„Ein gutes Beispiel. Ich erkläre mir das folgendermaßen: In der Not vergisst diese Mutter ihre Schwäche, sie sieht nur noch die drohende Gefahr für ihre Kinder. In diesem Augenblick glaubt sie fest daran, dass sie es schafft, was sie tun muss, und so tut sie es."

„Also ist es ein veränderter Zustand des Geistes, nicht der Muskeln?" warf ein anderer ein.

„Richtig. Der Muskel bringt zwar die notwendige Energie auf und hat mit dieser Kraft die Beine bewegt, aber der Glaube, zu dieser Bewegung fähig zu sein, war zunächst notwendig. Das Feuer, die Gefahr, die Aufregung, die Notwendigkeit, Leben zu retten, das zeitweilige Vergessen der Schwäche – das war nötig, um ihr Bewusstsein sofort zu verändern."

Es ist wunderbar, dass die Menschheit diese Lebensgesetze besser zu verstehen beginnt. Wie die Kraft der Elektrizität, so war auch diese Energie immer schon vorhanden, aber erst jetzt fängt man an, sie mehr und mehr zu erfassen.

Wie dein Glaube, so sind deine Kräfte.

(Bo Yin Ra)

Jeder Mensch liebt klare und fröhliche Menschen, der ewig bissige Kritiker wird dagegen gern gemieden. Die ganze Welt liebt Menschen, die anderen nicht das Schlimmste, sondern das Beste zutrauen. Menschen, die ihren Launen freien Lauf lassen, sind oft mit sich selbst nicht zufrieden.

Ein Mensch mit fröhlichem Wesen ist erfolgreicher; jedermann verhandelt gern mit angenehmen und frohen Leuten, während man sich selbst von dem fähigsten Menschen abwendet, wenn man ihn dauernd mürrisch und verstimmt vorfindet. Lieber zahlt man etwas höhere Preise, wenn man es dafür mit einem frohen Menschen zu tun hat.

Es ist einfacher, mit Blick auf das Gute und Schöne durch das Leben zu gehen – auf das Licht und die Freude, als auf die Dunkelheit. Unser Gesicht der Sonne zuzuwenden, ist leichter als in den Schatten zu blicken. Aber gerade darauf beruht es, ob wir uns zufrieden oder unzufrieden, glücklich oder mies fühlen, und ob wir im Leben Erfolg haben oder rückwärts gehen, ob uns Dinge gelingen oder misslingen.

Lasst uns lernen, ins Licht zu blicken. Das Licht ist stärker als die Dunkelheit, alles wird durchdrungen vom Licht. Jedes Lebewesen braucht das Licht, das innere wie das äußere. Das Licht ist immer da. Dunkelheit an sich gibt es gar nicht. Dunkelheit ist nur Abwesenheit von Licht.

Jeder Mensch trägt das Licht als Göttlichen Funken, als Teil Gottes in sich. Wenn wir bereit sind, uns zu öffnen für dieses Göttliche Licht und es in uns einfließen lassen, werden wir selbst zu Lichtern. Wir werden zu Glühbirnen, die vor Licht und Wärme glühen, und bleiben keine kalten Glaskolben, die zwar brennen können, aber nicht angezündet sind und dadurch gar nichts bewirken können.

Genauso ist es mit der Liebe. Alle Tätigkeiten gehen mit

Liebe und heiterer Gelassenheit wie von selbst, alles funktioniert, wie es soll. Ein ruhiges, heiteres Bewusstsein bringt uns immer weiter, als wenn wir uns über alles aufregen.

Ein fröhlicher Mensch wirkt auf andere auflockernd und entspannend. Einen sympathischen und humorvollen Repräsentanten einer Firma hat man gern, und die Firma, für die er tätig ist, verdankt seiner fröhlichen Art oft einen größeren Umsatz. Es ist bewiesen, dass sympathische Mitarbeiter mehr Erfolg haben und mehr Kunden anziehen als trübselige und missgelaunte. Viele Türen werden einem Menschen mit fröhlichem Wesen geöffnet, und viele Geschäfte würden ohne Heiterkeit und Lockerheit gar nicht abgeschlossen.

Bei vielen hängt jedoch das Selbstwertgefühl von ihrer Leistung ab. Sie arbeiten zu viel, weil nur die Arbeit ihrem Leben Sinn gibt – weil sie sich ohne Arbeit, Erfolg und Anerkennung unnütz und überflüssig vorkommen.

Wir müssen nichts beweisen. Wir sind wertvoll und liebenswert, und zwar als Menschen und nicht nur als Arbeitstiere. Wir dürfen uns auch vom Leben beschenken lassen. Wir müssen nicht nur kämpfen.

Während eines Seminars kam eine Frau zu mir. Sie begann zu erzählen: „Als kleines Mädchen hatte sich meine Mutter des Öfteren über mich geärgert und mir immer wieder drohend gesagt: ‚Mama hat dich erst wieder lieb, wenn du brav bist.‘“

Durch dieses Erlebnis wurde in ihrem Unterbewusstsein ein Verhaltens bestimmendes Programm erzeugt und das Gefühl programmiert, dass Anerkennung nur durch Leistung erfolgen kann.

Bereits als Kinder haben wir gelernt, dass unser Wert abhängig ist von gutem Benehmen, guten Zensuren, guten Leistungen, von gutem Aussehen und guten Beziehungen.

Doch jeder ist kostbar und liebenswert. Und jeder trägt zahllose gute Möglichkeiten in sich, die es zu entdecken gilt. Menschen mit einem positiven Selbstwertgefühl fallen gleich auf. Oft sind sie äußerst sympathisch und interessant, und wir sind gern in ihrer Nähe.

„Vor kurzem“, erzählte ein Teilnehmer während eines Kurses, „ging an meinem Arbeitsplatz alles schief. Der Chef zerriss meinen Entwurf. Eine Kollegin lästerte über meinen unaufgeräumten Schreibtisch, ein Kunde murrte, weil seine Lieferung noch nicht da war. Es war so ein Tag, an dem man besser gar nicht aufgestanden wäre. Sprachlos stehe ich manchmal da, weil mich der Chef so behandelt hat, und ich weiß nicht, worüber ich mich mehr ärgere: über seine aggressive Reaktion oder darüber, dass ich mich jetzt so klein fühle – mit verletztem Selbstwertgefühl, leer wie ein kaputter Fahrradschlauch. Wie gehe ich damit um?“

Durch seine Frage ging ich auf das Thema ein, wie wir besser umgehen mit Kritik. Nicht nur Vorgesetzte, auch Kollegen verstehen sich darauf, unser Selbstbewusstsein anzugraben. Es geschieht immer wieder: Wir tun etwas, so gut wir können. Und dann sagt jemand: „Nicht gut genug!“

Stellen wir uns vor: Ein dreijähriger Junge krakelt mit Liebe seine erste Blume, und die Mutter sagt nach kurzem Blick: „Soll das ein Wurm sein?“ Eine sensible Mutter spürt die Enttäuschung, und wird sofort sagen: „O nein – jetzt erkenne ich: Dies ist wirklich die schönste Blume, die du mir heute gemalt hast.“

Diejenigen, die schon früh genug Lob für ihre ersten Blümchen bekommen, können später meist auch souverän mit Kritik umgehen. Weil sie rechtzeitig von der Bedeutung ihrer Person überzeugt wurden. Chef- oder Kollegen-Gemecker kann daran nichts Grundsätzliches ändern – Mutter war schließlich eher da.

Wem aber ein Stück dieser Ich-Stärke fehlt, der hat ein großes Loch im Herzen, und da hinein fällt all der kritische Müll, den andere hier und da absondern, obwohl kritische Hinweise sachlich überdacht fürs eigene Fortkommen durchaus nützlich sein könnten. Denn Kritik ist in Wahrheit Feedback, und ohne Feedback läuft im Job gar nichts. Wir brauchen es, aber wir müssen auch entschlüsseln, warum wir uns verletzbar machen. Mangelndes Selbstwertgefühl lähmt. Es zerstört unzählige gute Möglichkeiten zu leben und glücklich zu sein. Es kann krank und verzweifelt machen.

Jeder Mensch ist kostbar und liebenswert.

Woran liegt es aber, dass manche noch wertvoller und liebenswerter sein wollen? Im Grunde ihrer Seelen mögen sie nicht an ihren Wert glauben. Sie müssen sich und anderen ständig etwas beweisen. Und weil sie ihren eigenen Wert nicht kennen, können sie auch ihre Mitmenschen nicht wertschätzen. Diesen Kreislauf durchbrechen wir nur, wenn wir uns mit mehr Liebe anfüllen – zum Beispiel uns immer wieder sagen: „Ich bin wertvoll. Ich bin wertvoll."

Unser Unterbewusstsein wird dieses – je öfter wir eine solche Suggestion denken oder sagen – als Auftrag annehmen und alle Hebel in Bewegung setzen, dass dieser „volle Wert" unserer Persönlichkeit liebevoll zur Geltung kommt und auf uns selbst und andere ehrlich und echt wirkt. Wenn unsere Gedanken in allen Bereichen überwiegend liebevoll sind, dann erst tritt in unser Leben Liebe, die viele Bereiche durchdringt.

Eine weitere Teilnehmerin meldete sich zu Wort:

„Eines Morgens, als ich zur Arbeit fuhr, hatte ich extrem schlechte Laune. Mehr als Test nahm ich mir vor, die Kraft guter Gedanken genau an diesem Morgen zu erproben. Oft hatte ich beobachtet, dass gute Laune eine dementsprechende Wirkung auf mich hatte. Nun wollte ich einmal sehen, ob diese auch auf andere wirkte und ich sie durch meine Gedanken liebevoll beeinflussen konnte.

Ich war wirklich neugierig. Als ich mich nun meinem Büro näherte, war ich fest entschlossen, das Ganze heute Morgen durchzuziehen. Ich stellte mir vor, wie glücklich ich mich schätzen konnte, diesen Job zu haben und dass mich jedermann in meiner Firma mochte.

Als ich mich immer wieder in diese Lage hineinversetzte, fühlte ich mich zu meiner Überraschung körperlich ganz leicht, meine Haltung war aufrechter als sonst, mein Schritt leichter, es kam mir wirklich vor, als ob ich zum Büro hingezogen würde. Ich ertappte mich sogar einige Male beim Lächeln.

Ich sah in die Gesichter der Menschen, die mir unterwegs begegneten, und erkannte so viel Sorge und Unzufriedenheit, dass mein Herz von Mitgefühl überfloss, und ich wünschte, ich könnte ihnen nur ein wenig von dem Sonnenschein mitteilen, der mich momentan durchströmte.

Im Geschäft angekommen, begrüßte ich die Buchhalterin mit einer lustigen Bemerkung, die ich unter anderen Umständen um nichts auf der Welt hätte machen können, denn ich bin gar nicht witzig von Natur aus. Das brachte uns gleich von Anfang an für den ganzen Tag etwas näher. Auf sie hatte es also sofort gewirkt.

Der Geschäftsführer war ein viel beschäftigter, ernster

Mann, und eine Bemerkung, die er über meine Arbeit machte, würde mich unter anderen Umständen sehr verletzt haben, da ich leider ziemlich empfindlich bin. Heute aber hatte ich mir vorgenommen, mich durch nichts aus der Stimmung bringen zu lassen und gab ihm eine muntere Antwort.

Zu meiner Verblüffung glätteten sich seine Sorgenfalten, und auch von ihm kam ein lockeres Wort, und so ging's den ganzen Tag weiter. Keine Wolke trübte diesen Tag, weder für mich noch für andere.

In dem Haus, in dem ich wohne, ging es abends ebenso weiter, und während ich mich vorher dort fremd und ohne rechten Anschluss gefühlt hatte, wurde ich an dem Tag abends sogar von den Nachbarn zum Essen eingeladen – das erste Mal überhaupt. Seitdem sind wir Freunde geworden.

Dadurch habe ich festgestellt, die Menschen kommen dir auf halbem Wege entgegen, wenn du dir nur Mühe gibst, ihnen näher zu kommen."

*

Heide war inzwischen auf so manchen Seminaren eine liebevolle Begleiterin für mich geworden. Es tat ihr gut, unter Menschen zu sein, die die gleiche Wellenlänge hatten. Die Teilnehmer spürten, dass wir uns näher kannten, und manche Frage, die man mir direkt nicht stellen wollte, bekam Heide dann zu hören.

Sie, die eine ähnliche Konfektionsgröße wie ich trug, erschien immer wieder mit neuen flotten T-Shirts, die sie in einer Boutique in der Nähe ihrer Wohnung kaufte.

Mehr als einmal hatte ich ihr bereits ein T-Shirt, das mir gefiel, abgekauft. Inzwischen war es eine liebevolle Gewohnheit zwischen uns geworden, dass sie mir ihr T-Shirt präsentierte und es mir dann großzügig überließ, vorausgesetzt, es war mein Geschmack. Sie postierte sich dann vor mir mit ihrer neuesten Errungenschaft, während ich ihr stets durch ein Zeichen zu verstehen gab: ausziehen – oder nicht interessiert. Selten geschah es, dass ich wirklich nicht interessiert war, aber an diesem Morgen war es so.

Die Gruppe saß bereits fast vollzählig beim Frühstück, als Heide einmarschierte. Wir befanden uns in einem 4-Sterne-Hotel und frühstückten in einem nicht abgeschlossenen Gruppenraum, der direkt gegenüber dem Frühstücksbuffet lag, wo auch die übrigen Gäste verkehrten. Unser Raum war also für sie einsehbar, was uns aber nicht weiter störte.

Heide schaute mich herausfordernd an, drehte und wendete sich demonstrativ – ich war dieses Mal jedoch nicht interessiert.

„Gila, was ist?“ fragte sie endlich, als sie die Spannung nicht mehr aushielt.

„Ne,“ meinte ich kühl, „nicht mein Geschmack.“

„Willst du's nicht einmal anziehen? Ich ziehe es auch hier aus“, bot mir Heide provokativ an. „Echt, das mache ich!“

„Doch wohl nicht hier am Frühstückstisch“, lachte ich und sah bereits vor meinem geistigen Auge den Aufstand, den dieses Bild auslösen würde. Wie war das noch – Vorstellung schafft Wirklichkeit?

Thomas, der bereits mit Heide mehrere Kurse besucht hatte und deshalb vertraut war mit unserer T-Shirt-Aktion, raunte ihr mit leuchtenden Augen zu: „Fünfzig Mäuse, Heide, wenn du dich hier ausziehst.“

„Hört bloß auf“, warnte ich lachend, doch es war zu spät.

„Ich lasse mich doch nicht kaufen. Das mache ich auch ohne

den Fünfziger“, erklärte Heide selbstsicher, die Situation voll im Griff. Angestachelt vom Lachen der anderen zog sie ihr Shirt über den Kopf und saß dort in der Mitte der Tafel – für alle Gäste weithin sichtbar – wie eine regierende Königin, allerdings nicht in einem Hermelinmantel, sondern nur in einem schicken Büstenhalter.

Lautes Gejohle und Gelächter unserer ganzen Gruppe ließ auch den letzten Gast auf uns aufmerksam werden, und einer nach dem anderen eilte zum Buffet, um zu sehen, was sich bei uns abspielte. Neugierig wurde die halbnackte Heide beäugt, die dort am Tisch residierte.

In letzter Sekunde rettete ich die Situation. Ich sprang auf, stellte mich halb schützend, halb abwehrend vor sie hin und rief den Gästen zu: „Kleine Herzschwäche – kleine Herzschwäche!“

Im Nu verteilten sich die Gäste wieder an ihre Plätze, um bei einer eventuellen Reanimation nicht zu stören. Warum jedoch mit so viel Lachen reanimiert wurde, schien ihnen noch lange ein Rätsel zu sein.

So lustig, wie wir diese Geschichte auch erlebt haben, möchte ich sie auch einmal von einer etwas nachdenklichen Seite beleuchten. Selbst im Spaß sollten wir ganz vorsichtig unsere Worte wählen. Auch Worte, die wir nicht ernst meinen, haben eine ähnlich durchschlagende Wirkung wie die, die eine Situation beschreiben.

In all meinen Büchern habe ich immer wieder darauf hingewiesen, dass unser Unterbewusstsein keinen Spaß versteht. Seine Aufgabe ist es, das umzusetzen, worauf der Verstand hinweist – sei es auch nur im Spaß gemeint.

Gern verwende ich in meinen Seminaren das Beispiel eines Unternehmens, einer Fahrradfabrik. Diese Firma hat neben einem Geschäftsführer auch einen Produktionsleiter angestellt. Beide Führungskräfte haben jedoch völlig unterschiedliche Funktionen. Der Geschäftsführer ist unter anderem verantwortlich für die Annahme, der Produktionsleiter für die Ausführung von Aufträgen.

Wenn also der Geschäftsführer dem Produktionsleiter einen abgezeichneten Auftrag über zweihundert blaue Fahrräder übergibt, dann wird dieser die Fahrräder in seiner Produktionsabteilung wahrscheinlich ohne große Rückfragen herstellen lassen. So weit, so gut. Was geschieht aber, wenn der Produktionschef diesen Auftrag zwar richtig ausgeführt hat, der Geschäftsführer aber reklamiert: „Ich wollte gar keine blauen Räder, ich wollte rote!"

Jeder wird nachvollziehen können, dass der Leiter der Produktion jetzt verunsichert ist und sich den abgezeichneten Auftrag hervorholt. Und – siehe da – es sind tatsächlich blaue Räder bestellt. Er ruft den Geschäftsführer an. „Sie haben ganz klar blaue Räder geordert."

Dieser entrüstet sich und meint: „Aber das habe ich doch nur im Spaß gesagt und nicht ernst gemeint."

Also – wer ist verantwortlich für die falsche Ausführung? Der Chef oder der Leiter der Produktion? Natürlich der Chef, würden wir sagen. Da sind wir uns einig.

Und es ist nicht die Aufgabe des Produktionsleiters, den Geschäftsführer zu kontrollieren, so wie es nicht die Aufgabe des Geschäftsführers ist, den Produktionsleiter zu überprüfen, wenn alles gut läuft. Beide haben völlig unterschiedliche Funktionen, aber die Erledigung des Auftrags kann weder ohne den einen noch den anderen funktionieren.

Übersetzen wir diesen Fall doch einmal mit der Produktion unseres Lebens und vergleichen mal den Chef mit unserem

Verstand sowie den Produktionsleiter mit unserem Unterbewusstsein. Aus Spaß sagen wir Dinge, die unser Unterbewusstsein als Auftrag annimmt. Es nimmt uns beim Wort. Wenn ich – sei es nur, weil es gerade modern ist – ein bestimmtes Modewort immer wieder bei jeder sich bietenden Gelegenheit ausspreche, dieses Wort jedoch einen negativen Sinn hat, so wird mein Unterbewusstsein diesen Begriff annehmen und ihn als Auftrag über kurz oder lang in unser Leben bringen. Sei es das Wort „Wahnsinn" oder „brutal", auf das ich immer wieder stoße, das aber nicht verwendet wird, um Brutalität auszudrücken, sondern als Verstärker einer positiven Eigenschaft, zum Beispiel „brutal schön".

Solange dieser Ausdruck noch eine andere, negative Bedeutung hat, auf die wir täglich in allen Medien stoßen, wird unser Unterbewusstsein dieses Wort früher oder später je nach Intensität als Eigenschaft in unser Leben bringen, selbst wenn wir es nur im Spaß sagen. Es ist so. Es wird genauso produziert wie die Fahrräder, die eine andere Farbe aufweisen sollten.

Das Wort „Wahnsinn" ist noch verbreiteter. Wir dürfen uns nicht wundern, wenn immer mehr Wahnsinn – zum Beispiel Rinderwahnsinn, Krankheiten oder Verwirrtheit in unser Leben treten und dieses bald schon so normal ist wie das Wort „Wahnsinn" in unserem Sprachgebrauch. Wie steht es in der Bibel: „Am Anfang war das Wort."

Vielleicht wird dieser Begriff irgendwann einmal einen Wertewandel erfahren wie das Wort „toll". Doch bis dahin sollten wir unsere Worte sehr bewusst wählen, um keine Fehlproduktionen in unserem Leben zu erhalten.

Ein Mensch, der immer wieder über Krankheiten spricht, vielleicht nur, um ein wenig mehr Aufmerksamkeit zu erhalten, sollte sich darüber im klaren sein, dass er damit den

Auftrag für die Produktion von Krankheiten erteilt. Er darf sich nicht wundern, dass sich diese Dinge dann in ganz unterschiedlicher Form in seinem Leben zeigen.

Zu dem Thema kam dann eine weitere Frage auf: „Können denn diese Begriffe oder Aussagen so stark wirken, dass sich unbewusste Programme entwickeln, die unser Verhalten steuern?“

„O ja“, antwortete ich, „und wie das geschehen kann, möchte ich gern einmal anhand eines Beispiels aus meiner eigenen Kindheit anführen. Auch bei mir als Kind sind Ängste aufgetreten, allein gelassen zu werden. Oft genug hat meine Mutter dann scherzend den Satz gesagt: ‚Kind, mach dir bloß keine Sorgen. Wenn dich jemand im Dunkeln klaut und im Hellen anguckt, bringt er dich sofort wieder nach Hause zurück.‘“

Verhaltenes Gelächter kam auf bei den Anwesenden.

„So war ich mit kindlichem Vertrauen davon überzeugt“, fuhr ich fort, „mir kann ja gar nichts geschehen, man bringt mich ja sowieso wieder zurück.“

Die Teilnehmerin unterbrach mich: „Vielleicht kommt daher dein großes Urvertrauen, das sich durch dein gesamtes Leben zieht?“

„Das kann gut sein“, gab ich lächelnd zu, „aber die Medaille hat auch eine Kehrseite. Tief in meinem Unterbewusstsein wurde gleichzeitig das Gefühl verankert: ‚Ich bin wertlos.‘ Also habe ich durch diese scherzhafte Aussage nicht nur Vertrauen aufgebaut, sondern in meiner Jugend gleichzeitig einen ziemlichen Minderwertigkeitskomplex, dass mich keiner haben wollte, entwickelt.“

Dieses lockere Beispiel machte die Teilnehmer sehr nachdenklich, in Zukunft bewusster mit Aussagen umzugehen, auch wenn man sie nur im Scherz meint.

Zu dem Thema passt auch die folgende Begebenheit: Im April 2002 sah ich mir nachmittags in der ARD eine Sendung mit dem Moderator Jürgen Fliege an. Ein Gast erzählte, sein Sohn wäre sterbenskrank gewesen. Immer wieder hätte er in dieser Zeit gebetet: „Gott im Himmel, wenn du meinen Sohn heilst, will ich seine Schmerzen übernehmen."

Ganz langsam besserte sich der Gesundheitszustand seines Sohnes, bis er nach längerer Zeit wieder ganz gesund wurde.

„Aber", sagte Jürgen Fliege, „Sie haben doch einen Pakt mit Gott geschlossen. Was ist danach geschehen?"

„Nun", entgegnete der Gast, „ich will es kurz machen, einige Zeit später musste ich mich in Behandlung eines Arztes begeben, habe eine verkehrte Injektion erhalten und sitze seit der Zeit im Rollstuhl, wie jeder sehen kann."

Was einerseits so nüchtern klang, machte andererseits großen Eindruck auf die Zuschauer. Nur stellt sich hier wirklich die Frage: Lässt sich Gott auf so einen Pakt ein?

Ich glaube nicht. Gott lässt nicht mit sich handeln. Ich glaube, dass Gott das Prinzip der Liebe ist und uns die Kraft unseres Glaubens geschenkt hat – unsere eigene schöpferische Göttliche Kraft. Unsere Gedanken bringen die Ereignisse in unser Leben, um die wir bitten. Hier hat der Vater mit ganzer Sehnsucht um die Gesundung seines Kindes mit dem Gedanken gebeten: „Wenn mein Sohn gesund wird, will ich seine Schmerzen übernehmen."

Das war ein ganz starker Glaubenssatz – eine Affirmation, geprägt von tiefem Gefühl. Ich bin der festen Überzeugung, dass unser Unterbewusstsein, durch unser Verhalten gesteuert, uns genau zu diesen Ereignissen hinführt, um dem Gesetz von Ursache und Wirkung zu entsprechen – innen wie auch außen.

Auch wenn man immer wieder betont, das habe man ja nur im Spaß gesagt, unser Unterbewusstsein versteht keinen Spaß.

Am Montag, dem 1. September 2003, erhielt ich abends einen Anruf von Heides Freundin.

„Gila, Heide ist gestern Nacht von uns gegangen“, sagte sie ergriffen. „Heute Morgen ist sie erst gefunden worden.“

Ich konnte ihre Worte einfach nicht fassen. So unerwartet – so plötzlich! Heide, immer einen Scherz auf den Lippen, hatte unsere Welt verlassen!

Als ich mich einigermaßen wieder im Griff hatte, fragte ich leise: „Wie ist das geschehen?“

„Sie ist eingeschlafen – ihr Herz hat einfach aufgehört zu schlagen.“

Nach dem Ende des Telefonats musste ich mich erst einmal sammeln, ehe ich die anderen, die ihr nahe standen, benachrichtigte.

Da war Irmi, meine Mitarbeiterin, zu der Heide inzwischen eine freundschaftliche Beziehung aufgebaut hatte. Sie war es, die Heide am Sonntag Abend noch anrief, aber nur den Anrufbeantworter erwischte und darauf ein paar Worte hinterlassen hatte. War Heide zu diesem Zeitpunkt schon nicht mehr bei uns? Vielleicht hatten Irmis Worte sie beim Übergang begleitet? Das wäre eine schöne Vorstellung.

Erst eine Weile später kam mir der Gedanke an unsere fröhliche Episode. Mit welchen Worten hatte ich versucht, Heide vor den neugierigen Blicken der Hotelgäste zu schützen? „Kleine Herzschwäche!“

Könnte man jetzt wirklich soweit gehen, diese Worte in Bezug zum Tode eines Menschen zu setzen? Diese Frage möchte ich mit einem ganz klaren „Nein“ beantworten. Ich glaube nicht nur, sondern weiß auch inzwischen durch viele mediale Übertragungen, dass eine Seele sich schon vor der Geburt aussucht, wann sie ins Licht geht, wann ihre Lebensaufgabe erfüllt ist. Das habe ich vorher bereits erwähnt. Heide hatte bereits einige Jahre zuvor eine Bypassoperation überstanden. Ich glaube, dass sie dadurch noch mal Zeit bekam, die Dinge aufzuarbeiten, die für ihr Leben wichtig waren.

Um Seminarteilnehmer, die Heide kannten, von ihrem Tod zu informieren, habe ich ihr dann für eine Weile im Internet auf der ersten Seite unseres Gästebuches folgenden Spruch gewidmet:

Heide, wo immer Du auch jetzt bist,
ich denke ganz stark an Dich.

Ich kannte dich seit vielen Jahren
meist fröhlich und gut aufgelegt.
Zwischendurch gab es auch mal ernstere Momente,
die Du immer wieder gut verdecken konntest.
Deinen Frohsinn und Deinen Humor
habe ich immer geliebt.
Dein Lachen, das den ganzen Raum erfüllte,
habe ich von Herzen gern gehört.
Und auch über das Strahlen Deines Gesichtes
freute ich mich jedes Mal neu ...

Und so fröhlich und strahlend
genauso möchte ich Dich in Erinnerung behalten.

Gott ist die Liebe,
Und Du wirst jetzt zu Hause sein.

Kapitel 9

Ich sagte zum Mandelbaum:
Erzähl mir von Gott –
und er blühte.

(Aus dem Chinesischen)

In meinem Buch „Mutter Erde, trage mich …" habe ich darüber berichtet, wie mir ganz unerwartet eine Botschaft überbracht wurde, die ein Dreivierteljahr später auch eintrat und mein Leben sehr beeinflusst hat. Es wurde mir die Nachricht überbracht, dass mein zukünftiger Lebenspartner bald in mein Leben träte.

Jetzt kann man natürlich lange über die Fragen spekulieren: Wie hätte ich mich verhalten, wenn das nicht geschehen wäre? Was wäre dann anders verlaufen? Gibt es auf diese Fragen überhaupt schlüssige Antworten? Wohl kaum.

Eines jedoch habe ich aus dieser Begebenheit gelernt: Ich möchte mein Leben selbst leben. Ich möchte meiner inneren Stimme selbst folgen und nicht die Verantwortung für meine Entscheidungen auf jemanden schieben, der offensichtlich Kontakt zum Jenseits hat. Ich nehme gern einen Impuls an, bin aber nicht bereit – wie hier geschehen – , durch weitere Durchsagen mehr und mehr in mein Leben eingreifen zu lassen. Als ich spürte, dass sich die Qualität der Durchsagen veränderte, wurde ich vorsichtig und ging wieder meinen eigenen Weg.

Manchmal schreiben mir Leser meiner Bücher, sie hätten von Gott die Nachricht erhalten, mit mir Kontakt aufzunehmen, mich kennen zu lernen oder mit mir zusammen zu arbeiten.

Wenn so etwas geschieht, höre ich zuerst darauf, was mein Herz mir sagt und horche nach innen. Spüre ich keine Zustimmung, so danke ich diesen Menschen für ihre Initiative. Ich bin sicher, wenn Gott oder meine Engel mir etwas sagen wollen, dann tun sie es – durch Zeichen, durch Begebenheiten, vielleicht sogar durch ein banales Lied im Radio, das die Antwort auf meine Frage sein könnte.

Wie einfach wäre es zu sagen: Nur weil ein Mensch mir damals eine Nachricht überbrachte, habe ich mich zu etwas verleiten lassen, was ich sonst nicht getan hätte! Wer übernimmt denn hier nun die Verantwortung für mein Tun? Doch nur ich allein! Und wenn das so ist, kann ich dann nicht gleich meiner inneren Stimme folgen?

Ich habe manchmal das Gefühl, es liegt Machtverhalten in der Aussage: „Ich habe die Botschaft bekommen, du sollst dieses und jenes tun." Auch ich bin damals diesen Botschaften gefolgt, war aber sehr dankbar, als meine eigene Sensibilität und Intuition mich ganz andere Dinge spüren ließen. Mehr und mehr geschieht es in meinen Seminaren, dass ich mich an die Göttliche Kraft anschließe und meiner inneren Stimme folge. Ich will meine Entscheidungen erst dann fällen, wenn ich im Einklang mit mir selbst bin.

Vieles im Leben müssen wir sofort entscheiden. Manches braucht Zeit, manchmal lassen wir uns aber auch zu viel Zeit. Irgendwann ist es zu spät – dann entscheiden nicht mehr wir selbst, sondern andere oder die Umstände. Wir sollten unsere Entschlüsse rechtzeitig fassen, selbst wenn wir dabei einmal falsch liegen. Auf jeden Fall haben wir damit die Verantwortung für unser Leben übernommen.

Wir sollten nicht sofort Lösungen akzeptieren, die andere uns überstülpen wollen – uns nicht blind noch mehr in Arbeit stürzen, wenn die Geschäfte schlecht laufen. Ebenso verhält es sich mit unseren Beziehungen und Freundschaften. Es macht keinen Sinn, von einer Beziehung in die andere zu flüchten oder sich völlig zurückzuziehen, weil einige Menschen uns enttäuscht und verletzt haben.

Arbeite, als würdest du kein Geld brauchen.
Tanze, als würde dir niemand zusehen.
Singe, als würde dir niemand zuhören.
Lebe, als wäre der Himmel auf Erden.
Liebe, als wärest du nie verletzt worden.

Diese Worte, die mir meine Freundin Anke aus Vorarlberg schrieb, haben sich tief in mir eingegraben. Je reifer wir werden, umso mehr Erlebnisse haben unser Leben geprägt, und sicherlich gehören dazu auch etliche Verletzungen.

„Liebe, als wärest du nie verletzt worden", sind so wunderschöne Worte – so voller Tiefgang – so voller Weisheit. Auf Menschen voller Vertrauen zuzugehen, macht uns resonanzfähig für die edelsten Qualitäten in uns. Indem wir bei dem anderen voraussetzen, dass er unser Vertrauen rechtfertigt, uns unterstützt, Gutes für uns will und tut, wecken wir diese Qualitäten auch bei ihm.

Großzügigkeit im Denken und Handeln wird bei anderen Menschen immer auf Anerkennung stoßen. Wie schön ist es, jemandem zu begegnen, der seine Gefühle ganz offen zeigt – seine Liebe, seine Traurigkeit und auch seine Verletzbarkeit.

Die Stärke, die das Herz vor Verletzungen bewahrt,
hindert es auch daran, seine wahre Größe zu entwickeln.
(Khalil Gibran)

Das war auch das Thema in einem Seminar, als eine Teilnehmerin offen zugab: „Ich werde niemandem mehr gestatten, mich zu verletzen. Darum werde ich auch keinen Menschen mehr an mich heranlassen. Ich schütze mich, weil ich zu viel Verletzungen in meinem Leben erfahren habe."

„Ich kann deine Gedanken gut nachvollziehen", meinte ich verständnisvoll, „nur überprüfe mal, ob der Weg, den du gewählt hast, der richtige ist."

„Für mich schon", antwortete sie überzeugt. „Niemals mehr möchte ich die Schmerzen erleben, die ich durchgemacht habe."

„Auch das kann ich verstehen", gab ich zurück, „doch deine Einstellung schützt dich zwar größtenteils vor Verletzungen, aber sie hält auch die Liebe von dir fern. Wenn du liebst, musst du auch bereit sein, diese Liebe eventuell wieder loszulassen und dieses Loslassen als neue Erfahrung anzunehmen. Wie kann ich das Licht erfahren, ohne den Schatten zu akzeptieren? Wenn du ganz klar sagst, ich verschließe mich vor anderen Menschen, heißt das auch, ich verschließe mich vor der Liebe anderer. Unglücklich machen uns doch nur unsere Erwartungen an andere, nicht aber die Menschen selbst", erläuterte ich.

Die Teilnehmerin sah mich nachdenklich an und entgegnete: „Aber manchmal bin ich doch hilflos Anfeindungen anderer ausgesetzt, auch wenn ich versuche, ein noch so guter Mensch zu sein. Wir kennen doch das Sprichwort: Es kann der Beste nicht in Frieden leben, wenn es dem bösen Nachbarn nicht gefällt."

„Ist das wirklich so?" fragte ich vorsichtig zurück, „wenn ich davon ausgehe, dass andere Menschen meine Schwächen widerspiegeln – wie ist das dann mit dem bösen Nachbarn?"

„Aber wenn der Nachbar mich angiftet, und ich war wirklich nur lieb zu ihm. Meinst du, das hätte unbedingt etwas mit mir zu tun?“ wollte sie wissen.

„Nicht immer direkt“, gab ich zu bedenken. „Könnte es vielleicht sein, dass dieser Nachbar mit sich selbst unzufrieden und vielleicht ein Typ ist, der seine Spannungen aus seinen unbefriedigten seelischen Grundbedürfnissen – zu wenig Anerkennung – als Aggression an seinem Gegenüber entlädt? Im Grunde genommen sagt er durch sein Verhalten aus: ‚Ich bin nicht im Gleichgewicht mit meinem Energiehaushalt. Bei mir sind Spannungen aufgetreten, die ich irgendwo abladen muss.‘ Deshalb kann es auch schon mal geschehen, dass jemand anderes die Ladung abbekommt, obwohl er sie gar nicht verursacht hat. So sollte man dieser Situation mit Verständnis begegnen und nicht die beleidigte Leberwurst spielen.“

Ein weiteres Gruppenmitglied stellte die Frage: „Könnte es nicht auch als Schwäche ausgelegt werden, wenn man immer für alles Verständnis aufbringt? Dann wüsste der Angreifer ja, dass ihm von uns keine Grenzen gesetzt werden und er würde sein Verhalten stets wiederholen?“

„Ich glaube, in dem Moment zurückzuschlagen, wenn der andere angreift, wäre nicht richtig,“ erwiderte ich fest, „sondern man sollte erst dann mit ihm sprechen, wenn er sich wieder gefasst hat. Dann kann man ihm mit ruhigen Worten klarmachen, dass sein Verhalten nicht korrekt war und uns stört, und man sollte ihm dann auch seine Grenzen aufzeigen, aber wie gesagt – hinterher. So vermeidet man, dass man sich alles gefallen lässt.“

„Ich muss mich erst an den Gedanken gewöhnen“, sagte ein anderer Teilnehmer nachdenklich, „dass ich für alles verantwortlich sein soll, was in meinem Leben geschieht. Ich fange zwar an zu begreifen: Mein Verhalten bestimmt die Verhältnisse in meinem Umfeld, aber leicht ist es nicht, sich das in jeder Lebenslage vor Augen zu führen."

„Das kann ich gut nachvollziehen", stimmte ich zu, „wir sind eben sehr schnell bereit, andere Menschen oder Umstände dafür verantwortlich zu machen, wenn es uns nicht gut geht. Wenn die anderen sich doch nur netter verhalten würden, wünschen wir uns oft. Doch wir können niemanden außer uns selbst ändern, denn nur wir sind für unsere Gefühle verantwortlich. Wir sollten uns das immer wieder bewusst machen, so könnten wir uns viel Anspannung und Ärger ersparen."

Oft werde ich gefragt, ob denn die Seminararbeit nicht anstrengend sei, weil ich mit vielen verschiedenen Schicksalen konfrontiert werde. Und stets antworte ich, dass ich mit sehr viel Freude ans Werk gehe, aber auch versuche, mein Ego immer mehr zurückzunehmen, um als Werkzeug Gottes zu handeln.

Wenn ich hier in diesem Buch über Gott schreibe, so meine ich nicht den strafenden, personifizierten Gott, der über den Menschen thront – sondern ich spreche hier nur über einen Zustand, ein Prinzip – das Prinzip der Liebe.

Gott ist für mich die Erkenntnis, was wir waren und immer sein werden. Ich glaube an Gott, an die Liebe und an das Licht. Für mich ist Gott nicht die Kirche. Es mag gewisse Gründe geben, die Kirche zu kritisieren. Aber hören wir nicht des Öfteren, dass für manche Menschen diese Kritik an der Kirche auch ein Grund ist, den Glauben an Gott abzulegen?

Mir würde etwas fehlen – ohne Gott. Für mich hat Gott zu tun mit Vertrauen zum Leben, eine Art Urvertrauen. Und die

Vorstellung von einem Leben in Würde verbinde ich irgendwie mit Gott. Und ich wünschte, dass die Kirche mir dabei hilft, denn die Welt ohne einen liebenden Gott würde mir ohne Sinn vorkommen.

Anna, eine wunderbare, jung gebliebene Frau Anfang Achtzig, mit der ich bereits einige Kurse erleben durfte, hat mir eines der schönsten Geschenke gemacht. Sie sagte mit schlichten Worten zu mir: „Gila, durch deine Seminare habe ich wieder zu Gott gefunden."

Wie Gott uns in allen Situationen hilft, wenn wir ihn darum bitten, möchte ich an dieser Stelle gern erzählen.

Eines Abends erhielt ich einen Anruf von meiner Freundin Marianne: „Gila, ich muss dich sprechen. Es sind in meinem Urlaub Dinge passiert – einfach unglaublich! Ich komme heute Abend."

Ich spürte bereits ihre Freude am Telefon und freute mich auf sie.

Als wir uns abends gegenüber saßen, forderte ich sie auf: „So, nun erzähl mal, was los ist!"

Sie nahm einen Schluck aus ihrem Glas und begann: „Du weißt doch, dass wir unser Haus verkaufen möchten und gern in eine Eigentumswohnung ziehen würden. Das Haus ist für zwei Personen einfach zu groß."

„Das hattet ihr ja schon länger vor", bestätigte ich.

„Ja. Vor unserem Urlaub haben wir eine sehr schöne Eigentumswohnung besichtigt, die zum ersten Mal sowohl mir als auch meinem Mann gefiel. Aber es gab einiges Hin und Her wegen des Preises – und dann kam es, wie es kommen musste: Wir waren beide nicht mehr sicher und sagten ab."

„Und dann seid ihr erstmal in Urlaub gefahren."

„Genau. Aber glaub ja nicht, dass ich dort zur Ruhe gekommen wäre! Immer wieder kam mir die Wohnung in den Sinn, und auch mein Mann war sich gar nicht mehr so sicher, ob die Absage nicht doch ein Fehler war. Und je mehr ich darüber nachdachte, um so mehr kam das Gefühl des Verlustes auf. Du weißt ja, Gott und meine Engel sind für mich immer meine Ansprechpartner. Und so habe ich auch wieder meine Affirmationen in Form von Gebeten gesprochen, dass wir eine optimale Wohnung bekommen, die zu uns passt."

Sie unterbrach kurz ihre Schilderung, um ein Sandwich zu essen, das ich ihr serviert hatte.

„Und konntet ihr den Verkäufer nicht anrufen, dass ihr es euch anders überlegt habt?"

„Das war es ja eben, Gila! Direkt nach unserer Absage hat er mit einem jungen Paar den Kaufvertrag für die Wohnung gemacht. Der Vater der Frau wollte einen Teil der Finanzierung übernehmen."

Ich war gespannt, was jetzt kam. Da sprach sie auch schon weiter: „Als ich wieder so in Gedanken vertieft meine Affirmationen gesprochen hatte, passierte folgendes: Blitzartig – so schnell kann man das gar nicht nachvollziehen, hörte ich die Worte:

„Mach dir keine Gedanken. Wenn du zurück bist, wird der Verkäufer auf den Anrufbeantworter gesprochen haben, dass die Wohnung für euch frei sein wird."

Das kannte ich auch! Des Öfteren war mir so etwas schon passiert, obwohl es rational gar nicht nachvollziehbar ist. Darüber hatte ich mehrmals in meinem „Mutter-Erde-Buch" berichtet.

Aufgekratzt fuhr Marianne fort: „Es war eigenartig! Ich wusste ja, die Wohnung war weg. Und trotzdem fieberte ich dem Ende unseres Urlaubs entgegen, um den Anrufbeantworter abzuhören."

„Ich weiß schon, was gleich kommt ..." grinste ich.

„Nicht ganz. Der Verkäufer hatte wirklich angerufen, aber keine Nachricht hinterlassen. Doch auf unserem Anrufbeantworter werden die Telefonnummern der Anrufer gespeichert. So konnten wir seine Nummer erkennen."

„Stark!" sagte ich anerkennend.

„Als mein Mann, der nichts von meinen Affirmationen wusste, mir dann die Telefonnummer zeigte, lachte ich und sagte siegessicher, das sei der Verkäufer, der uns unsere Wohnung wieder anböte. Nachdem mein Mann dann die Bestätigung für meine Aussage erhalten hatte, schaute er mich fassungslos an und meinte, ich würde ihm langsam unheimlich."

Ja, das war wieder eine Geschichte nach meinem Geschmack. Gut, dass dies Marianne passiert war und nicht nur mir immer so was widerfuhr.

„Und warum stand die Wohnung wieder zum Verkauf?"

Marianne erwiderte: „Aus irgendeinem Grunde hat der Vater der jungen Frau finanziell einen Rückzieher gemacht. Somit war der Kaufvertrag für die Wohnung hinfällig. Sie hat eben auf uns gewartet."

„Na, großartig!" gratulierte ich ihr.

„Nächste Woche machen wir endgültig unseren Kaufvertrag. Wenn ich Gott um Hilfe bitte und ein derartiges Zeichen bekomme, dann vertraue ich auch darauf, dass diese Wohnung genau das Richtige für uns ist."

*

Wenn uns der Gedanke der Reinkarnation vertraut ist, könnte es dann nicht sein, dass ein Mensch in diesem Leben Täter und im nächsten oder übernächsten Leben dafür Opfer sein darf? Dass es hier nicht um Schuldzuweisung geht, sondern nur um das Gesetz von Ursache und Wirkung? Und wenn in dem einen Leben nicht alles aufgelöst werden kann, könnte es dann nicht sein, dass sich erst im nächsten Leben die Wirkung zeigt?

Könnte es auch sein, dass die Seele völlig gegensätzliche Erfahrungen braucht, um weiter zur Vollkommenheit zu gelangen, dass sie erfahren möchte, wie es ist, mal Täter – mal Opfer, mal Mann – mal Frau, mal oberflächlich – mal tiefgründig zu sein, um alle Seiten des Lebens kennen zu lernen?

Wie können wir erkennen, ob es dunkel ist, wenn es nicht vorher hell war? Wie können wir die Kälte spüren, wenn wir die Wärme nicht kennen? Wie können wir erfahren, was Liebe ist, wenn wir das Böse nicht kennen?

Meiner Überzeugung nach kann nie die Rede sein von Schuld oder Strafe, sondern immer nur von Liebe, wie folgende mediale Übertragungen an mich aussagt:

Es geschah aus Liebe …

Shanna war nach ihrem kurzen Erdenleben zurückgekehrt in das geistige Reich ihrer Seelengeschwister. Die Freude dort war riesengroß. Es war, als sei von den wenigen noch fehlenden Bruchstücken einer wunderschönen Vase wieder eines mehr eingegliedert an seinem Platz, wo noch einige Teile des Ganzen fehlten. Mit der Rückkehr einer jeden Seele fügte sich Stück für Stück zu einer vollkommenen, schönen Form ein.

Auf Erden – in der Sphäre der Dualität – hatte Shanna

viele Erfahrungen sammeln dürfen. Jetzt, nachdem sie wieder bei ihren Seelengeschwistern eingetroffen war, erzählte sie John, ihrem Geistführer, von ihren Gefühlen und Erlebnissen. Er freute sich besonders über Shannas Rückkehr.

„Weißt du noch", lächelte John, „wie aufgeregt du gewesen bist in der Erwartung, wieder einen Körper zu bekommen, kalt und warm zu spüren, Tag und Nacht zu erleben, Gutes und Böses zu erkennen?"

„Und ob!" entgegnete Shanna. „Als ich dann spürte, dass ich aus der warmen Geborgenheit des Schoßes meiner Mutter herausgepresst werden sollte, fühlte ich mich so eng und gedrückt. Nichts mehr mit Schaukeln und Wiegen um mich herum. Durch einen engen Schlauch wurde ich gedrückt und saß fest. Dann endlich – nach einer langen Zeit empfand ich eine enorme Erleichterung durch eine plötzlich aufbrechende Weite um mich herum, aber dieses furchtbar grelle Licht, diese lauten, fremden Stimmen – und diese Kälte, brrr! Wie warm war es vorher gewesen! Und jetzt so eine Umstellung!"

John lächelte. Er kannte die Beschreibung von Shannas Geburt. Jedes Mal, wenn sie sich ein neues Erdenleben ausgesucht hatte oder gerade wieder zurückgekehrt war, hörte er mit heiterer Gelassenheit ihren Erlebnissen zu.

Und sie erzählte weiter: „Weißt du, bei uns in unserer Welt ist alles so harmonisch, voller wunderbarer Farben und Klänge – und dann in dem Kreißsaal! Was war das eigentlich für ein schrilles Geplärre? Wenn ich die Luft einzog, war es weg. Und wenn ich die Luft ausstieß, war das Geschrei wieder da. Das war ja eigenartig. Irgendeiner haute mir auf den Po. Da hörte ich es besonders deutlich und spürte, das war ja ich! Ich war es, die plärrte! Das fing ja gut an!"

Shanna schüttelte sich bei ihren Erinnerungen.

„Dann lag ich im Arm eines Menschen. Das musste meine Mutter sein. Sie sah so glücklich aus. Alles lachte um mich herum, während mir zum Heulen zumute war. Und das tat ich auch. Warum waren die alle so glücklich? Wenn die wüssten, wie schön es vorher gewesen war, würde sich keiner so freuen. Bemitleidet hätten sie mich!"

John entgegnete: „Interessant ist, dass die Gesetze bei den Menschen geradezu umgekehrt scheinen: Als du geboren wurdest, waren deine Eltern glücklich, aber wir waren eine Spur traurig, denn wir hatten für eine gewisse Zeit eine unserer liebsten Seelen abgegeben – und als du gestorben bist, wie die Menschen es nennen, weinten alle um dich herum, aber wir freuten uns, denn du kehrtest nach Hause zurück."

Dann sprach Shanna darüber, wie es war, als sie zum Ende ihres irdischen Lebens ihren Körper wieder verließ: „Ich spürte ein leichtes Dröhnen im Kopf und sank weiter hinab in ein ganz leichtes Gefühl, bis ich empfand, wie mein Körper ruhig und leblos wurde. Dann fühlte ich plötzlich, wie etwas in mir freigesetzt wurde, und ich wurde aus meinem Körper hinaus nach oben gezogen wie von einem riesigen Magneten. Ich war frei – eine wunderbare Erfahrung für mich!"

„Wir empfinden ein Gefühl von absoluter Freiheit, wenn wir einen Körper wieder verlassen dürfen", merkte

John an, „erst dann begreifen wir, wie es ist, in einem Körper zu leben und in der Schwerkraft gefangen zu sein."

Shanna nickte und erzählte weiter: „Ich schwebte über meinem Bett und hatte ein unbeschreibliches Empfinden von Freiheit. Ich sah einen leblosen Körper auf dem Bett liegen und erkannte sofort, dass es meiner war, der da lag. Es war, als habe ich ein Kleid abgelegt, das seine Aufgabe erfüllt hat, auch wenn es noch ganz brauchbar zu sein schien."

„Dein neuer Energiekörper war schwerelos", fügte John ein. „Wenn du auch noch wenige Augenblicke zuvor die Schmerzen der Verletzung verspürt hattest, die dir zugefügt wurden, so warst du nun wieder du selbst – meine Seelenschwester, deren großer Bruder ich sein darf."

„Wie kommt es eigentlich, dass du mein Seelenbruder bist?" unterbrach Shanna lächelnd. „Hier in der geistigen Ebene gibt es doch keine Dualität, nichts Männliches oder Weibliches. Und du nennst mich Shanna."

Jetzt lächelte John zurück. „Schau, in meiner letzten Inkarnation auf Erden war ich dein Bruder, der dich beschützen durfte, bis ich – nach menschlichem Ermessen noch sehr jung – hierher zurückkehrte. Und hier war meine Aufgabe, dir bei der Erfüllung deiner Lebensaufgabe auf Erden zur Seite zu stehen."

„Und als ich dann wieder hierher zurückkehrte, habe ich dich als John erkannt – meinen geistigen Führer."

„Schau mal, Shanna, du weißt, dass zwischen uns und den Menschen auf der Erde eine aktive, energetische Verbindung besteht und dass wir Geistwesen unseren

Seelengeschwistern im inkarnierten Körper sehr gerne in jeder erdenklichen Weise helfen."

„Das kommt sicherlich daher", bestätigte Shanna, „dass wir hier über die Lebensaufgaben Bescheid wissen und diese sogar selbst auswählen, bevor wir uns entscheiden, in einen Körper zu gehen. Durch Göttliches Wissen ist uns bewusst, welche Prüfungen und Erfahrungen im wesentlichen auf uns zukommen werden, und wir bereiten uns entsprechend vor."

„Wir suchen uns Vater, Mutter sowie unsere Lebensumstände selbst aus, aber werden uns später nicht daran erinnern, wenn wir ihnen Vorwürfe machen."

„Einfacher wäre es schon, sich als Mensch daran zu erinnern", meinte Shanna.

„Aber wir würden nicht wachsen können durch unsere Erkenntnisse. Wir brauchen unsere Angehörigen und Freunde, um unsere Aufgabe besser erfüllen zu können. Wir kommen freiwillig, ein jeder von uns mit dem Bedürfnis, all das zu lernen und zu erfahren, gemäß unserer Göttlichen Bestimmung." John sah sie liebevoll an.

Shanna schwieg eine Weile, bevor sie antwortete: „Immer, wenn ich wieder hier zu Hause bin, spüre ich, wie viel Mut wir Seelen überhaupt das erste Mal gebraucht haben für unsere Entscheidung, einzutreten in das Rad der Wiedergeburten – durch das elementare Menschsein in vielen Leben den Weg durch die Materie zu gehen, bis wir von einer jungen Seele zur reifen werden, um dann schließlich das Stadium der alten Seele zu erreichen."

John gab zu bedenken: „Wenn einem Mensch auf der Erde dieser Weg klar wird, weiß er auch, dass es keine

Wertigkeit gibt zwischen einer jungen Seele, die noch sehr an der Materie verhaftet ist und glaubt, sie lebe nur einmal auf der Erde, und der reifen oder alten Seele, die erkennt, dass sie bereits oft inkarniert war.“

„Wobei eine alte Seele auch als Mensch weiß“, sagte Shanna leise, „ob es ihr letztes Leben auf der Erde sein wird, bevor sie bei uns hier als Fragment eines Ganzen zu ihrer Seelenfamilie zurückkehrt, die hier auf sie wartet.“

Und John fuhr fort: „Jeder von uns, der sich zu einem Leben auf Erden entschlossen hat, ist ein mutiger Geist. Selbst der unter den Menschen am wenigsten weit Entwickelte ist stark und mutig. Wir erhalten den Auftrag, auf der Erde für uns selbst zu handeln. Unsere eigenen Handlungen bestimmen dort den Weg unseres Lebens, aber wir können unser Leben zu jeder Zeit ändern oder in eine neue Richtung lenken.“

„Das habe ich gespürt“, entgegnete Shanna, „und das ist von entscheidender Bedeutung. Gott hat uns die Fähigkeit gegeben, unseren freien Willen zum Ausdruck zu bringen und uneingeschränkt ausüben zu dürfen, aber auch die Verantwortung für unsere Entscheidungen zu tragen. Auf diese Weise werden wir entweder Frieden erfahren oder Möglichkeiten des Leidens wählen können. Wir haben es in der Hand, es ist unsere Entscheidung. Jedes Mal, wenn ich hierher zurückkehre, John, bin ich unendlich erleichtert festzustellen, dass die menschliche Welt nicht unsere natürliche Heimat ist, sondern nur ein vorübergehender Aufenthaltsort zum Lernen.“

„In Wirklichkeit, Shanna, bist du reine Seelenenergie

und nicht die Person, die du als Mensch auf Erden darstellst."

„Weißt du, John", sinnierte Shanna, „als ich ins Licht ging und meinen Mann an meinem Bett stehen sah, meine Kinder, hatte ich nicht den Wunsch, mit ihnen zu kommunizieren, sondern machte mir nur Gedanken, wie sie wohl ohne mich zurechtkommen würden. Wie ich so jeden einzelnen betrachtete, lief in meinem Geist eine Art Vorschau ab, so dass ich einen Blick in die Zukunft jedes einzelnen Kindes tun konnte. Ich spürte, dass jedes meiner Kinder auf der Erde war, um seine eigenen Erfahrungen zu sammeln, und wenn ich sie immer als „meine" Kinder betrachtet hatte, so war ich einem Irrtum erlegen.

Auch sie sind individuelle Seelen, die sich bereits vor ihrem Leben auf der Erde entwickelt haben. Jeder von ihnen hat seinen eigenen freien Willen, um sein Leben ganz nach seinen Wünschen zu gestalten. In dem Zustand erkannte ich, dass man ihnen diesen freien Willen nicht vorenthalten darf. Sie sind lediglich meiner Obhut anvertraut worden. Ich weiß, meine Kinder haben auch ihren eigenen Lebensplan. Ich sah sogar einige der Herausforderungen und Schwierigkeiten, die ihnen bevorstehen, doch ich spürte, dass sie genau diese für ihr Wachstum benötigten. Es gibt keinen Anlass zu Sorge oder Furcht. Am Ende wird für jedes meiner Kinder alles gut sein, und ich weiß, dass wir schon nach kurzer Zeit alle wieder beisammen sein werden. Ich war voller Gelassenheit. Mein Mann und meine geliebten Kinder, diese Familie, die ich mir so lange ersehnt habe, wird es ohne mich schaffen. Ich erkannte, dass sie alle ihren Weg gehen werden, ebenso wie ich den meinen.

Für diese Einsicht war ich dankbar und fühlte, dass sie mir zuteil wurde, um mir den Übergang des Ablegens meines Körpers zu erleichtern. Das liebende Licht zog mich immer stärker an."

John betrachtete Shanna voller Liebe, als sie weiter sprach: „Und dann sah ich dich als strahlendes Wesen, das die Hände nach mir ausstreckte, und spürte plötzlich Liebe und Weisheit in der ruhigen Intensität deines wunderschönen Lichtes, das näher und näher zu mir kam. Du kamst zu mir und überschüttetest mich mit deiner sanften Helligkeit. Ich spürte, wie dein Licht zart meine Seele berührte. Es sank tief in mich ein, tiefer und tiefer, bis es meinen ganzen Lichtkörper durchdrang. Du hast mich umarmt, und ich spürte ein Gefühl von Geborgenheit und unendlicher Liebe. Unsere Lichter sind ineinander verströmt – wie eine warme Welle, und ich habe gespürt, dass ich wahrgenommen wurde, gesehen mit all meiner irdischen Verworrenheit, all meinen Fehlern, aber auch mit meiner Klarheit – gesehen, verstanden und akzeptiert, und es tat mir gut, dass sich dieses Empfinden in mir ausbreitete wie ein tiefer See."

„Ja", lächelte John, „dein Herz öffnete sich für eine Wärme, die deine ganze Brust anfüllte, sanft und leicht, und dann war sie überall in dir. Und diese Wärme berührte auch das alte Wissen, wer du wirklich bist, wer du immer gewesen bist und wer du immer sein wirst. Durch dieses Göttliche Licht wurde deine eigene helle und unzerstörbare Seele berührt, während du dich diesem Licht und dieser Wärme öffnetest, eingehüllt in sanfte Helligkeit."

„John, ich fühlte mich gehalten von deinem liebevol-

len Blick, gehalten durch tiefes Verständnis und ein Gefühl tiefer Sicherheit, so dass ich all die Liebe, die mir so frei angeboten wird, voll und tief in mich aufnehmen konnte. Und da spürte ich auch die Antwort meiner eigenen Liebe, frei und grenzenlos."

Reine Liebe floss zwischen ihnen, als Shanna weiter sprach: „Und dann konnte ich auch den Weg meines vergangenen Lebens aus der Perspektive dieses mächtigen, heilenden Lichtes erkennen. Ich konnte Schmerz, Angst und Mühsal sehen und genauso allen Mut, alles Mitgefühl, alle Liebe – meine besonderen Gaben und Fähigkeiten, die Augenblicke meiner Siege und die Augenblicke meiner Verzweiflung. All das konnte ich erkennen mit der Sanftheit dieses Göttlichen Lichtes, und ich fühlte eine wahre Explosion der Liebe.

Innerlich erkannte ich, dass alles, was ich in meinem körperlichen Leben je getan habe, von uns hier gewusst und vollständig akzeptiert wird. Ich werde – nein, ich bin geliebt, so wie ich bin. Es war die bedingungsloseste Liebe, die ich je glaubte, empfunden zu haben, und als du deine Arme ausbreitetest, um mich willkommen zu heißen, ging ich zu dir, und du hülltest mich vollkommen ein in deine Umarmung, und ich sagte immer und immer wieder: ‚Ich bin zu Hause. Ich bin zu Hause. Endlich bin ich zu Hause!'"

John schwieg, als er spürte, wie viel Liebe und Erkenntnis in Shannas Worten lag.

„Es war alles absolut und vollkommen. Aus meiner Angst heraus hatte ich in meinem Leben auf der Erde eine falsche Vorstellung vom Tod gehabt und etwas erwartet, das nicht der Wirklichkeit entsprach. Der Geist

entwickelt sich weiter – nur der Körper wird beerdigt – eine so einfache, lebendige Wahrheit!"

Und nach einer Weile wollte Shanna wissen: „Warum gibt es auf der Welt so viele verschiedene Glaubensrichtungen? Warum gibt Gott den Menschen nicht eine Kirche, eine reine Religion?"

„Alle Seelen", erwiderte John ruhig, „befinden sich auf unterschiedlichen Ebenen spiritueller Entfaltung. Alle Religionen sind notwendig, denn stets gibt es Menschen, die sich zu den jeweiligen Lehren hingezogen fühlen. Jede Glaubensrichtung erfüllt spirituelle Bedürfnisse, denen andere Kirchen womöglich nicht gerecht werden. Keine Kirche kann die Bedürfnisse aller Menschen in allen Bereichen erfüllen. Bei einem weiterführenden Verständnis von der Liebe Gottes ist mancher vielleicht nicht mehr mit den Aussagen seiner Religion zufrieden. Vielleicht auch, weil er sich nach mehr Klarheit und Wissen und nach weiteren Wachstumschancen sehnt. Und mit jedem Schritt auf dem Weg werden ihm solche neuen Möglichkeiten zu lernen geboten."

„Jetzt verstehe ich", meinte Shanna froh. „Also haben die Menschen kein Recht, auch nur eine der Kirchen oder Religionen in irgendeiner Weise zu kritisieren. Darum gibt es ein vollkommenes Verständnis, doch die meisten Menschen werden es auf Erden wahrscheinlich nicht erlangen. Um ihre ganze Wahrheit zu erfassen, müssen sie ihrem geistigen Führer, ihrem Höheren Selbst, lauschen und ihr Ego loslassen, das habe ich als Mensch lernen dürfen."

Und John führte weiter aus: „Die Erde, von der du zurückgekommen bist, ist nur ein Schatten der Schönheit der spirituellen Schöpfung, doch sie ist genau das, was die Menschen für ihr Wachstum benötigen. Hast du gespürt, wie oft wir dich durch kreative Einfälle, die du als Mensch in deinem Leben hattest, inspiriert haben?"

Shanna dachte einen Moment nach, ehe sie antwortete: „Oftmals war das so, aber als Mensch war ich auch oft genug von meinem Verstand geprägt und habe das Ergebnis meinem eigenen Wissen zugeschrieben. Aber ein ganz besonderes Erlebnis war das Loslassen von meinem Körper. Es war nichts als ein wunderbarer Übergang in einen anderen Zustand. Wie geschah es, dass ich mich so schnell von meinem Körper gelöst habe?"

„Das Ganze war sehr traumatisch für dich. Darum durftest du deinen Körper sehr schnell verlassen – sogar schon vor Eintritt des Todes. Kommt beispielsweise ein Mensch bei einem Unfall oder Feuer ums Leben, so kann sein Geist bereits den Körper verlassen, bevor der Betreffende große Schmerzen erleidet. Der Körper kann dabei einige Augenblicke lang noch lebendig erscheinen, doch der Geist ist schon entwichen und hat Frieden gefunden."

„Ich habe gespürt, dass meine Familie eine viel tiefere Trauer empfunden hat als ich selbst", meinte Shanna nachdenklich, „während ich nur das Gefühl hatte, ins Licht gehen zu wollen. Bevor ich mir diesen Körper ausgesucht habe, hattest du mir gesagt, dass das Leben auf der Erde wie eine Schule ist, in der man vieles lernen und Eigenschaften entwickeln kann, die einem fehlen. Du sagtest mir auch, dass wir in der Tat viele unserer Schwächen und Schwierigkeiten in unserem Leben so gewählt haben, dass wir daran wachsen können. In

meinem körperlichen Leben hatte ich das vergessen und habe oft darüber geklagt.“

„Ja“, entgegnete John, „jeder von uns ist einzigartig. Keiner sollte sich mit dem anderen vergleichen, denn jeder Mensch hat auf seinem Weg eine andere Aufgabe, die er in seinem Leben erfüllen kann.“

Und dann erzählte Shanna weiter:

„Jetzt erst erinnere ich mich daran, wie ich mir all diese Erfahrungen, an denen ich wachsen durfte, vorher ausgesucht habe. Weißt du, als ich dann erkannte, wie sich der Schleier des Vergessens lichtete und ich meinen Körper verlassen und wieder zurückkehren durfte zu euch, war ich so unendlich glücklich. Ich sah die Menschen um mich herum, meinen treuen Gefährten, der auf einmal so hilflos war, meine Kinder, und wie sie verzweifelt versuchten, mich bei sich zu behalten.

Ich spürte, dass alles plötzlich so weit und so hell um mich herum wurde, ohne Einschränkungen, ohne Grenzen – so wunderbar weit. Ich erkannte plötzlich, dass auch meine Kinder, die noch sehr jung sind, sich diese Situation ausgesucht hatten, bevor sie sich als Seelen entschieden, als meine Kinder geboren zu werden. Auch wenn sie jetzt so unsagbar traurig sind darüber, dass ich meinen Körper und damit, wie sie glauben, auch sie verließ. Sie würden daran wachsen. Es war ihre Aufgabe, mich loszulassen – ganz selbstständig und früh für ihr Leben Verantwortung zu übernehmen. Dankbar für diese Erkenntnis atmete ich mein Erdenleben aus und den Himmel ein.

Aus dieser wunderbaren Leichtigkeit heraus sah ich die Menschen an meinem Bett, sah meinen Körper – und alles war nicht mehr wichtig. Die traurige Energie meiner Kinder und meines Partners machte es mir zwar schwerer, aber nichts, gar nichts konnte mich daran hindern, weiter ins Licht zu gehen – zurück zu euch. Ich weiß, dass meine erste Aufgabe hier sein wird, meine lieben Menschen auf der Erde stets spüren zu lassen, dass es mir gut geht und dass ich keine großen Schmerzen hatte, als ich ging. Ich werde meinen Menschen, die meiner Familie auf der Erde angehören, ganz besonders zur Seite stehen und immer da sein, wenn sie mit mir sprechen oder mich rufen."

John fragte sie: „Auf Erden hattest du in deinen letzten Lebensstunden sehr viel Angst, als du der Seele begegnet bist, mit der du vorher, als ihr beide noch in eurer Seelenfamilie zu Hause ward, eine Verabredung in Liebe getroffen hast."

„In dem Moment, als mein Seelenbruder meinen Körper so verletzte, habe ich mich nicht an unsere vorher getroffene Vereinbarung erinnert. Erst als ich meinen Körper wie eine Hand den Handschuh, der nun nicht mehr gebraucht wurde, abstreifte und ins Licht ging, kam unendlicher Friede über mich, weil ich ganz klar wusste, dass ich mir dieses Hinübergehen in unsere Welt lange vorher ausgesucht habe."

„Du weißt auch", erinnerte John, „dass dein Seelenbruder diese Tat für dich aus Liebe getan hat."

„Ja", erwiderte Shanna, „jetzt weiß ich es. Und jetzt kann ich auch ermessen, wie viel Liebe dazu gehört hat, dass mein Seelenbruder nun eine ganz lange Zeit dafür eingesperrt wird. Er hat es für mich getan. Ich habe mir vorher ausgesucht, in dem vergangenen körperlichen

Leben die Erfahrung machen zu wollen, wie es ist, durch die Hand eines anderen ins Licht zu gehen. Und mein Seelenbruder, mit dem ich schon vorher einige Vereinbarungen anderer Art getroffen hatte, hat entschieden, dass er es für mich aus Liebe tut, obwohl er vorher wusste, was es für ihn bedeuten würde, dafür so lange Zeit eingesperrt zu sein."

John sagte ruhig: „Die Menschen auf der Erde, die das alles noch nicht verstehen, nennen es Mord und verachten den Mörder. Durch den Schleier des Vergessens, der sich schon als Kind über sie legt, wissen sie nichts von diesen karmischen Verabredungen. Und das darf auch so sein. Wenn manche Menschen auf Erden versuchen, ihren Mitmenschen diese Sicht der Dinge begreiflich zu machen, werden sie oft ausgelacht. Aber wir wissen, dass auch die Menschen auf der Erde sich immer weiterentwickeln – dass aus jungen Seelen reife werden – und aus reifen Seelen – alte."

Kapitel 10

Nicht weil es schwer ist, wagen wir es nicht,
sondern weil wir es nicht wagen, ist es schwer.
(Seneca)

Kim, eine Deutschamerikanerin und Leserin meines Husky-Buches, war mit ihrem Mann in die Staaten zurückgekehrt. Von dort schrieb sie mir des Öfteren, und so entstand ein loser Briefkontakt.

Kurze Zeit später bekam sie ein Baby – ihren kleinen Samuel. Ein halbes Jahr danach erschien mein Mutter-Erde-Buch, und ich übersandte ihr ein Exemplar mit einer liebevollen Widmung.

Nachdenklich wurde ich, als ich in den folgenden Monaten gar nichts von ihr hörte. Sonst schickte sie mehrmals innerhalb kurzer Zeit Briefe mit Fotos ihres Kleinen.

Erst nach Monaten erfuhr ich, was geschehen war: Kim hatte einen schweren Unfall, bei dem ihr Baby tödlich verletzt wurde. Auch Kim lag lange Zeit auf der Intensivstation, bis sie zumindest körperlich wieder einigermaßen genesen war.

Ich rief sie an, als sie wieder zu Hause war.

„Gila, warum hat mir Gott das angetan?“ schluchzte sie, kaum eines klaren Wortes fähig.

„Nicht Gott hat dir das angetan. Die Seele eures kleinen Samuels wusste, dass sie nur kurze Zeit bei euch sein durfte. Jede Seele sucht sich ihre Lebensumstände und auch die Stunde ihres Heimgangs vorher aus, ob uns das passt oder nicht.“

„Aber das ist doch furchtbar, was wir durchmachen! So ein

süßer lieber kleiner Mensch – und jetzt? Warum bloß? Warum?“ Wieder begleitete Schluchzen ihre Worte.

„Könntest du dir vorstellen, dass Samuel gelebt hat, um Euch ein Zeichen zu geben? Um Euch durch eine neue Aufgabe zu führen? Die Aufgabe zu wachsen und zu reifen? Den Glauben daran zu vermitteln, dass alles im Leben einen Sinn hat?“

„Nein, Gila, das kannst du mir nicht erzählen, dass im Tod meines Babys ein Sinn liegt. Kannst du mir vielleicht sagen, welcher?“

„Im Moment trägt deine Seele Trauer, und das darf auch so sein. Aber bald wirst du die Veränderung spüren, weil du ein sehr sensitiver Mensch bist. Du wirst erkennen, welche Reife für dich und deinen Mann in der Lösung dieser Aufgabe liegt.“

Sie berichtete mir, dass sie sich einer Selbsthilfegruppe für verwaiste Eltern angeschlossen hatte. Im ersten Moment hatte sie dort auch Verständnis und Unterstützung gefunden. In den Wochen darauf hatte sich Kim jedoch von dem immer wieder aufwallenden Leid der anderen distanziert. Sie war – in manchen Gruppen mag das anders sein – in eine Gruppe geraten, in der nur Trauer an der Tagesordnung war und auch nach mehreren Treffen kein Lichtblick am Himmel erschien.

Lange Telefongespräche führte ich mit ihr, in denen ich ihr ganz behutsam den Gedanken der Reinkarnation nahe brachte. Und ich spürte von Mal zu Mal, wie sehr sie diese Gespräche mit mir brauchte.

Als sie mich eine Weile später überglücklich anrief, erkannte ich ihre Stimme kaum wieder: „Gila, es ist ein Wunder geschehen! Du wirst es nicht glauben – es ist ein Wunder geschehen!“

„Was ist passiert? Bitte erzähl!“

„Ich kann’s noch gar nicht fassen. Gila, seit meinen intensiven Gesprächen mit dir ist mir der Gedanke an die Reinkarnation immer vertrauter geworden. Ich habe mir Bücher besorgt und auch mit anderen darüber gesprochen. Plötzlich war es, als ob viele in meiner Umgebung nur auf ein Zeichen von mir gewartet hätten, um mit mir über dieses Thema zu reden.

Ich habe dir doch davon berichtet, dass ich öfters in eine kleine Kapelle gehe und stille Zwiesprache mit meinem Kind halte. Gestern plötzlich – inmitten meiner stillen Meditation mit meinem kleinen Samuel – höre ich eine Stimme: ‚Mom, I am coming back! Ich komme wieder. Ich werde an meinem Geburtstag wieder kommen, damit du weißt, dass ich es bin.“

Eine Gänsehaut überlief mich, so sehr war ich von ihren Worten berührt.

„Das ist wunderbar, Kim! Das ist etwas ganz Besonderes …“

„Ich habe in dem Moment einen solch tiefen Frieden empfunden, das war einfach unbeschreiblich. Gila, ich weiß nun ganz sicher, dass es so ist. Es geht mir auf einmal so gut. Jetzt weiß ich – alles wird gut.“

Lange dachte ich über ihre Worte nach.

Kim hatte mir von ihrer Furcht vor dem Termin der Gerichtsverhandlung gegen den LKW-Fahrer erzählt, der den Unfall durch das Überfahren einer roten Ampel verursacht hatte. Schlagartig sei jetzt auch die Angst, diesem Menschen bald gegenüber zu stehen, von ihr abgefallen. Sie und ihr Mann seien zu der Verhandlung geladen.

Ich erzählte Kim von meiner Einstellung, dass sich jede Seele vor ihrem körperlichen Leben aussuche, wie der besondere Höhepunkt ihres Lebens – nämlich das Nachhause-Gehen, das Ins-Licht-Gehen – ablaufen kann. Ich brachte ihr nahe, wie meiner Meinung nach zwei Seelen einer Seelenfamilie in der

Phase ihres nicht inkarnierten Zustandes in einem Leben Karma ausgleichen können, das sie zuvor aufgebaut haben. Dadurch, indem die eine Seele der anderen hilft, weitere Erfahrungen zu machen, durch die sie wachsen kann. „Karma“ heißt: Ursache und Wirkung strahlen über eine Geburt hin aus. Das Wort Karma bedeutet im Sanskrit eigentlich nur „Handlung“, im philosophischen Denken jedoch wurde dieses Wort auf Aktion und Reaktion, auf Wirkung und Gegenwirkung bezogen, einem Prinzip, dem jedes menschliche Handeln unterworfen ist. Ich möchte das Wort Karma übersetzen mit „vergeltender Rückwirkung“.

Das klingt für manchen Leser vielleicht zu ungewohnt. Aber es kann nicht sein, dass wir die Schuld dieses LKW-Fahrers, der nur eine Sekunde nicht aufgepasst und die rote Ampel überfahren hat, ein Leben lang nicht verzeihen können, weil uns unser Liebstes dadurch genommen wurde. In diesem Fall, bei dem jemand aus Fahrlässigkeit gehandelt hat, sind wir vielleicht noch eher bereit zu verzeihen. Aber was ist mit den Tätern, die bewusst ein Kind quälen oder töten? Ist da ein Verzeihen überhaupt möglich?

Es ist sicher nicht leicht, zu dieser Einstellung zu gelangen. Aber wenn wir uns schon mit dem Gedanken der Reinkarnation beschäftigen, fällt es dann so schwer, uns vorzustellen, dass die Täter im jetzigen Leben vielleicht die Opfer im nächsten Leben sein dürfen, um den Ausgleich vorzunehmen, um Karma wieder abzubauen?

Ein Gedanke, der uns im Moment abwegig erscheinen mag, doch wenn alles auf dem Prinzip von Ursache und Wirkung beruht und eine Ursache in einem Leben nicht aufgelöst werden kann, ist es dann so unlogisch, dass diese im nächsten Leben aufgelöst wird? Dass eine Seele sich genau diese Erfahrung auswählt, um die Dualität zu erfahren, in der wir uns ausgesucht haben zu leben – und zwar hier in der materiellen, körperlichen Welt?

Ich bin überzeugt davon, dass es aus höherer Sicht weder Opfer noch Täter gibt. Es ist vielleicht schwierig zu begreifen, dass sie eine Einheit bilden, vor allem, wenn wir uns in der Opferrolle befinden. Aber auch unser christlicher Glaube fördert dieses Verständnis und deutet darauf hin durch das Bibelwort „Richtet nicht, auf dass ihr nicht selbst gerichtet werdet."

Das soll heißen, dass wir dem Opfer helfen sollten, wo immer wir können, aber wir sollten den Täter nicht nur verdammen.

Am Tag der Gerichtsverhandlung sah Kim den Mann zum ersten Mal, durch dessen Fahrlässigkeit ihr kleiner Sam getötet und sie schwer verletzt worden war.

Zusammengesunken und völlig geknickt saß der Beschuldigte auf der Anklagebank. Die Verhandlung begann.

Da geschah für alle Anwesenden etwas völlig Unerwartetes: Kim stand auf, nahm den kleinen Blumenstrauß, den sie mitgebracht hatte, und ging damit hinüber zu dem Angeklagten.

Jeder im Saal hielt den Atem an, als sie ihm gegenübertrat und mit schlichten Worten sagte: „Ich verzeihe Ihnen."

Sowohl der Richter als auch die Geschworenen hatten Tränen in den Augen, als der Angeklagte Kim voller Dankbarkeit die Hand drückte und vor Rührung kein Wort herausbrachte.

Wie konnte hier noch ein hartes Urteil gesprochen werden, wenn der Mensch, der durch das Ereignis am meisten gelitten hatte, von sich aus zu verzeihen bereit war?

Genau am Geburtstag ihres verunglückten Babys kam dann später – wie ihr vorher angekündigt wurde – ihr zweiter Sohn auf die Welt …

Ein Teilnehmer hatte bereits einen Wochenendkurs bei mir besucht und kam zu meinem Selbsterfahrungsseminar. Ich schätze ihn sehr – stets ein Lachen auf den Lippen, und er half, wo immer er konnte.

Er sprach darüber, dass er seit Jahren an einem unerklärlichen Hautausschlag leide, der einmal mehr, einmal weniger aufträte. Salben würden ihm zwar Linderung verschaffen, aber die Ärzte meinten, es könne bei ihm nur psychosomatisch bedingt sein.

Zum Schluss mache ich stets eine tiefgehende Vergebungsmeditation mit der Gruppe – und da plötzlich erwischte es ihn.

Schon während der Meditation hatte es heftig in ihm gearbeitet, und ich spürte, wie ergriffen er war. Ich ging zu ihm. Tränen quollen aus seinen Augen. Ich nahm ihn in die Arme und schwieg, bis er selbst reden wollte.

Und dann brach es aus ihm heraus: „Dem vergebe ich nicht – nein, dem nicht! Der hat mein ganzes Leben versaut!"

Immer noch hielt ich ihn in meinen Armen, bis ich spürte, wie er langsam ruhiger wurde. „Magst du darüber reden?"

„Ich war zehn Jahre alt", schüttelte es ihn, „als meine Mutter starb – ganz jung. Und ich war dabei …"

Wieder schluchzte er.

„Was ist damals geschehen?"

„Er hat sie umgebracht – vor meinen Augen …"

Ich atmete tief durch. „Da hast du dir aber was ganz besonders Heftiges ausgesucht …"

„Ausgesucht? Nein, Gila! Das kann ich mir nie ausgesucht haben. So etwas Schreckliches suche ich mir nie und nimmer aus", stieß er hervor.

„Als Mensch kann ich dir nur beipflichten. Nie würden wir uns freiwillig aussuchen, so etwas zu erleben, aber als Seele hast du dich dafür entschieden – und zwar bevor du auf diese Welt gekommen bist.“

„Das kann ich mir nicht vorstellen“, sagte er gepresst.

„Egal, ob wir uns das vorstellen können oder nicht, trotzdem werden wir immer wieder durch mediale Übertragungen aus der geistigen Welt darauf hingewiesen. Es bleibt uns jedoch überlassen, uns mit diesem Thema auseinander zu setzen. Ich sehe es mehr als Hilfestellung für unser Leben an, damit es uns leichter fällt, eine solche Situation zu verarbeiten, und nicht unser ganzes Leben lang darunter zu leiden.“

Er schwieg und schien nachzudenken.

„Dann wäre es ja so, dass alles in Ordnung wäre, egal, was Böses auf der Welt geschieht?“

„So kannst du es auch nicht sehen. Wir leben nun mal in der Dualität. Wie sollen wir in der Lage sein, Liebe zu erfahren, wenn wir das Böse nicht kennen gelernt haben? Das heißt jedoch nicht, dass wir alles gutheißen sollen, was geschieht. Es heißt eher, dass wir die Dinge, die wir nicht verstehen, bei denen ein großes ‚Warum‘ im Raum steht, annehmen und dem Verursacher vergeben, was er getan hat.“

„Das kann ich nicht! Nein, das kann ich nicht. Mein Leben lang nicht, das sage ich dir.“ Heftig schüttelte er den Kopf.

„Schau dir deine Haut an. Unsere Seelen wissen mehr als wir Menschen mit unserem begrenzten Bewusstsein. Wie du erzählt hast, können die Ärzte dir nicht mehr weiterhelfen, weil sie diese Krankheit als psychosomatisch einstufen. Hast du das Wort richtig verstanden? Psycho, die Seele, – Soma, der Körper. Wenn deine Seele nicht weiter weiß und bei dir an die Blockade stößt: ‚Nein, ich will nicht vergeben – nie und nimmer!‘, so hat sie nur noch eine Chance, zu ihrem Ziel zu kommen: Sie gibt dir ein körperliches Symptom, das dich immer wieder an den Vergebungsprozess erinnern soll. Hältst du für möglich, dass du vorher schon einmal gelebt hast oder noch weitere Leben vor dir hast?" fragte ich vorsichtig, wobei ich mit meiner Einstellung nie dogmatisch zu sein versuche. „Es ist jedoch völlig unwichtig, ob du es für möglich hältst oder nicht. Das wichtigste ist die Liebe, unerheblich dagegen, ob wir dieses Göttliche Prinzip für ein Leben oder für mehrere anerkennen. Hass und deine Weigerung zu vergeben musst du loslassen, weil sie dein Bewusstsein vergiften."

Nach einer Weile huschte ein feines Lächeln über das vorher noch so verzweifelte Gesicht und ließ die Frohnatur in ihm wieder erkennen.

„Stell dir vor, wir haben einen neuen jungen Pfarrer in unserer Gemeinde. Sonntags, wenn er vor der Gemeinde predigt, hält er sich bedeckt, aber mittwochs bei unseren Gruppenabenden kommt er immer mehr aus sich heraus und lässt schon einmal durchblicken, dass der Gedanke der Reinkarnation nicht unbedingt gegen die Aussage der Bibel spräche, weil doch einige Bibelstellen darauf hinwiesen. Aber was wolltest du mit deiner Frage bewirken?"

„Nun, ich will dich nicht erschrecken, aber wenn du in diesem Leben diese Vergebung nicht vollziehst, also diese Aufgabe nicht schaffst, könnte es dann nicht vielleicht sein, dass dir ähnliche Probleme im nächsten Leben wieder auferlegt wird? So wie wir alle Lernprozesse durchlaufen müssen, um weiter zu kommen in unserer seelischen und körperlichen Entwicklung."

„Hör bloß auf …!" sagte er leise.

„Vielleicht magst du eine Affirmation entwickeln. Sie könnte zum Beispiel lauten:

Ich bin dankbar, dass ich allen Menschen vergeben kann …
Ich lasse alles los, was zwischen mir
und meinem Höheren Selbst steht …
Reine Liebe fließt in mir und bringt alles ins Gleichgewicht …
Ich bin dankbar für alles, was mich weiterbringt
auf dem Wege des Verständnisses und der Vergebung …

„Auch ich habe manches getan und erlebt, worauf ich nicht stolz bin“, sagte ich zu ihm, „was ich nachträglich gern ungeschehen machen würde. Das Negative sitzt in uns allen, und auch ich gebe ihm auch schon mal nach. Ich weiß das. Der Kampf Gut gegen Böse tobt nicht nur irgendwo weit weg, sondern in uns. Aber das Böse ist wie ein Virus oder Bakterien, die krank machen und zerstören können. Jeder von uns braucht konstruktive Selbstkritik, Liebe und Vergebung, die wir geben, aber auch von anderen bekommen. Spür einmal in die Worte hinein“, gab ich ihm zu bedenken, als ich ihn wieder allein ließ.

Ich weiß nicht, was aus ihm geworden ist. Vielleicht war ich eine Spur zu bestimmt – ich sah ihn jedenfalls nicht wieder. Möglicherweise war es nur meine Aufgabe, ihm etwas mitzuteilen, was ihn aufrüttelte, dann war das sicherlich in Ordnung. Erkennen und leben muss es der andere immer selbst. Vielleicht findet er sich in dieser Passage meines Buches wieder, wenn er es liest.

Ich wünsche ihm, dass er letztendlich um seiner selbst willen diesem Menschen vergeben hat, damit seine Seele Ruhe findet und weiter wachsen kann. Und wenn das die Ursache war und dadurch aufgelöst ist, dann verschwindet möglicherweise auch das äußerliche Symptom, sein Hautausschlag.

Ich habe selbst gemerkt, dass vieles logisch erscheint, wenn ich derartiges lese und verinnerliche – und dieses sogar bejahe. Aber in dem Moment, in dem wir selbst betroffen sind oder waren, gehen wir in die tiefen Gefühle der Verletzung, des Schmerzes, der Wut und des Hasses. Da ist dann gar nichts mehr logisch.

In dem Zusammenhang möchte ich ein Ereignis erwähnen, das auch mir vor einiger Zeit fast den Boden unter den Füßen weggezogen hätte. Meine Kinder wurden gerade noch vor Missbrauch bewahrt. Ich möchte hier nicht auf die Situation eingehen, sondern auf das, was ich daraus lernen durfte. Nachdem ich davon erfuhr, ging ich durch alle Phasen der Erstarrung, des Entsetzens, der Wut und auch der Hilflosigkeit. Aber nach und nach lernte ich, was dieses Ereignis mir sagen wollte.

Ich war dem Himmel dankbar, dass ich meinen Kindern auf Anhieb glaubte, was noch stärkeres Vertrauen zueinander schaffte. Jahre zuvor hatte mir derjenige anvertraut, dass er wegen einer ähnlichen Situation bereits vor Gericht stand. Er beschrieb sie jedoch als gemeine Verleumdung der Betroffenen. Meine Kinder hatten von all dem nichts gewusst.

Ich bin dankbar, dass ich immer versucht habe, meinen Kindern das mitzugeben, was sie brauchen, um eines Tages selbständig und lebensfroh sein zu können: Liebe und Vertrauen zu mir.

Kinder, die keine Liebe erfahren, suchen bei sich selbst die Schuld. Sie glauben, sie waren nicht brav genug, haben den Erwartungen der Erwachsenen nicht entsprochen, haben etwas falsch gemacht oder sind nicht liebenswert. Dabei liegt das Problem einzig und allein bei den Erwachsenen, die ihre eigenen Muster auf die Kinder übertragen. Oftmals sind sie mit der Situation überfordert. Sie leiden selbst unter akutem Liebesmangel. Kinder brauchen viel Liebe, um später einmal selbstbewusste, glückliche Erwachsene werden zu können. Sie sind zutiefst darauf angewiesen. Liebesmangel in der Kindheit hinterlässt Spuren, die niemals völlig verschwinden werden.

Als ich später wieder einigermaßen mit meinen Gefühlen im Gleichklang war, spürte ich in mich hinein, was diese Begebenheit mir zeigen konnte. Und siehe da – ich begann zu verstehen.

Ich selbst hatte bis zu dem Zeitpunkt in meinem Leben weder seelischen noch körperlichen Missbrauch erfahren und kannte diesen tiefen Schmerz nur aus Berichten einiger Teilnehmerinnen. Plötzlich wurde ich sensibilisiert und konnte die Erfahrungen der anderen viel besser nachvollziehen als vorher. Dieser Vorfall, so sehr er uns auch aus unserer Harmonie herausriss, war also wieder eine tiefe Erfahrung für mein Leben.

*

Im Mai 2000 lud mich der Fernsehsender PRO7 kurzfristig zu den Dreharbeiten in Deutschland ein, die am Ammersee stattfinden sollten. Ich hatte jedoch ein Seminar an dem Wochenende. So sollte ich die Film-Crew und die Schauspieler erst auf der Film-Premiere in Hamburg wiedersehen.

Anfang Juni rief Tomy an. „Hi, Gila! Unser Film ist soweit fertig!"

„Und?" fragte ich erwartungsvoll. „Wie ist er?"

„Na ja", meinte Tomy etwas zurückhaltend, „mir fehlt noch was. Ich denke, es sind all die Feinheiten, die du in dein Husky-Buch mit eingearbeitet hast."

Wie gut tat mir diese Aussage!

„Und was jetzt?" fragte ich gespannt.

„Mir ist da eine Idee gekommen – und das ist auch der Grund meines Anrufs: Ich möchte dich gern für ein paar Tage nach München einladen. Du schaust dir den Film an. Wir haben die Möglichkeit, dass Barbara dann noch in die einzelnen Szenen, wo es passt, Gedanken hineinspricht, die auch in deinem Buch vorkommen, um uns noch mehr an das Buch anzunähern."

Ein heißes Glücksgefühl durchströmte mich. Genau das hatte auch mir gefehlt.

„Tomy, jetzt kann ich es dir sagen: Es war nicht mehr mein Film. Es war viel zu viel Aggression in dem Verhalten meines Sohnes der Mutter gegenüber – nie sind solche schrecklichen Worte gefallen, wie sie im Drehbuch stehen."

„Ich weiß, Gila", versuchte Tomy mich zu beschwichtigen, „darum will ich die Szenen durch Barbaras Worte, die sie in die Bilder hineinspricht, relativieren."

„Okay", sagte ich erleichtert, „das klingt gut."

Wir machten einen Termin aus, zu dem ich nach München fliegen sollte. Und auf einmal begann ich mich wieder auf den Film zu freuen …

Ingrid wohnte in München und hatte mich für die Zeit meines Aufenthaltes eingeladen. Die Wiedersehensfreude war groß. Nachdem sie mich vom Flughafen abgeholt hatte, brachte sie mich zum Studio, und wir verabredeten uns für den Abend.

Ich freute mich auf Tomy – und auf den Film natürlich, den ich das erste Mal überhaupt hier im Studio in voller Länge sehen sollte.

Dann kam der erhebende Moment. Ich saß ganz still und war auf alles vorbereitet. In den nächsten neunzig Minuten erlebte ich ein Wechselbad der Gefühle – von ganz erhebenden Momenten, atemberaubenden Landschaftsaufnahmen bis hin zu den Szenen, die ich total ablehnte, die mich innerlich erbeben ließen.

Irgendwann war der Film dann zu Ende. In mich versunken, konnte ich lange kein Wort sagen. Niemand sprach mich an. Tomy unterhielt sich leise mit dem Cutter, während ich einfach so dasaß und alles noch nachwirken ließ.

Dann kam wieder Leben in mich. „Okay“, sagte ich rau, „das war er also.“

„Und?“ fragte Tomy erwartungsvoll.

Da ich erkannte, dass nicht mehr viel zu ändern war, versuchte ich das herauszustellen, was mir gefiel. Vor allem hatte ich durch mein Kommen jetzt die Möglichkeit, viele Passagen durch Worte zu erklären, die Barbara in die Szenen sprechen sollte, um den Film noch weicher und von der Aussage her tiefer zu gestalten.

Nach einigen Diskussionen über einzelne Änderungen bot Tomy an, mir eine Kopie des Films mit nach Hause zu geben, um die Worte für die einzelnen Szenen zu kreieren.

Ingrid holte mich abends vom Studio ab. Gemeinsam mit ihrem Mann Raimund verbrachten wir einen wunderschönen Abend und einen weiteren Tag, ehe ich wieder nach Hause flog.

Dort machte ich mich mit Elan ans Werk. Fast eine ganze Woche war ich mit großem Einsatz damit beschäftigt, genau die Zeit zu stoppen, wo die Worte, die ich für die einzelnen Szenen geschrieben hatte, hineinpassten. Voller Freude schickte ich Tomy meinen Vorschlag.

Als ich vier Wochen später noch keine Nachricht von ihm erhalten hatte, rief ich ihn an.

Er teilte mir mit, dass die Produktionsfirma mit seinen Änderungswünschen nicht einverstanden sei und somit alles beim

Alten bliebe. Obwohl er es zu verbergen suchte, spürte ich starke Enttäuschung in seinen Worten.

Für mich war nach diesem Gespräch klar, dass ich mich damit endgültig von dem Film distanzierte. Die Einladung zur Premiere im September in Hamburg nahm ich an, wenn auch mit etwas zwiespältigem Gefühl.

*

Sowohl in meiner Herkunftsfamilie als auch in meiner jetzigen Familie war und ist es üblich, mit Tieren zu leben. Obwohl ich mitten in Bielefeld aufgewachsen bin, gab es bei uns Kaninchen, Hühner, Tauben, Katzen und einen Hund.

Apropos Hund.

„Mom, ich möchte so gern einen Hund", bettelte Rico zum wiederholten Mal. Clever, wie er war, brachte er sogar tiefenpsychologische Argumente mit ins Spiel: „Durch deine Seminare bist du doch so oft am Wochenende nicht da."

„Nun tu mal nicht so, als ob du dann ständig allein wärst", neckte ich ihn und wollte ihn ein wenig ablenken von der Thematik. „Du weißt, dass immer jemand bei dir ist."

„Ja, das ist zwar richtig, aber ich bin jetzt vierzehn. Über kurz oder lang brauchst du keinen Babysitter mehr für mich. Dann wäre es doch super, wenn ich einen Hund hätte. Wir können doch einen aus dem Tierheim holen. Wir haben Fienchen doch damals auch von dort geholt."

Ich erinnerte ihn daran, dass unsere Katze, die seinerzeit zwei Jahre alt gewesen war und nun schon zwölf Jahre bei uns lebte, damals unser einziges Haustier war.

„Du weißt, Rico, dass sich Fienchen nur mit Welpen verträgt. Wir können also nur ein junges Tier nehmen."

Wiederholt hatte ich Rico klargemacht, was ein Hund an Verantwortung für ihn bedeute, und auch, dass er zumindest außerhalb der Schulzeit voll für ihn zuständig sein müsse.

Mit allem war er einverstanden, was mich aber nicht ganz überzeugte. Gern wollte er entweder einen Labrador oder einen Golden Retriever Welpen. Und wenn – dann nur eine Hündin. Wenn er sich bloß entscheiden könnte ...!

Ich hatte ihm jedoch klargemacht, dass es hier nicht um eine Entscheidung zwischen zwei Hunderassen ginge, sondern darum, ob er der Erziehung eines Hundes gewachsen wäre.

Erst die Erfahrung, wie er sich über längere Zeit hinweg ganz intensiv vor und nach der Schule um einen Nachbarshund kümmerte, ließ meine Schutzmauer dann doch etwas bröckeln.

An einem Samstag Morgen schaute ich in die Zeitung. Mich sprang geradezu die Anzeige an: Labrador- und Golden Retriever Mischlingswelpen abzugeben. Eigentlich wäre das die Lösung für Ricos Entscheidungsproblem. Ein reinrassiger Hund musste es sowieso nicht sein.

Ob ich mal anrufen sollte? Rico brauchte ich gar nicht erst zu fragen, er war gleich Feuer und Flamme.

„Los, Mom. Ruf an, bitte! Aber nur ein Weibchen."

Ich sprach mit dem Besitzer, der mir bedauernd mitteilte, ein Weibchen habe er nicht mehr. Das letzte aus dem Wurf sei von einer Frau bereits bezahlt und müsse nur noch abgeholt werden, wenn ihr Mann zum Wochenende zurück sei.

„Geben Sie mir mal trotzdem Ihre Telefonnummer", meinte er. „Manchmal geschieht es, dass doch noch getauscht wird."

Für mich war das ein klares Zeichen. Wir sollten momentan keinen Hund bekommen. Die Zeit war noch nicht reif. In Ricos Augen sah ich jedoch die tiefe Enttäuschung darüber.

Am Donnerstag, den 16. September 2000, waren Dana und ich auf dem Weg nach Hamburg zur Premiere des Films. Für Dana war es ein ganz besonders emotionales Ereignis. Für diesen Tag wurde sie extra von der Schule freigestellt. Ich würde dieses Ereignis sicher ähnlich cool wegstecken wie in Whitehorse, dachte ich zumindest.

„Mom, wie läuft das denn da ab?“ wollte Dana wissen, als wir mit dem Zug Richtung Hamburg fuhren.

„Na ja, ich weiß auch nur, dass ich heute Abend um 17 Uhr im Hotel einen Termin mit der Maske habe.“

„Mit wem?“ unterbrach sie mich

„Das sagt man so. Das ist die Kurzform für Maskenbildnerin. Hinterher wird dann in einem Nebensaal eines Kinos ein Foto-Shooting abgehalten für die gesamte Presse. Gegen 20 Uhr findet im großen Saal des Kinos die Uraufführung statt. Nach der Übertragung gibt’s ein großes Buffet für alle, und es wird fröhlich gefeiert.“

Nachdem wir unser Hotelzimmer bezogen hatten und die Maske ihr Bestes gegeben hatte, ging’s los.

Die ersten Presseleute waren bereits eingetroffen, und es fing an, etwas hektisch zu werden. Da kam Tomy auf uns zu.

„Mädchen, was bist du gewachsen“, neckte er Dana, die er drei Jahre zuvor das erste Mal bei uns zu Hause kennen gelernt hatte, als sie fünfzehn Jahre alt war. Inzwischen war sie eine hübsche junge Frau von 1,83 Meter geworden.

Barbara Rudnik, die bereits von allen Seiten belagert wurde, winkte mir zu. Ich ging zu ihr und stellte ihr Dana vor: „Schau, dass ist aus deinem Filmkind Lizzy geworden.“

Nach und nach füllte sich der Saal. Ziemlich zuletzt traf Heiner mit seiner damaligen neuen Freundin Viktoria ein, die ein Jahr später seine Frau werden sollte.

Ich hatte dafür gesorgt, dass auch unsere beiden hiesigen Tageszeitungen Einladungen zu dieser Premiere bekamen. Damals hatten sie mir geholfen, mein Buch innerhalb kürzester Zeit publik zu machen, nun war es meine Aufgabe, mich dafür zu revanchieren.

Aus irgendeinem unerfindlichen Grund mussten wir alle noch einmal einzeln posieren für die Fotografen. Selbst Dana, die ja nur Gast war, wurde zu ihrer Genugtuung zigmal in allen Posen fotografiert.

Es war ein Erlebnis, als Dana mit der gesamten Filmfamilie Tobias, Willy, Barbara, Heiner und mir fotografiert wurde. Am gleichen Abend gingen diese Fotos noch per Internet in die Redaktionen.

Am nächsten Tag sollte eine Sonderseite über die Filmpremiere erscheinen, unter anderem mit dem interessanten Bild von Dana im Kreise ihrer Filmfamilie.

Und dann kam der große Augenblick, den ich so erwartet und gefürchtet hatte. Wir begaben uns alle in den Kinosaal zur Übertragung des Filmes, der den Titel meines Buches trug.

Während der Vorführung nahm ich einige Male die Hand meiner Tochter, die das erste Mal hautnah mit den Bildern einer Phase ihres Lebens konfrontiert wurde. Sie sah die kleine Lizzy – eines der beiden Zwillingsmädchen – und wusste, das hatte sie alles selbst erlebt. Ihre Rolle war die einzige, die größtenteils authentisch war.

Sie sah im Film die Rolle ihres Vaters, an den sie sich bewusst nicht mehr erinnern konnte. Und sie sah Heiner, der ihn darstellte, zwei Plätze neben sich sitzen. Was muss da alles in ihr vorgegangen sein?

Auch meine Gefühle tanzten Tango. Ich kannte den Film zwar schon, doch hier stellte ich wieder fest, was Energien bewirken. Ich spürte die aufgewühlten Gedanken meiner Tochter – die der Darsteller neben mir – Tomys Erwartung, wie der Film bei der gesamten Presse ankam – meine eigenen heftigen Emotionen nicht zu vergessen. So etwas Intensives hatte ich selten erlebt. Was für eine Situation!

Irgendwann war der Film vorbei. Tosender Applaus brandete auf. Petra, die verantwortliche Dame von PRO7, hielt eine ergreifende Ansprache und bat dann jeden Mitwirkenden auf die Bühne, um ihm einen Blumenstrauß zu überreichen. Auch Dana und ich waren dabei.

Als wir beide uns dann zum Ausgang begaben, spürte ich viele Augen auf uns ruhen. Vielleicht bildete ich mir das auch nur ein, aber wie auch immer, für mich war es in dem Moment Realität. Und diese Realität brachte etwas in mir hoch, was ich nur zu gut kannte, was ganz selten geschah: Ich schluckte, bekam einen Weinkrampf, und das – sehr medienwirksam – direkt am Ausgang.

Ich nahm mir die nächste Brust – egal, ob männlich oder weiblich – und schluchzte hemmungslos. Ich lag bei irgendjemandem im Arm – und weinte und weinte. Es war eine Frau. Sie hielt mich fest, während die anderen an mir vorbei zum Büffet gingen. Ich nahm nichts mehr wahr, nur die hilflose Stimme meiner Tochter, die mich noch nie so gesehen hatte: „Mamilein, was ist denn?" fragte sie wiederholt mit weicher Stimme, sie, die mich sonst immer burschikos „Mom" nannte. Ich war hin.

Als ich mich dann etwas beruhigt hatte, schaute ich meine Trösterin dankbar an. Es war eine Mitarbeiterin von PRO7, die ich vorher gar nicht gekannt und die mich so lieb in ihren Armen gehalten hatte.

Später auf der Toilette versuchte ich, mein ramponiertes

Aussehen wieder aufzufrischen. Viktoria, Heiners Freundin, sah mich mitfühlend an und ließ mich allein.

Einigermaßen gefasst ging ich anschließend zu den anderen in den Saal, wo das rustikale Kanada-Buffet aufgetischt war. Wie liebevoll war alles dekoriert! Der ganze Raum war in Weiß gehalten – überall lag künstlicher Schnee. Kleine Huskies aus Porzellan standen als Dekoration auf den Tischen. Einige Journalisten, die mich sogleich interviewen wollten, bat ich, das auf später zu verschieben. Erst als sich nach und nach mein Appetit wieder einstellte, war dann alles einigermaßen im Lot.

Am Buffet traf ich Tobias Schenke. „Na, mein Sohn“, konnte ich schon wieder lachen. Er schaute mich fröhlich an und fragte: „Gila, wie fandest du den Film?“

„Gewöhnungsbedürftig.“

„Ich auch“, meinte er ehrlich, „die schönste Szene im Film dagegen war für mich die in den Hot Springs. Übrigens, vielen Dank für dein Buch mit der persönlichen Widmung. Ich war ganz überrascht, als ich es von der Produktionsfirma zugeschickt bekam. Inzwischen habe ich es gelesen. Die Art deines Sohnes André, wie er sich euch gegenüber in Wirklichkeit verhalten hat, hätte ich lieber dargestellt.“

„Danke, Tobias,“ entgegnete ich schlicht. Dieser junge Mann von damals neunzehn Jahren hatte mit kurzen Worten all das ausgedrückt, was ich im vergangenen halben Jahr empfunden hatte.

Am nächsten Morgen standen Barbara und ich noch für einige Interviews zur Verfügung, dann ging es schon wieder zum Bahnhof. Zu dem Zeitpunkt wussten wir noch nicht, dass schon ein neues Familienmitglied auf uns wartete.

Im ICE auf halber Strecke nach Bielefeld klingelte mein

Handy, das ich nur für Rico angestellt hatte. Der Hundezüchter, der in der Woche zuvor die Welpen verkaufen wollte, hatte von Rico meine Handynummer erfahren und rief an: „Ich habe wohl den richtigen Riecher gehabt“, meinte er. „Die Familie ist heute hier gewesen, um den Welpen abzuholen. Der Mann hat sich doch für einen Rüden entschieden. Nun ist das Weibchen wieder frei.“

‚O je‘, dachte ich überrascht. ‚Was nun?‘

Ich schwieg eine Weile.

„Sind Sie noch am Apparat?“ vernahm ich seine Stimme.

Als ich die entscheidenden Worte sagte: „Wir kommen heute Abend einmal bei Ihnen vorbei“, wusste ich bereits, dass ich mich in Zukunft wieder an ein Leben mit einem Hund – nein, einer Hündin – gewöhnen durfte.

Kapitel 11

Klage nicht über die Dunkelheit,
zünde eine Kerze an.

(Konfuzius)

Es gibt Ereignisse, die für die Geschichte der Menschheit einen tiefen Einschnitt bedeuten. Von diesem Tag an ist alles anders, als es vorher war.

Ein schöner Herbsttag – ich schalte im Wohnzimmer gegen 16.30 Uhr den Fernseher an, um eine bekannte Talk-Show zu sehen. Ab und zu schaue ich da gern mal hinein. Diverse Male bin ich zu dieser Sendung eingeladen worden, doch habe ich bisher immer abgesagt, weil das jeweilige Thema nicht passte.

Ich bin überrascht, sehe auf die Uhr, denn statt der angesetzten Sendung werden Nachrichten ausgestrahlt – zu diesem Zeitpunkt völlig ungewöhnlich. Ich sehe einen bekannten Nachrichtensprecher, der offenbar völlig durcheinander ist. Nun gibt es Momente, in denen auch die Souveränsten einmal daneben liegen, aber dieser scheint momentan keinen fließenden Satz mehr herauszubringen. Im gleichen Augenblick bin ich sensibilisiert und spüre, dass hier etwas Außergewöhnliches geschehen sein muss. Es dauert nicht lange, und ich erfahre, was los ist.

New York, Dienstag, 11. September 2001, 8.45 Uhr – bei uns 14.45 Uhr. Tausende nehmen ihre Arbeit in den Zwillingstürmen des World Trade Centers im Süden Manhattans auf. Dann geschieht das Unfassbare. Ein Flugzeug rast in den nördlichen Tower. Achtzehn Minuten später – um 9.03 Uhr –

zerschneidet ein zweites Flugzeug den Südturm. Terrorkommandos haben zugeschlagen. Um 9.43 Uhr stürzt ein weiteres Passagierflugzeug auf das militärische Hauptquartier, das Pentagon.

Um 10.05 Uhr stürzt der südliche Turm des World Trade Center ein – dreiundzwanzig Minuten später bricht der Nordturm zusammen. Beim Einsturz werden Tausende von Menschen begraben. Fast zeitgleich explodiert ein viertes Passagierflugzeug über Pennsylvania.

Das war bisher größte der Terroranschlag, den die Welt nun verkraften muss. Die Bilder von den berstenden Türmen, die in Panik und Verzweiflung rennenden Menschen und die Bilder von den Opfern bestimmen über viele Stunden das Programm. Im Moment kann ich diese Geschehnisse nicht einordnen. Meine ersten Gedanken sind: Wer hat Amerika attackiert? Wer ist verantwortlich für diese Taten, in denen Tausende ihr Leben lassen müssen?

Aufgewühlt gehe ich nach oben zu Rico, der sich nach der Schule schlafen gelegt hat. Er ist gerade fünfzehn Jahre alt geworden. Ich wecke ihn:

„Rico, komm mal runter. Es ist eine Katastrophe geschehen."

Rico, ganz abrupt aus seinem tiefen Mittagsschlaf gerissen, versteht nur „Katastrophe". Verschlafen kommt er die Treppe herunter und beginnt, das Wohnzimmer abzusuchen.

„Wo hat Aisha denn hingemacht?"

Ich schaue ihn verständnislos an. Und dann wird mir klar, wie Rico bisher dieses Wort verstanden haben muss. In seiner kleinen Welt war bisher eine Katastrophe, wenn Aisha, unsere Hündin – inzwischen etwas älter als ein Jahr – ins Wohnzimmer gepinkelt hatte, was eigentlich nicht mehr vorkam. Doch nun erkläre ich ihm in kurzen Worten, was geschehen ist.

Auch Dana, vier Jahre älter als Rico, kommt aus ihrem Zimmer. Total betroffen schauen wir uns die Bilder an, die Gefühle, die Erschütterungen, das Entsetzen – die Trauer. Bis zum späten Abend verfolgen meine Kinder und ich die Ereignisse in den USA. Die Meldungen überschlagen sich, und ich kann förmlich die Angst, die dieses Ereignis bei Millionen von Menschen auslöst, spüren. Schlagartig kommen vor allem bei den Menschen, die den Zweiten Weltkrieg noch erlebt haben, die Gefühle und Erinnerungen wieder hoch.

Mich erinnern die Bilder der einschlagenden Flugzeuge in das World Trade Center an Szenen in Katastrophenfilmen. Diese Art Filme faszinieren inzwischen immer mehr Zuschauer. Mit Gruseln und Grauen werden diese Bilder aufgesogen – ein Nervenkitzel, der durch die gewaltigen technischen Möglichkeiten und Animationen stets realistischer wirkt.

Nun sind diese Bilder Wirklichkeit geworden. Niemand hätte je damit gerechnet, dass auch solche Szenen sich in das Unterbewusstsein von Menschen eingraben. Vorstellung schafft Wirklichkeit. Wie viel Wahrheit liegt in diesem Satz!

Mir wird bewusst, wie sehr Amerika leidet und damit unter Zugzwang gesetzt wird. Vergeltung liegt in der Luft.

Am Mittwoch, einen Tag nach dem Anschlag, findet abends unser Gesprächskreis statt. Dieses Treffen erfolgt bereits seit Anfang 1993. Damals haben mich einige Seminarteilnehmer aus unserer Umgebung gebeten, doch ein vierzehntägiges Treffen zu organisieren, bei dem wir Gedanken und Erfahrungen austauschen. Daraus ist ein vertrautes Ritual geworden, aber – wie bei allen Dingen – ist auch hier Veränderung angesagt. Zum Jahresende habe ich meine Gesprächskreisteilnehmer gebeten, in ihren Regionen eigene Gesprächsrunden zu bilden, damit die Teilnehmer, die von weit her kommen, besser integriert werden können.

Bei der Vorbereitung dieses Abends spüre ich in mich hinein: Heute Abend werde ich eine kurze Passage aus dem Buch von Estelle Stead „Die Blaue Insel“, erschienen im Artha-Verlag, vorlesen und dann mit den Anwesenden über den Vorfall sprechen.

Hier schreibt die Verfasserin, wie ihr Vater William T. Stead, der bekannte englische Schriftsteller und Journalist, als Reporter einer Londoner Tageszeitung an der Jungfernfahrt der Titanic teilgenommen hat, um einen Tatsachenbericht über das für unsinkbar erklärte Schiff zu schreiben. Es war jedoch nicht mehr dazu gekommen, denn auch er hatte zu den Opfern jener Unglücksnacht gehört.

Bereits in der auf die Katastrophe folgenden Nacht meldet sich William T. Stead – zeit seines Lebens ein sehr spiritueller Mensch – mit einer medialen Übertragung aus dem so genannten Jenseits, lange bevor von amtlicher Seite die Überlebenden und Vermissten festgestellt werden konnten. Er vermittelt seiner Tochter Estelle seine Eindrücke vom tragischen Ende seines Erdenlebens und was danach kommt. Seine Tochter spürt einen unerklärlichen Drang zu schreiben und erhält als Schreibmedium die Informationen ihres verstorbenen Vaters.

Diese bemerkenswerte mediale Durchgabe ist für Parapsychologen durchaus nichts Ungewöhnliches. Im Laufe der anschließenden Wochen folgen dann weitere Berichte, so dass schließlich anstelle des ursprünglich vorgesehenen Tatsachenberichts ein inhaltsreiches, außergewöhnliches Büchlein als Beschreibung des Übergangs jäh aus dem Leben gerissener Menschen entstand.

Der Grund, weshalb ich gerade an diesem Abend eine kurze

Passage aus dem Buch vorlesen will, ist, dass William T. Stead in seiner Übertragung zu seiner Tochter immer wieder durchblicken lässt, dass diese für Erdenmenschen klar definierte Katastrophe für das Jenseits jedoch eine ganz besondere Situation ist, weil viele Seelen zugleich wieder nach Hause kommen dürfen und Freude darüber herrscht in der geistigen Welt.

An diesem Abend kommen fast alle. Ich gebe zunächst einmal die Diskussion frei und lasse jeden, der möchte, über seine Eindrücke und Gefühle reden. Dann jedoch spüre ich, dass diese Ebene verlassen wird und die Diskussion auszuarten droht in Schuldzuweisung und dass versucht wird, analytisch die politischen Hintergründe aufzudecken.

Ich greife ein mit den Worten: „Alle, die wir hier heute Abend zusammensitzen, sind betroffen und entsetzt über das Geschehen, wie die meisten Menschen auf der Welt. Auch mir geht das so. Nur sollten wir bedenken, dass dies keine Diskussionsrunde ist mit Themen, die in den folgenden Tagen sicherlich en masse über die Bildschirme laufen werden. Unser Ziel dagegen ist es, die Abläufe im Universum zu verstehen, aber nicht, die politischen Verwicklungen aufzudecken."

Danach lese ich eine kurze von mir ausgewählte Passage aus dem vorher erwähnten Buch vor. Die Diskussion entbrennt wieder.

„Aber Gila", entgegnet eine Teilnehmerin, „wir können das doch nicht einfach so hinnehmen mit der Feststellung, dass sich das Jenseits freut über die vielen Tausend Seelen, die mit einem Schlag zurückgekehrt sind – und damit hat sich's erledigt?"

„Nein, das ist damit ganz gewiss auch nicht gemeint. Sowohl das einseitige abgrundtiefe Entsetzen über diesen Vorfall als auch das alleinige Beleuchten der spirituellen Seite bringt keinen Trost und kein Licht in unsere Herzen. Wir leben nun einmal als Menschen in der Welt der Materie, aber als Seelen, die hinter allen Inkarnationen stehen, empfinden wir dieses Nachhausegehen ganz anders als diejenigen, die zurückbleiben. Für die Angehörigen ist eine derartige Katastrophe ein immenser Trauer-, allerdings auch ein Reifungsprozess. Unsere Seelen jedoch, die um all diese Erfahrungen wissen, gehen viel gelassener mit dem körperlichen Ableben um. Sie wissen, dass sie ihr Körperkleid verlassen dürfen und sich – wann immer sie wollen – ein neues Kleid zulegen können.

Vor allem möchte ich uns sensibel machen für die Kraft, die in uns steckt. Wenn wir nicht aufpassen, lassen wir uns allzu leicht ins Mitleid hinein ziehen und verstärken damit das Leid. Wenn wir jedoch verstehen, dass es, wie bei allem im Leben, auch eine andere Seite gibt, so gehen wir ins Mitgefühl hinein. Das wiederum heißt, dass wir, denen die Begriffe Licht und Liebe vertraut sind, wirklich etwas tun können für die Angehörigen der Opfer. Lasst uns diesen Menschen in Gedanken Licht geben und nicht mit Angst weitere Anschläge befürchten.

Immer wieder sind wir in der Falle der Be- und Verurteilung gefangen – auch hier, wo das Urteil offensichtlich so leicht fällt, weil die USA ohne Vorwarnung attackiert worden sind. Tausende von Menschen, die in keinen militärischen Konflikt verwickelt waren, haben ihr Leben lassen müssen."

„Was können wir denn tun?" fragt eine andere Teilnehmerin, wobei ihre Stimme etwas hilflos klingt.

„Ich glaube", antworte ich, „das Beste, was wir für die leidenden Menschen jetzt tun können, ist, dass wir für sie um Kraft beten und ihnen licht- und liebevolle Gedanken senden. Es muss doch möglich sein, dass wir uns abends – und wenn es nur zehn Minuten sind – in die Stille begeben und diese Zeit nutzen, um ihnen durch unsere Kraft Licht in ihre Dunkelheit zu senden. Das ist unsere Aufgabe in dieser Zeit, denn die Welt von morgen erschaffen wir durch das, was wir heute denken und tun. Der Frieden von morgen wird von jedem einzelnen durch seine Gedanken von heute erschaffen. Jeder heutige Gedanke ist wie ein Same, der morgen aufgeht."

Zum Abschluss habe ich eine Meditation ausgearbeitet, die ich für die Gruppe spreche:

Meditation für den Frieden

Ich bin vollkommen ruhig und spüre in mich hinein …
Ich nehme drei tiefe Atemzüge –
drei Atemzüge für Körper, Geist und Seele …
Und während ich tief einatme, atme ich all das ein,
was wichtig für mich ist:
Frieden, heitere Gelassenheit, Vertrauen zum Leben
und zu meinem Lebensplan …
Und wenn ich ausatme, lasse ich all das los, was zwischen mir
und meinem Höheren Selbst steht …
Nun lasse ich meinen Atem kommen und gehen,
wie sanfte Wellen am Ufer des Meeres …

Alles ist friedvoll, vollkommen und ausgeglichen …
Ich akzeptiere und verstehe …
Ich gehe immer mehr in die Erkenntnis hinein, so zu sein, wie
ich geschaffen wurde – vollkommen und ganz …
Ich bin frei von Mustern der Vergangenheit,
die nicht mehr zu mir gehören …
Meine Vergangenheit bestimmt mich nicht mehr,
sondern ich lerne aus ihr …
Ich öffne mich der Weisheit, die Teil dessen ist, das mich schuf
und Teil von mir ist –
und in mir wohnt …
Ich strebe vorwärts, um alte Muster loszulassen …
Je mehr Altes ich loslasse,
desto mehr kann ich Liebe empfangen und geben …
Ich liebe alles so, wie ich mir wünsche, geliebt zu sein …

Ich strebe vorwärts zum Verständnis des Ganzen,
zum Verständnis dafür,
dass wir als Menschen in der Dualität leben …
Ich sehe mich selbst als ein besonderes,
einzigartiges Wesen …
All meine Erfahrungen bilden die Facetten
des besonderen, unvergleichlichen Diamanten,
der ich bin …
Ich sehe mich als Seele
und meinen Körper als Werkzeug für diese Welt …
Denn ich bin ein Kind der Schöpfung
und der liebevollen Energie, aus der ich komme …
Jeden Tag kann ich Gedanken denken,
die meine Lebensinhalte erschaffen
und die ich bewusst auswähle …
Ich erlaube allen, zu wählen, was sie wollen und so zu sein,
wie sie sein wollen …
Ich bin bei allem, was ich tue, ausgeglichen …
Ich bin Meister meines Schicksals …
Ich bin ganz
und gelange immer mehr zur Vollkommenheit dessen,
was ich in Wirklichkeit bin –
ein strahlendes, lichtvolles Wesen …

In diesem Bewusstsein erschaffe ich
mit allen anderen liebevollen Wesen einen heilenden Kreis,
der unseren lichtvollen Gedanken gestattet,
sich auszubreiten und die Menschen mit einzuschließen,
die im Moment tiefes Leid erfahren …

Ich bin Licht und Liebe Gottes
und schließe mich allen anderen Lichtern an …
Ich schließe mich vollständig
an das große, Göttliche Licht an
und stelle alle Menschen,
die diese Göttliche Kraft und den Trost so nötig brauchen,
in diesen heilenden Kreis …
Ich richte meine Gedanken jetzt auf alle Menschen
und auf alle Teile unserer Mutter Erde,
die nicht im Frieden sind …
Ich biete jetzt heilendes Licht und Liebe all jenen an,
die sich danach sehnen …
Ich atme ein
und halte diese Energie tief in meinem Herzen …
Ich schließe diese Menschen und deren Völker
vollständig in mein Herz, in Licht und Liebe,
bedingungslos, ohne irgendeinen Wunsch
bezüglich Wahl oder Ausgang ihrer Situationen,
schließe einfach diese Menschen
und ihr Schicksal, in Licht und Liebe ein …

Und nun stelle ich alle Menschen,
die in irgendeinen Konflikt
auf diesem Planeten verwickelt sind,
wo immer das sein mag, mit in diesen heilenden Kreis …
Ich atme tief ein und verbinde mich mit Göttlicher Liebe …

Und jetzt empfange ich als Teil dieses heilenden Kreises
ebenfalls die Heilung, die ich brauche …

Ich vereine mich jetzt mit dem Licht
und allen anderen Lichtwesen,
die mich ihrerseits bei dieser Handlung unterstützen
und mich in eine sehr machtvolle Heilung
rund um die Welt einschließen …
Ich spüre deutlich, wie der gesamte Planet wie in einer herzlichen Umarmung in Licht und Liebe eingeschlossen ist …
Ich fühle die Heilung und weiß,
dass sie auf der geistigen Ebene schon geschehen ist …
Diese liebevolle Aufgabe habe ich
in Frieden und Verständnis empfangen und ausgeführt – und ich weiß,
wie gut diese lichtvolle Energie unserer Mutter Erde tut …
Ich bin Licht und Liebe Gottes
und kann mit Hilfe dieses Verstehens eins werden mit allen Seelen und durch mein Gebet
Trost und Licht in Herzen hinein geben,
die meines Trostes bedürfen im Diesseits wie im Jenseits …

Und in die heilende Stille hinein sage ich mit leiser Stimme: „Lasst uns durch die folgenden Worte in das Licht der vielen Seelen hineinspüren, die gestern aufgestiegen sind:

Ich bin zur Sonne aufgestiegen.
Ich habe Augenblicke erlebt,
von denen ihr nicht einmal geträumt habt.
Ich bin über Gipfel geflogen,
die nie ein Adler gesehen hat.
Ich habe meine Hand ausgestreckt
und Gottes Gesicht berührt."

In unserer kleinen Stadt hatten sich sechs Tage später über zweihundert Menschen versammelt, um mit einer Lichterkette gegen Gewalt als Antwort auf die Terroranschläge zu demonstrieren.

Josef, unser Hausarzt, islamischen Glaubens mit ägyptischem Vater und deutscher Mutter, hatte mit den hiesigen Kirchen und Vereinen zu einer Friedenskundgebung aufgerufen und gebeten, wir sollten uns vor dem schnellen Urteil hüten, dass durch ein paar Fanatiker ein Feindbild aufgebaut werden könnte.

Die Kinder, die in den USA ein Elternteil verloren haben, seien traurig, verzweifelt und verunsichert. Aber auch die Kinder in Afghanistan, deren Eltern vielleicht in den Krieg ziehen müssten, seien traurig, verzweifelt und verunsichert. Sie alle verbände der gleiche Wunsch: der Wunsch nach Frieden.

Interessant war auch die Aussage unseres Pfarrers: „Die Lichterkette dieses Abends soll neben Trauer und Angst auch eine öffentliche Vergewisserung sein, dass genügend gute Kräfte am Werk sind und die dunklen Kräfte nicht überhand nehmen. Die Gewalt ernährt sich aus sich selbst und lebt von der Gegengewalt. Trotz dieser Lektion wollen Menschen das Rad der Gewalt noch immer mit dem Schwert bekämpfen. Doch schon in der Bibel steht: Wer das Schwert erhebt, kommt dadurch um."

Unsere Aufgabe in dieser Zeit ist es, unsere Herzen in Liebe zu öffnen, damit sich eine starke Energie des Friedens in unseren Herzen und Seelen entwickelt, die in die Welt hineinstrahlt.

Denn alles, was in unserem Inneren in Frieden ist, wird sich auch im Äußeren friedlich sichtbar zeigen. Diese Energien verändern und beeinflussen auch die Welt um uns herum. Und wenn viele Menschen Frieden denken und leben, wird immer mehr von dieser heilenden Energie ins Weltgeschehen hinein gegeben.

Durch unser Denken und Handeln erzeugen wir Energiepotentiale, die sich dann in der Materie manifestieren. Und wir wissen inzwischen, Gewalt findet nicht nur im Äußeren statt. Wie viele Kämpfe fechten wir in unserem Inneren aus. Wie viel Gewalttätigkeit und Verurteilung richten wir jeden Tag gegen uns selbst. Lasst uns zuerst bei uns selbst beginnen, denn Gewalt wird immer Gewalt erzeugen – innen wie auch außen.

Unser eigenes tiefes Innere ist der Kern, wo wir beginnen sollten. In uns selbst, in unserer eigenen Mitte, sollten wir zuerst Veränderungen herbei führen, die in friedvoller Absicht gedeihen können. Wir sollten aufhören, zu verurteilen oder nach Vergeltung zu rufen.

Diese fundamentalistischen Systeme, die in Aufruhr sind und vehement versuchen, Gewalt zu säen und Gewalt zu ernten, sind zur Zeit stark aktiv. Viele Menschen jedoch, die von diesem Konflikt betroffen sind, wollen ganz einfach nicht mehr gegen ihre Nächsten kämpfen, nur weil diese einer anderen Glaubensrichtung angehören. Und nur, wenn unsere Herzen in Frieden sind, werden solche Machtpotentiale nicht mehr diesen Einfluss auf uns haben.

Wie oft verurteilen wir Menschen und Begebenheiten?

Jeder von uns kann sich jedoch für den Frieden und die Liebe entscheiden, damit das Licht der Liebe und des Friedens weithin zu spüren ist für die, die Unfrieden stiften wollen.

Jetzt ist die Zeit für unser Handeln gekommen. Ich glaube fest daran, dass wir uns als Seelen diese Zeit und auch diese

Begebenheiten ausgesucht haben, damit wir begreifen können, welche göttliche Kraft wir haben, indem wir unsere Gedanken mit Licht und Liebe füllen, anstatt uns von der Angst beherrschen zu lassen.

Die andere Seite der Dualität – ich möchte sie bewusst nicht böse oder negativ nennen, sondern den Gegenpol des Lichts – hat sich durch die Terroranschläge in Amerika gezeigt. Und die ganze Welt ist aufgewacht. In dem unsäglichen Leid, das Tausende von Familien getroffen hat, ist jedoch auch ein Hoffnungsschimmer zu erkennen. Dadurch haben wir die Möglichkeit, wieder näher zusammen zu rücken – von Mensch zu Mensch.

Und es ist erstaunlich, wenn wir sehen, wie sehr die Menschen am Ort des Geschehens wieder für einander da sind. Jeder hilft jedem. Prominente, sonst von Body Guards umgeben, wollen einfach nur helfen und teilen in den Straßen von New York Essen aus. Die Menschen schauen überrascht auf, dass plötzlich Nähe von ihnen gelebt wird, wo sonst absolute Distanz angesagt war.

Menschen stehen stundenlang vor den Krankenhäusern an, um Blut zu spenden, und viele müssen sogar unverrichteter Dinge nach Hause gehen. Die Helfer lassen sich auf Wartelisten setzen, um zu zeigen, dass sie für andere da sein wollen. Kann so ein Zustand denn nur durch Katastrophen solchen Ausmaßes erreicht werden?

Du kannst nicht verhindern,
dass ängstliche Gedanken
wie schwarze Vögel deinen Kopf umflattern,
aber du kannst verhindern,
dass sie Nester in dir bauen.

Angst ist ein schlechter Ratgeber, denn wenn wir Angst haben, sind wir getrennt von der Liebe. Lasst uns in der Liebe bleiben, statt in die Angstschreie einzustimmen, die weltweit zu hören sind. Diese Potentiale der Aggression, die durch die Geschehnisse zu spüren sind, spielen ja förmlich mit unseren Ängsten.

Und es war immer schon so: Wenn wir in der Angst sind, sind wir getrennt von Gott, von unserer eigenen Göttlichkeit, von unserem eigenen tiefen Wissen – um die wirklichen Dinge, um die Wahrheit in sich selbst. Menschen in Angst sind sie leicht zu manipulieren und zu steuern.

Wir haben hier ganz klar eine Entscheidung zu treffen, uns zu der Liebe und gegen die Angst zu bekennen. Nur in der Liebe sind wir in der Lage, alles andere, was ihr nicht gleicht, zu überwinden.

Unser körperliches Leben, dessen wir uns hier auf Erden bewusst sind, ist meines Erachtens nur eine kurze Phase im Verhältnis zum großen Ganzen, in das wir eintreten, wenn unser physisches Leben beendet ist. Wir sind weit mehr als das, was in diesem physischen Körper zu sehen ist und hier auf Erden Gestalt angenommen hat.

Indem wir unser ganzheitliches Bewusstsein erkennen, sollten wir uns nicht weiterhin manipulieren lassen von den Mächten, die uns durch unsere Angst an sich binden wollen. Unser Bewusstsein sollte immer mit den Begriffen Licht und Liebe gefüllt sein. Damit verbinden wir uns mit den anderen Menschen auf dieser Erde, die ebenso in Licht und Liebe leben möchten.

Nur wenn wir selbst in Frieden sind, wird dieser Frieden auch nach außen hin alles durchdringen. Wir werden dann mehr und mehr erkennen, was unsere Aufgabe ist: friedvolle Lichtarbeiter zu sein, um Liebe und Licht in die Welt zu bringen.

Lasst uns ruhig und gelassen bleiben und auch den Medien nicht zu viel Aufmerksamkeit schenken. Denn auch sie benutzen unsere Angst, um uns zu beeinflussen.

Ende 2000 gab es den ersten BSE-Fall in Deutschland. Rinderwahnsinn, wie es der Volksmund nennt. Monatelang konnten wir keine Zeitung mehr aufschlagen, ohne auf dieses Thema zu stoßen. Im Jahr 2002 gab es bereits Hunderte dieser Fälle, aber niemand schreibt jetzt mehr darüber. Die Angst der Menschen vor BSE hat also nachgelassen, nicht, weil diese Krankheit ausgerottet ist – das Gegenteil ist der Fall –, sondern weil die Medien es nicht mehr für interessant genug halten, um weiter täglich darüber zu berichten.

In dem Zusammenhang fällt mir ein, dass auch Yildiz, unsere neue Hauswirtschafterin, sensibilisiert war und sich entschied, unsere gesamten Rindfleisch-Tiefkühl-Vorräte zu überprüfen. Sie nahm einen großen Topf und kochte all die schönen Rouladen für Aisha.

„Aber wenn Aisha jetzt BSE bekommt?“ reklamierte Rico äußerst besorgt um seine vierbeinige Gefährtin.

„Ach was, mach dir mal keine Gedanken“, beruhigte ich ihn. „Das wird mit Sicherheit nicht geschehen, weil das Fleisch ein Vierteljahr zuvor gekauft wurde. Yildiz ist nur vorsichtig. Aisha wird sich voller Heißhunger auf die Rouladen stürzen.“

Und an Yildiz gewandt, meinte ich: „Du brauchst das Fleisch nur zu kochen und nicht zu würzen.“

So kam es, dass abends ein großer Topf voll mit gekochtem Rindfleisch bei uns im Kühlschrank stand.

Am nächsten Morgen fragte Yildiz erstaunt: „Gila, hast du Aisha das ganze Fleisch schon gegeben?“

Als ich ihre Frage verneinte, entgegnete Yildiz, der Topf sei aber leer.

Mittags reklamierte Dana, ihre Freunde hätten sich beschwert, dass die Rouladen auch schon mal besser geschmeckt hätten.

Kapitel 12

Der Geist, der allen Dingen Leben verleiht, ist die Liebe.

(Tschu-Li)

Elisabeth, unsere Hauswirtschafterin, war fast sechs Jahre in unserem Haushalt beschäftigt. Ganz zu Anfang ihrer Tätigkeit starb ihr Mann völlig unerwartet. Doch trotz dieses Verlustes begann damit ihre eigene persönliche Veränderung. Ich lud sie zu all meinen Seminaren ein, die sie um vieles weiter brachten. Es war schön für mich, ihre Entwicklung begleiten zu dürfen. Sie wurde mir immer mehr zur Freundin, und wir verstanden uns auch ohne Worte.

Trotzdem spürte ich, dass ihr enormes Arbeitspensum - sie war noch bei einer anderen Familie beschäftigt - sie sehr belastete. Auch ihr eigener Haushalt war noch zu versorgen. So kam es, dass ich Elisabeth nach fast sechs Jahren in Liebe losließ und sie sich für den anderen Haushalt mit kleinen Kindern entschied, die ihr sehr ans Herz gewachsen waren.

Wie ich bereits vorher erwähnte, kam Yildiz zu uns. Sie war in Kurdistan geboren und vor gut einem Jahrzehnt mit ihrer Familie nach Deutschland gekommen. Obwohl Elisabeth uns wirklich eine hervorragende Kraft war, gewöhnten wir uns schnell an Yildiz' unkomplizierte und verantwortungsvolle Art. Sie war ein kleiner Wirbelwind und ruhte nicht eher, bis alles geregelt war.

Sie war ungefähr ein halbes Jahr bei uns, als folgendes geschah: Hochroten Kopfes kam sie eines Morgens zu mir ins

Büro und hielt etwas hinter ihrem Rücken versteckt.
„Gila", meinte sie etwas verschämt, „ich zeig es dir ja nicht gern, aber wir müssen trotzdem mal darüber reden."
‚Na', dachte ich, ‚was kommt denn jetzt?'
Sie hob ein schwarzes Etwas mit spitzen Fingern hoch und hielt es weit von sich.
„Schau dir das einmal an", meinte sie verschämt.
Sie hielt ein Höschen in der Hand, das uns Reni aus Berlin mitgebracht hatte, als Aisha das erste Mal läufig wurde – mit einem überdimensionalen Ausschnitt für Aishas Schwanz.
„Das hab ich in Ricos Zimmer gefunden …"
„Ja, und?" fragte ich unbedarft.
Ungläubig starrte sie mich an. „Und du weißt davon?"
„Ja, natürlich", entgegnete ich und wusste gar nicht, was daran so geheimnisvoll sein sollte.
Yildiz schien weder mich noch die Welt um sie herum zu verstehen. Ihr ganzes Weltbild geriet ins Wanken.
„Und du findest das gut?" hakte sie nach, kurz davor, ihre Fassung zu verlieren.
„Ja klar, auf alle Fälle besser, als wenn eine Spur durchs ganze Wohnzimmer geht. So ist nun mal die Natur …"
Sie schüttelte den Kopf und war sprachlos. Immer noch hielt sie Aishas Höschen in den Fingern – ihre Arme weit abgespreizt, um ihre Gefühle zu offenbaren.
„Yildiz, was ist eigentlich los? Warum bist du so eigenartig?" versuchte ich zu ergründen.
„Na ja", druckste sie herum, „für einen vierzehnjährigen Jungen ist das doch nicht normal. Und du bist damit noch einverstanden. Das verstehe ich nicht!"
Ich starrte sie an – dann das Höschen. Da dämmerte es mir. Einen starken Lachreiz soeben noch unterdrückend, gluckste

ich: „Yildiz, das ist Aishas Höschen, wenn sie läufig ist – keine Reizwäsche für Rico …“

Demonstrativ hielt sie mir plötzlich die Hose hin. „Und das Loch da vorn?“ konterte sie.

„Das ist für Aishas Schwanz – und der sitzt hinten …“

Erst als sie Aisha das Höschen angepasst hatte, ließ sie sich endlich davon überzeugen. Der Rest waren Lachsalven, die immer wieder aufflackerten.

Wie schnell unser Unterbewusstsein auf Worte reagiert, möchte ich anhand folgender Begebenheit aufzeigen. Bereits seit langem lebt Yildiz mit ihrem Mann und ihren beiden Kindern in Deutschland und spricht fließend Deutsch. Ab und zu jedoch kommt bei ihr noch mal ein süßer Versprecher durch, der uns alle zum Lachen bringt.

Sie war noch nicht lange bei uns, als sie fragte: „Gila, können wir etwas später essen? Der Spinat ist noch nicht aufgetaucht.“

Ich schaute sie treuherzig an. „Wo ist er denn?“

„Wer?“ wollte sie wissen.

„Nun, der Spinat.“

„Der ist im Topf, aber noch nicht ganz aufgetaucht.“

Lachend versuchte ich, ihr den Unterschied zwischen dem Begriff „auftauen“ und „auftauchen“ klarzumachen. Sie schien es zu verstehen und bat mich, sie möglichst zu korrigieren, wenn sie einen Fehler machte. Doch mit diesen beiden Ausdrücken stand sie offensichtlich weiterhin auf Kriegsfuß. Mit heiterer Gelassenheit versuchte ich jedes Mal wieder, ihr den Unterschied zu erklären.

Und dann geschah es in einem Seminar bei einer meiner Meditationen. Gerade hatte ich die Teilnehmer in eine tiefe

Entspannung geführt, als ich den folgenschweren Satz sprach: „Und nun erkennst du eine weise Person, die ganz langsam in deiner Vorstellung auftaut."

Es war passiert, ohne dass ich es verhindern konnte. Oftmals hatte ich Yildiz den Unterschied dieser beiden Ausdrücke erklärt und dadurch tief in meinem Unbewussten eine Verbindung geschaffen. Ausgerechnet in dieser Situation hatte ich die Worte selbst durcheinander gebracht.

Im Nachhinein musste ich mir von meinen Teilnehmern die Frage gefallen lassen, ob mir denn meine Kanada-Zeit ein solches Trauma verpasst hätte, dass die weisen Personen immer erst auftauen müssten …

*

Im Dezember 2000 wurde ich vom Süddeutschen Rundfunk zu einer Talk-Runde in die Sendung „Nachtcafé" eingeladen. Die Redaktionsassistentin hatte meine Bücher gelesen. Eine Stunde lang hatte ich mich am Telefon mit Wieland Backes, dem Moderator, unterhalten und ihm etliche Fragen beantwortet.

Irmi hatte sich im Vorfeld um die ganze Abwicklung gekümmert. Sie ist zwar meine Mitarbeiterin, doch inzwischen bestehen auch freundschaftliche Beziehungen zu ihr. Deswegen wurde sie von mir eingeladen, an dem Abend dabei zu sein. So erlebte sie einmal hautnah die Vorbereitungen, die zu einer solchen Sendung dazugehören.

Das Thema des Abends war: Lebensträume zwischen Scheitern und Erfüllung. Als ich erfuhr, wer außer mir an der Runde teilnehmen sollte, war ich überrascht und erfreut. Neben anderen interessanten Gästen traf ich dort Ralph Giordano, den Autor von „Die Bertinis", und Sabriye Tenberken, eine außergewöhnliche junge Frau, die – selbst blind – in Tibet eine Blindenschule für tibetische Kinder gegründet hatte und nun in Deutschland unterwegs war, um auf ihr Werk aufmerksam zu machen und Spenden zu organisieren.

Ich hatte Sabriye ein paar Tage zuvor im Fernsehen erlebt, als sie den Bambi für ihr Werk erhielt. Schon dabei hatte sie mich mit ihrer natürlichen, frischen Ausstrahlung berührt.

Wir trafen uns in der Maske. Ich ging auf sie zu, stellte mich vor und sagte: „Sabriye, ich möchte Sie einfach in die Arme nehmen, so wunderbar finde ich das, was Sie tun und getan haben."

Ich spürte, wie sie sich über meine Worte freute, und wir kamen ins Gespräch. Paul, ihr Lebensgefährte, geleitete sie in die Runde der anderen Gäste. Die Autorin und Psychologin Professor Jäggi war zur Unterstützung des Moderators ebenfalls eingeladen, und dieser hatte mich darauf vorbereitet, dass ich als eine der ersten Gäste über mein Leben sprechen sollte.

„Manche leben so vorsichtig, dass sie wie neu sterben …" begann er mit einem Schmunzeln, „aber für die Menschen, die ich heute Abend eingeladen habe, gilt dieses nicht.

Gila van Delden brach aus ihrem Leben aus, um mit ihrem Traummann im Land ihrer Träume in Kanada ein neues Leben anzufangen. Doch sowohl die Liebesbeziehung als auch der Versuch scheiterten katastrophal.

Heute sagt sie, dieses Scheitern war die Basis für ihr heutiges traumhaftes Leben.

Für Sabriye Tenberken ist das, was für viele ein Traum bleibt, bereits Realität. Von klein auf wollte sie exotische Länder bereisen und Projekte realisieren. Dass sie seit ihrem zwölften Lebensjahr blind ist, hat sie nicht daran gehindert, ihre Träume wahr zu machen. Mit einer Schule für blinde

Kinder fing sie an. Aber die frischgebackene Bambi-Preisträgerin hat noch viel mehr vor.

Ralph Giordano, Publizist und Filmemacher, verdankt seiner Fähigkeit zu träumen vielleicht das Überleben. Als Halbjude von den Nazis verfolgt, überlebte er mit seinen Eltern Bomben, Krieg und Gewaltherrschaft in einem Keller versteckt. Die Kraft dazu gab ihm unter anderem die Vision, darüber das Buch seines Lebens zu schreiben. Ein Traum, den er verwirklicht hat."

Ralph unterbrach kurz: „Wenn ich mich hier so umschaue, wird mir hautnah bewusst, dass ich von Talkrunde zu Talkrunde immer mehr zum ältesten Teilnehmer mutiere."

Seine Lockerheit brachte ihm Applaus. Wieland Backes sprach weiter: „Frau Jäggi sprach generell von Träumen, die realitätsfern seien – so genannte Seifenopern. Frau van Delden, Frau Professor Jäggi hat davor gewarnt. Wenn ich Ihre Geschichte so anschaue, so hat sie ein bisschen was davon, oder? Sie wollten den großen Liebestraum leben mit der großen Liebe Ihres Lebens in Kanada. Jetzt höre ich schon Millionen Frauen an den Empfängern sitzen und sagen: Das will ich auch! Die meisten machen's nicht. Wie sehen Sie das?"

„Um mal Ihren Begriff aufzugreifen", entgegnete ich ruhig, „als Seifenoper habe ich das damals überhaupt nicht verstanden. Es war eine tiefe Leidenschaft zwischen uns. Ich habe den Mann meines Lebens nicht nur zufällig getroffen, sondern ich kannte ihn ja schon sieben Jahre lang."

„Wie haben Sie ihn denn kennen gelernt?

„Dadurch, dass eine feste Freundschaft entstand zwischen zwei Ehepaaren, die sich über die Jahre hinweg auf dieser Ebene gehalten hat. Und ich habe von Anfang an gespürt: Ich muss aufpassen, dieser Mann wird mir sonst gefährlich. Da ich aber ein ebenso tiefes Moralempfinden habe, hätte ich im Grunde genommen die Ebene der Freundschaft nie verlassen, wenn er nicht vorgehabt hätte, sich von seiner Frau zu trennen, egal, wie gefährlich er mir geworden wäre. Wir haben uns 1975 kennen gelernt – und 1981 ist es dann passiert."

„Von wem ging das aus?"

„Von beiden, nicht nur von meiner Seite. Das Gespräch mit mir, dass er sich von seiner Frau trennen wollte, gab eigentlich den Ausschlag. Und da merkten wir beide: Es fängt an zwischen uns."

„Wie haben Sie denn Ihre Beziehung gelebt?"

„Heimlich, was mich sehr belastet hat, vor allem, weil seine Frau nichts davon wusste. Es wurde ein Kind geboren, meine jetzt achtzehnjährige Tochter Dana …"

„Ein Kind von ihm?"

„Ja, und meine Freundin, seine Frau, hat nicht gewusst, dass ihr Mann der Vater des Kindes war. Also das war schon eine starke Geschichte, damals."

„Sie hatten zwei Kinder aus Ihrer Ehe, dann kam dieses Kind, das praktisch auch erst mal in Ihrer Ehe lebte. Irgendwann haben Sie sich dann doch von Ihrem Mann getrennt und versucht, einen Schritt weiter zu gehen, nämlich mit Rainer, Ihrer großen Liebe, noch eine weitere Liebe zu teilen, nämlich ein Leben in Kanada. Sie hatten zu diesem Zeitpunkt schon die berühmten Husky-Hunde, eine gemeinsame Leidenschaft, die Sie verband. Und jetzt kam tatsächlich Kanada – dieses Traumziel – in greifbare Nähe?"

„Diese Auswanderung nach Kanada möchte ich wohl doch mehr als Flucht bezeichnen, und zwar Flucht vor den verletzten Gefühlen meiner Freundin. Irgendwann hat sie es dann erfahren, das war ein halbes Jahr vor der Auswanderung, als es nicht mehr zu verheimlichen war und sie ihn erwischt hatte, als er bei mir war. Das war eine harte Zeit für uns alle. Wir sind danach im September 1985 bei einer Nacht- und Nebelaktion ohne ihr Wissen ausgewandert mit den drei Kindern – zwei aus meiner ersten Ehe, unserer gemeinsamen kleinen Tochter und dreizehn Schlittenhunden, die vom Düsseldorfer Flughafen transportiert wurden. Diese Flucht – und es war für uns eine Flucht – haben wir teuer bezahlt, und zwar damit, dass dieser Traum in der Form geplatzt ist."

„War es so furchtbar in Kanada?"

„Es war zumindest Chaos. Wir haben ja nicht in Toronto oder Vancouver gelebt, also in gemäßigten Bereichen, sondern in Whitehorse, der Hauptstadt der Yukon Territories, 160 Kilometer von Alaska entfernt. Dazu braucht man nicht nur eine positive Einstellung, sondern vor allem warme Unterwäsche, und das hatte ich mir in der Form nicht vorgestellt."

„Es gab Wölfe, es gab Stachelschweine, es gab Kämpfe und letztendlich statt Liebesglück die Depression. Schließlich sind Sie zurück nach Deutschland gegangen. Ist es falsch, Frau Professor, in dieser Form auf einen Liebestraum zu setzen?"

„Ich mische mich nicht gern ein in fremder Leute Liebesgeschichten – zumindest nicht, wenn es nicht professionell ist."

„Also nur gegen Honorar …" grinste Wieland Backes.

„Das auch", lachte sie und wandte sich mir zu, „aber das, was Sie erzählen, ist so problematisch und mit so viel Unsicherheiten versehen, dass man das von vorn herein schon hätte sehen können …"

„Was ist faul an diesem Lebensstil?" hakte Wieland Backes nach.

„Soll ich das wirklich sagen?"

„Ja, bitte!"

„Frau van Delden, Sie machen auf mich einen so aufrichtigen Eindruck. Sie haben sich aber in sehr viel Heimlichkeiten verstrickt. Da spielen sehr große Schuldgefühle zwischen den Partnern und auch den Kindern gegenüber eine Rolle. Ich glaube nicht, dass man so etwas durch eine Flucht lösen kann, sondern dass diese Schuldgefühle vielmals zurückschlagen."

Ich nickte. „Damals habe ich das so ausgedrückt: Man kann auf dem Unglück anderer kein neues Glück aufbauen. Das habe ich ganz klar erkannt und auch, warum ich scheitern musste. In meinem Buch ‚... nicht heulen, Husky!' habe ich es ähnlich ausgedrückt, wie Sie es eben gesagt haben."

Wieland Backes sagte: „Ralph Giordano, Sie möchten etwas sagen?"

„Also, zunächst einmal möchte ich sagen: Ich kann nicht richtig verstehen, wie man eine Frau mit so schönen braunen Augen verlassen kann."

Der Saal tobte vor Gelächter, und Wieland Backes kommentierte trocken: „Damit ist Ralph Giordano von der Kategorie des ältesten zum charmantesten Teilnehmer aufgestiegen ..."

Diese lockere Gesprächsführung täuschte jedoch nicht darüber hinweg, dass sich das Gespräch auf ein Thema zubewegte, das ich höchstens als Einführung erwähnen wollte. Hier jedoch schien es zum Hauptthema zu werden. Ich war unter der Voraussetzung eingeladen worden, mehr über mein heutiges Leben zu berichten als über das, was sich vor Jahrzehnten ereignet hatte.

Denn kaum, dass ich eine Überleitung finden wollte zu meiner jetzigen Lebenssituation, unterbrach mich die Psychologin und versuchte, wieder auf die bereits beschriebene damalige Lebenslage einzugehen. Sie hätte sicherlich mehr Grund dazu gehabt, wenn ich das nicht schon selbst in meinem Husky-

Buch getan hätte. Aber davon wusste sie nichts, so dass sie den Dingen Bedeutung zumaß, die Schnee von gestern waren und die nur einen Schritt auf dem Wege zu meiner heutigen Aufgabe darstellten.

In dem Moment, als ich das merkte, nahm ich mich völlig zurück. Ich dachte, die Sendezeit dieser anspruchsvollen Talk-Runde sei viel zu schade, um sie damit zu vertun. Viel lieber wäre ich auf meine jetzige Tätigkeit der Seminarführung eingegangen.

Ich lauschte vor allem Ralph und Sabriye, hakte ein paar Mal auch bei den anderen Anwesenden nach, aber war nicht mehr bereit, freiwillig irgendetwas von der damaligen Geschichte einzubringen.

Ich spürte selbst die enorme Veränderung, die über Jahre hinweg mit mir geschehen war. Als ich ungefähr zehn Jahre zuvor zu einer der wenigen Talk-Shows, die damals liefen, eingeladen war, habe ich den Moderator noch in der Life-Sendung auseinander genommen, als er mir Fragen stellte, die mir nicht behagten.

Inzwischen genoss ich meine Souveränität und spürte, wie sehr ich mich mittlerweile zurücknehmen konnte; nicht, weil ich nichts zu sagen hatte – im Gegenteil. Es war jedoch offensichtlich, dass in dieser Talk-Runde nur der spektakuläre Teil des Themas meines Husky-Buches wichtig zu sein schien.

Lebensträume! Durch die damaligen Ereignisse hatte ich erkannt: All die Wege musste ich gehen, um dahin zu kommen, wo ich heute bin. Wie gern hätte ich über meine sich seinerzeit immer deutlicher abzeichnende Erkenntnis gesprochen, Seminare leiten zu wollen wie mein Freund Günter Ilse! Schon beim ersten, das ich bei ihm besucht hatte, war ich ganz tief im Herzen berührt worden.

In diesen Minuten entschied ich: Ich muss nicht zu jedem und zu allem etwas sagen. Zuhören ist oft ganz wichtig. Dem Gegenüber das Gefühl zu geben, er hat im Moment meine ungeteilte Aufmerksamkeit. Ich muss nicht immer meine Meinung äußern. Es gibt schon viel zu viele, die fast ununterbrochen reden. Je mehr jemand dahinredet, umso weniger gilt sein Wort. Es ist gut, auch einmal nur zuhören zu können.

Wir alle sind verschieden. Und das ist gut so. Sonst wäre die Welt weniger bunt und interessant. Es wird erst dann schwierig, wenn jemand einem anderen etwas überstülpen will.

Die vielen wohlgemeinten Ratschläge können immer nur die Perspektive des anderen beschreiben. Was im Leben wichtig ist, ist für mich weniger interessant, als zu erkennen, was für *mich* wichtig ist. Ich möchte lernen dürfen – ich möchte meine Erfahrungen selbst machen dürfen. So wie ich in dieser Fernsehsendung freimütig zugab: „Wie anders hätte ich meine Erfahrungen machen können? Wie anders hätte ich das Fernweh nach Kanada stillen können, als es zu leben?“

Darauf kam der etwas flapsige Einwurf des Moderators: „Wo käme man denn da hin, wenn man alles leben wollte!“

Da ist sicherlich etwas dran. Aber die wichtigen Dinge, die ich als meine Lernaufgabe erkenne, die möchte ich selbst leben und mir nicht ein Leben lang sagen müssen: „Warum habe ich immer noch diese verflixte Sehnsucht nach Kanada im Herzen? Warum habe ich nicht wenigstens versucht, ob dieses Land nicht trotzdem meine Heimat werden kann …?!“

Gern höre ich interessanten Menschen zu. Aber ich möchte nicht, dass mir dauernd jemand sagt, was man tut und was nicht. Ich will mich selbst kennen lernen. Ich will leben und suchen, fragen und träumen. Und wenn sich viele meiner Träume erfüllt haben, will ich die Erfüllung meiner Träume genießen und mich nicht durch immer neue Träume und Wünsche von dem Genuss dieser Erfüllung abbringen lassen.

Das heißt nicht: Ich habe keine Träume mehr – sondern ich möchte Zeit haben, meine erfüllten Wünsche zu leben und nicht nach immer neuen Dingen streben, nur um zu besitzen. Ich spürte mittlerweile, wie viel inneren Frieden ich gefunden hatte.

*

Oft hören wir, wie stolz Eltern auf die Entwicklung ihrer Kinder sind.

„Aus unseren Kindern ist etwas geworden“, ist ein Spruch, den wir wohl alle kennen. Was ist damit eigentlich gemeint?

Ich möchte hier mal meine eigene Familienkonstellation beleuchten. Ich habe vier Kinder, die beiden älteren aus der Ehe mit Achim, die beiden jüngeren aus der Verbindung mit Rainer. Zwischen meinen älteren beiden Söhnen erkenne ich jedoch starke Unterschiede.

André, der älteste, unterrichtet als Lehrer in Nome in Alaska. Er wäre – den gesellschaftlichen Maßstäben entsprechend – ein Sohn, bei dem man die bedeutungsvollen Worte anwenden könnte: „Aus ihm ist etwas geworden.“

Nach unserer Auswanderung nach Kanada ist André mit seinen achtzehn Jahren in Whitehorse geblieben und hat für sich allein gesorgt, während Marco, Dana und ich damals zurückgekehrt sind. Rico, mein viertes Kind, wurde später geboren.

André hat sich ganz allein durchgebissen und anfangs durch Nebenjobs selbst für seinen Lebensunterhalt gesorgt. Erst während seines Studiums konnte ich ihn unterstützen, als es mir finanziell wieder besser ging. Ihm gebührt Anerkennung dafür, dass er sich trotz widriger Umstände durchgeboxt und das verwirklicht hat, was er immer wollte.

Marco dagegen lebt ein anderes Leben. Auch er hat seinen Traumberuf. Schon als Kind war sein größter Wunsch, Baggerführer zu werden. Irgendwann, so dachte ich, würde er diesen Wunsch wieder revidieren, so wie Wünsche und Ansprüche sich mit der Zeit ändern. Wie fröhlich und glücklich er jedoch in seinem Beruf war, merkte ich an folgender Aussage, als er eines Abends laut pfeifend nach Hause kam.

„Na“, hatte ich ihn begrüßt, „wie war dein Tag heute?“

„Mom“, hatte er fröhlich erwidert, „mein Job macht mir sehr viel Freude. Ich glaube, ich bin der beste Baggerführer von Ostwestfalen. Weißt du, wenn’s nötig ist, ziehe ich dir mit meinem Bagger sogar ’nen Zahn.“

Doch trotz seiner Fröhlichkeit und meiner Unterstützung zeigte sein Lebensmuster bisher viele unklare oder sogar unkorrekte Zeichen, die nicht unseren gesellschaftlichen Normen entsprechen. Mehrmals wurde er mit Drogen erwischt, nur leichtes Zeug, aber immerhin.

Sucht kommt von Suche. Was suchte Marco? Eine bessere Beziehung zu seinem Vater? Vielleicht überhaupt eine Beziehung zu ihm? In meinem ersten Buch habe ich darüber berichtet, wie unglücklich Marco nach meiner zweiten Auswanderung in Kanada war und allein zurückkehren wollte nach Deutschland, sein Vater wollte ihn jedoch nicht aufnehmen. Marcos Verhältnis zu ihm war seit dem Zeitpunkt gestört. Obwohl beide dann später noch einmal versucht haben, eine kurze Weile zusammenzuleben, endete es in einem Desaster. Beide haben danach den Kontakt zueinander abgebrochen.

Ich erinnere mich an eine Situation, die mir sehr zu denken gab – Marco war da erst ein paar Stunden alt.

Im Gegensatz zu André, der mit ästhetischen sechseinhalb Pfund auf die Welt kam – hübsch anzusehen, schwarze Haare – wog Marco fast zehn Pfund. Seine Glatze machte ihn auch nicht schöner, und er sah aus, als hätte er drei Nasen, so verunstaltet war alles durch die Geburt und durch sein enormes Gewicht. Ein zehn Pfund schweres Baby sieht nun einmal anders aus als ein Baby, das nur die Hälfte wiegt. Ich liebte ihn, wie er war, hielt ihn zärtlich im Arm und flüsterte: „Unser kleiner Buddha."

Zu der Zeit war es noch üblich, dass die Babys den Müttern nur zum Stillen gebracht wurden. Marco wurde an einem Sonntag geboren – und nachmittags war „Show Time", wo sich die Angehörigen um den Schauraum scharten und die Neugeborenen bestaunten.

Achim, mein Mann, stand neben mir. Zuerst wurde ein süßes kleines Mädchen gezeigt. Die Angehörigen waren außer Rand und Band und übertrafen sich mit zärtlichen Komplimenten. „Schau mal, die kleinen Fingerchen – das süße Gesichtchen – die schönen schwarzen Haare ...!"

Noch zweimal ging es so – bis Marco kam ...

Er füllte fast die ganze Scheibe aus. Es ging ein Raunen durch die Menge. „O", sagte einer, „guck dir den mal an! Wem gehört der denn?"

Lachend schaute ich mich um und sah gerade noch, dass Achim sich aus dem Staube machte. Das war zu viel des Guten! Vielleicht hatte es da bereits begonnen zwischen den beiden?

Marco hat sich stets sehr auf mich verlassen, und ich habe dies auch hingenommen, vielleicht sogar mit der Rechtfertigung vor mir selbst: „Wer weiß, was sonst noch passiert wäre...!"

Typisch für ihn war auch sein Umgang mit Geld. Es geschah immer häufiger, dass ihm Zahlungsaufforderungen ins Haus flatterten. 1998 ist er zurückgekehrt nach Kanada und lebt dort als Baggerführer mit seiner Lebensgefährtin Beverly.

Dennoch ist Marco das fröhlichste meiner Kinder. Trotz seiner Schwierigkeiten, die er sich und anderen bereitete, hat er immer guter Laune, ist nie beleidigt und hat stets einen lockeren Spruch auf den Lippen. Wenn ich also jemals sagen müsste: „Aus meinen Kindern ist etwas geworden", so würde ich Marco frohen Herzens mit einbeziehen.

Woher nehme ich den Mut für meine Behauptung? Aus meinem spirituellen Wissen heraus achte ich den Menschen, auch wenn mir sein Weg unverständlich ist oder ich ihn für mich selbst sogar ablehne. Ich kenne das Gefühl zur Genüge, dass man als Elternteil zuerst einmal selbst bei sich die Verantwortung sucht, wenn eines der Kinder einen Weg voller Kurven und Ecken geht.

Es kommen Gedanken wie: Ich hätte mich mehr um ihn kümmern sollen – ich hätte ihm noch mehr Liebe geben sollen – ich hätte ihn mehr unterstützen sollen, usw. Mit dem Wissen, dass jede Seele für ihre Aufgabe die eigene Verantwortung trägt, bin ich heute jedoch nicht mehr bereit, diesen Gedanken in meinem Leben Raum zu geben und eigene Vorwürfe zuzulassen, die meine Bestimmung als Mutter in Frage stellen.

Ich bin überzeugt davon, dass sich unsere Seele vor der Geburt aussucht, was sie erleben will, um weiter in ihre Verantwortung hinein zu wachsen. Sie möchte Dinge erfahren, an denen sie reifen kann.

Es kann doch sein, dass sich eines unserer Kinder einen ganz anderen Lebensweg aussucht als das andere. Wer gibt uns das Recht, darüber zu urteilen, ob ein Leben „verpfuscht" oder für die Gesellschaft „ganz wichtig“ war? Kann es nicht sein, dass wir Liebe und Toleranz lernen sollen, wenn es ein Familienmitglied gibt, das einen anderen Weg geht als den, den die Gesellschaft toleriert?

Natürlich bin ich froh, dass meine anderen Kinder nicht mit dem Gesetz in Konflikt gekommen sind in Hinsicht auf ihr gesellschaftliches Zusammenleben. Sie werden an anderen Aufgaben wachsen.

Ich will hier nur in Liebe auf die unterschiedlichen Lebenswege der Menschen hinweisen. Der eine braucht die *eine* Erfahrung – der nächste wiederum eine *andere*.

Während meines Psychologie-Studiums wurde ich unter anderem mit dem Thema phänomenologische Psychotherapie konfrontiert. Bei dieser auch als systemische Psychotherapie bekannten Methode zeigen sich Resultate, die für die Wissenschaft nicht mehr erklärbar sind, jedoch tatsächlich wirken. Dazu gehört das Thema Familienaufstellungen. Es macht betroffen, aber auch demütig angesichts der erlebten Wucht schicksalhaft wirkender Kräfte.

Bei einer Familienaufstellung kommt überraschend ans Licht, was in Familien krank macht und heilt. Durch das so genannte morphogenetische Feld werden Energien – also Schwingungen – erzeugt, die identisch sind mit den Seelenenergien von Familienmitgliedern verschiedener Generationen.

Bei dieser systemischen Familientherapie geht es darum, herauszufinden, ob jemand innerhalb der erweiterten Familie in die Schicksale früherer Familienmitglieder verstrickt ist. Das kann man durch die Aufstellung der Herkunftsfamilie und auch die der jetzigen Familie ans Licht bringen.

Das Interessante dabei ist, dass hier nur mit Stellvertretern – also Gruppenmitgliedern, die die echte Familie gar nicht kennen – gearbeitet wird. Man sollte selbst einmal eine Familienaufstellung erlebt haben. Erst dann kann man erkennen, wie stark die Gefühle der wahren Familienmitglieder, ob bereits verstorben oder noch am Leben, in dem Moment in die Stellvertreter übergehen, wenn diese in das morphogenetische Energiefeld eintreten.

Rupert Sheldrakes Theorie über morphogenetische Felder besagt, dass Vererbung nicht nur über die Gene stattfindet, sondern auch über ein kollektives Gedächtnis. Jede befruchtete Eizelle besitzt eine potentielle Erinnerung an alles, was jedem Vorfahren jeweils widerfahren ist.

Bert Hellinger spricht vom Familiengewissen, das für Ausgleich und Gerechtigkeit sorgt, unter Umständen auch auf Kosten der Nachfahren, damit das Große, Ganze heil werden kann. Er vermittelt, dass wir nicht nur eine Einzelseele sind, sondern auch als Familieneinheit eine große Seele bilden, die uns in ihren Dienst nimmt.

In der Bibel lesen wir, dass sich die Sünden der Väter bis in die siebente Generation hinein rächen. Durch das Aufstellen der Ursprungs- und Gegenwartsfamilien können generationsübergreifende Verstrickungen aufgedeckt und geheilt werden. Absoluter Respekt und Achtung vor dem, was vorhanden ist, schafft die Atmosphäre, in der die Seele ihre Wahrheit erfahren kann.

Eine Familienaufstellung ist eine tief wirkende, heilende Arbeit, die den Teilnehmern abverlangt, sichere Standpunkte mit Mut zu verlassen und in die Übernahme von Verantwortung einzuwilligen, um durch die Anerkennung dessen, was sichtbar wird, frei zu werden.

Bert Hellinger sagt aus, dass das nochmalige Anschauen von Schicksalsschlägen (Kindestod, Ehebruch, Suizid, Inzest) heilt. Die Wirklichkeit ist freundlich, wenn sie ans Licht kommt, doch im Verborgenen entwickelt sie zerstörerische Wucht.

Nur durch das Wegsehen hat der Schrecken Kraft. Das, was wir fürchten, müssen wir uns anschauen, damit es zu unseren Gunsten wirken kann, denn wer die Furcht überwunden hat, kann klar sehen, was ist, jenseits von Illusionen, Verschleierungen und Einwänden. Indem wir Licht ins Dunkel bringen, können wir sehen, was dort gärt.

Kraft und Frieden erwachsen aus dem Leid, wenn es als Weg der Reife gewürdigt wird. Das Anschauen der Sippe über mehrere Generationen ermöglicht das Erkennen übernommener Gefühle, die fremd bestimmend wirken und unser Leben prägen.

Das Gesetz des Ausgleichs sorgt dafür, dass unterdrückte Gefühle und ausgeschlossene Schicksale von Nachgeborenen übernommen werden, dass sogar Unrecht stellvertretend von Nachkommen gesühnt wird.

Familienaufstellungen machen sichtbar, was unheilvoll wirkt, und sie stellen die verloren gegangene Ordnung wieder her. Durch das Ritual der äußeren Verneigung kommt es zur inneren Aufrichtung.

Durch das Aufstellen wird sichtbar und spürbar, welche Konflikte, wie zum Beispiel Groll auf die Eltern oder schwere Schicksale von Familienmitgliedern, unterschwellig in der Familie herrschen.

Die Ursprünge unserer Gefühle und Verhaltensweisen werden sichtbar und erkannt.

Eigene Verhaltensmuster werden besser verstanden und Verstrickungen können gelöst werden.

Aus der Familie ausgestoßene Mitglieder bekommen ihren Platz und ihre Achtung. Dadurch entsteht eine Ordnung, in der jeder seinen richtigen Platz einnimmt und die tiefe Liebe wieder wirkungsvoll fließen kann.

Aus der Versöhnung mit dem eigenen Schicksal, wie immer es war oder ist, erwächst die Kraft, den eigenen Lebensweg freier und selbst bestimmter zu gehen. Aus anfangs unbeteiligten Zuschauern werden bei einer Familienaufstellung Mitwirkende in einem Drama, das Familie heißt. Ereignisse, die bisher unbedeutend erschienen, erhalten Bedeutung, so wie auch in meiner Familie:

Nach Marcos Geburt erwähnte meine Mutter kurz, dass mein Bruder Jürgen am gleichen Tag geboren war. Es war einer jener seltenen Augenblicke, in denen sie von Jürgen sprach, den ich nie kennen gelernt hatte, da er vier Jahre vor meiner Geburt im Babyalter gestorben war.

Wahrscheinlich hätte ich nie von ihm erfahren, wenn nicht meine Oma mir irgendwann einmal von ihm erzählt hätte. Meine Eltern sprachen nie über ihn, ebenso wenig wie mein fünf Jahre älterer Bruder.

Durch mein beharrliches Fragen erfuhr ich dann als Kind ein paar Einzelheiten. Jürgen war siebzehn Tage nach seiner Geburt im Krankenhaus gestorben. Da ich spürte, wie traurig meine Mutter immer wurde, wenn ich auf ihn zu sprechen kam, lernte ich wie alle anderen, ihn im wahrsten Sinne des Wortes totzuschweigen.

Die Grundordnung eines Familiensystems richtet sich nach dem Gesetz: Wer einmal zu dem System gehört, der hat gleiches Recht auf Zugehörigkeit wie alle anderen auch. Ein Thema der Familienaufstellung ist, dass die nicht gewürdigte Seelenenergie durch das morphogenetische Feld immer noch wirkt und deshalb mit einer anderen Seele verstrickt ist.

Oftmals erkennt man an gewissen Zeichen, mit wem die Verstrickung erfolgt ist. Offensichtlich gibt es ein Gruppengewissen, das alle Mitglieder einer Familie umfasst bis hin zu weiteren Generationen. Wenn einem dieser Mitglieder nun Unrecht geschah, entsteht in dieser Gruppe gesetzmäßig ein unwiderstehliches Bedürfnis nach Ausgleich. Das Unrecht in früheren Generationen wird später noch einmal dargestellt und erlitten, damit es in Ordnung gebracht werden soll, obwohl derjenige von den Verstrickungen, unter denen er stark leidet, oftmals nichts weiß.

Sobald durch die energetische Resonanz der aufgestellten Vertreter klar ersichtlich ist, durch welche Seelenenergie die Verstrickung erfolgt ist, kann sich durch ein liebevolles Ritual eine Heilung vollziehen.

Als ich nun im Zuge meiner Ausbildung selbst eine Familienaufstellung machte, stellte ich meinen Bruder Jürgen durch einen Teilnehmer auf – als Würdigung seiner Seelenenergie. Durch dessen Gefühle und Verhalten erkannte ich plötzlich klar die Verstrickung zu meinem Sohn Marco. Wie Schuppen fiel es mir von den Augen! Dazu noch der gleiche Geburtstag!

Ich gab dieser Seelenenergie durch ein Ritual die Ehre, zu meiner Herkunftsfamilie zu gehören, um damit die Verstrickung zu lösen, die offensichtlich seit langem bestand.

Nach der Aufstellung ging ich dazu über, mir meinen Bruder Jürgen immer wieder vorzustellen, wie er bei mir zu Hause saß und wir uns über unsere Familie unterhielten. Ich empfand plötzlich große Dankbarkeit, noch einen Bruder zu haben, dem ich und der mir sehr zugetan war. Diese gedankliche Vorstellung habe ich des Öfteren vollzogen und stets mit einem Gefühl des Friedens und der Harmonie.

Drei Monate nach dieser Zeit erhielt ich von Marco einen Anruf, dass es ihm plötzlich so gut ginge, er wüsste gar nicht, warum, aber es sei eine große Last von ihm abgefallen. Marco schob es auf seinen Umzug nach Kanada – ich aber wusste, es hatte mit Sicherheit mit dem Lösen der Verstrickungen zu tun, die ganz klar in der Familienaufstellung ersichtlich waren und die durch die ausgleichenden Energien gelöst wurden.

Kapitel 13

Jede Begegnung,
die unsere Seele berührt,
hinterlässt in uns eine Spur,
die nie ganz verweht.
(Lore-Lillian Boden)

Die Verfasserin des obigen Verses rief eines Tages bei mir an und bat um Seminarunterlagen. Sie hatte mein Mutter-Erde-Buch gelesen und erzählte mir, wie stark es auf sie gewirkt habe.

Als unser Büro ihr ein paar Monate später die neuen Termine für das kommende Jahr übersandte, kam unser Brief zurück mit dem Vermerk: „Empfänger verstorben".

Durch unser tiefes Gespräch hat sie meine Seele berührt. Und auch sie hat bei mir einen Eindruck hinterlassen – eine Spur, die nie ganz verweht.

Immer, wenn ich irgendwo in anderen Büchern ein paar Gedanken von ihr lese, denke ich an die lieben Worte, die sie mir über mein Buch gesagt hat. Ich wünschte, ich hätte ihre Verse zu dem Zeitpunkt schon gekannt. Dann hätte ich ihr noch persönlich sagen können, wie viel Tiefe und Trost ihre Worte beinhalten.

Geht es uns nicht manchmal genau so? Einem inneren Impuls folgend, wollen wir einen Menschen besuchen oder anrufen oder ihm irgendetwas sagen, was er uns bedeutet. Wir verschieben es, weil wieder sehr viel wichtigere Dinge dazwischen kommen.

Und dann erreicht uns plötzlich die Nachricht, dass er gestorben ist. „Hätte ich bloß noch …!“ werfen wir uns vor. Jetzt – jetzt sollten wir die Dinge erledigen, bei denen wir innerlich spüren, dass sie wichtig sind.

Ich habe oftmals das Gefühl, dass unsere Zeit zusehends schneller wird, dass wir immer mehr Informationen verarbeiten müssen. Wenn unsere Seele überfordert wird, leidet sie unter Stress, wird krank und vielleicht auch depressiv.

Wie viel können wir unserer Seele zumuten? Wir sollten ihre Signale beachten. Unsere Seele braucht Zeit, um sich auf Neues einzustellen, um sich zu freuen und Glück zu erfahren. Zwischen aller Hektik sollten wir immer auch für Ruhe sorgen. Zeit finden für einen guten Gedanken und etwas Freude. Zeit finden für einen Dank an unsere Eltern und Kinder, an unsere Freunde und Mitarbeiter.

Täglich geschieht es, dass wir völlig unerwartet von einem Menschen Abschied nehmen müssen. Es gibt nie eine Garantie dafür, dass wir den anderen wiedersehen. Wie beglückend ist es dann im Nachhinein, vorher noch ein dankendes, anerkennendes oder sei es auch nur ein klärendes Wort gesprochen zu haben. Um der Harmonie willen sollten wir uns vornehmen, den anderen immer so zu behandeln, als würden wir ihn niemals wiedersehen.

Wüssten wir, dass unser Leben in dieser Welt morgen endet, würden wir den heutigen Tag sicherlich nicht mit Streit vergeuden, geschweige denn, die kostbaren Stunden in beklemmendem Schweigen verstreichen lassen. Nein, wir würden heute einander unsere Fehler und Schwächen nicht mehr vorhalten, würden dem anderen nicht länger vorwerfen, er habe den Streit begonnen. Wenn wir wüssten, dass unser Leben morgen endet, würde jeder von uns heute als erster nachgeben.

Und weil wir nicht sicher sein können, ob unser irdisches Leben morgen endet, sollten wir heute liebevoll miteinander umgehen und versuchen, jede einzelne Minute mit Lachen und Liebe zu erfüllen, damit Fröhlichkeit in unsere Herzen einzieht.

Auch unsere Kinder lernen mehr durch Lob und Ermutigung als durch Tadel und Strafe. Alle Menschen brauchen Anerkennung, so wie die Blumen Sonne und Wasser brauchen. Die Statistik sagt, dass Menschen zehnmal häufiger getadelt als gelobt werden.

Wenn wir uns über einen Menschen freuen, sagen wir es ihm doch einfach! Wenn wir jemandem dankbar sind, drücken wir unseren Dank doch aus! Und wenn jemand seine Aufgabe gut gemacht hat, loben wir ihn doch dafür!

Auch ich bin von tiefer Dankbarkeit erfüllt für die Menschen, die dafür sorgen, dass bei uns zu Hause alles reibungslos läuft. Da ist Irmi – seit langen Jahren mein guter Geist im Büro. Manchen Teilnehmern ist sie auch persönlich bekannt. Sie hat viele Kurse schon selbst miterlebt. Auch Iris, die bereits vorher mit mir zusammengearbeitet hat und zu mir zurückgekehrt ist, oder Yildiz, die uns alle so wunderbar versorgt – allen bin ich unendlich dankbar.

Wenn ich unterwegs bin zu einem Seminar – mein Auto hervorragend gepackt von Irmi oder Iris – verspüre ich des Öfteren eine so tiefe Dankbarkeit den beiden gegenüber, dass ich sie anrufe. Ich sage ihnen dann ganz schlicht, aber aus tiefstem Herzen, wie dankbar ich bin, mit ihnen zusammen arbeiten zu können. Die Freude, die dann entsteht, kehrt in mein eigenes Herz zurück.

Ich sage meinen Mitmenschen, was ich an ihnen schätze. So verstärke ich die guten Eigenschaften in ihnen und auch in mir selbst. Unsere kleine Welt kann nur größer werden, wenn wir uns für unsere Mitmenschen öffnen, für das Miteinander, die Freundschaft und die Liebe. Durch jeden Menschen, dem wir uns liebevoll zuwenden, durch jedes ehrliche Gespräch werden die Begrenzungen in unserer Welt kleiner.

Hilde aus unserem Gesprächskreis hat diesen Ruf von innen her vernommen und ist ihm gefolgt. Durch einen Todesfall in ihrer Familie wurde sie wach, kam kurze Zeit später zu meinem Kurs und entschied sich danach, ihrer Mutter einen sehr offenen, liebevollen Brief zu schreiben.

Sie sagte mir, ihre Mutter sei eine Frau, die ihr Leben lang hart gearbeitet hatte und ihren Kindern gegenüber nur wenig Gefühle zeigen konnte.

Hilde hat die subtile Aussage unseres Seminars begriffen und umgesetzt: Nicht warten, bis der andere etwas tut – selbst tun. Sonst warten beide ein Leben lang auf etwas, das nie mehr geschehen kann.

Sie hat einen außergewöhnlichen Schritt getan und ihrer Mutter einen ungewöhnlichen Brief geschrieben, der voller Liebe und Anerkennung war und zum Schluss die liebevolle Bitte enthielt: „Mutter, lass uns reden – wer weiß, wie lange wir's noch können."

Drei Seiten hat sie ihr geschrieben, wie sehr sie ihre Mutter und all das schätzt, was diese für sie und ihre Geschwister getan hat. Kein Wort darüber, wie sehr sie sich gewünscht hätte, dass ihre Mutter in ihrem Leben mehr Gefühle und Liebe gezeigt hätte. Sie hat begriffen, dass ihre Mutter ihr Bestes gegeben hat, obwohl die Kinder es oft nicht verstanden haben.

Es ist die Erwartungshaltung, die wir durch Vergleiche mit anderen Familien aufbauen. Wer kann es einem Kind verdenken, dass es Vergleiche zieht, wenn es sieht, wie viel mehr an Wärme und offener Zuwendung in anderen Familien gelebt wird? Geradezu zwangsläufig stellt sich dieses Kind bewusst oder unbewusst die Frage: Warum ist das bei uns nicht so? Und dann geraten wir in die Fänge der Enttäuschung, die sich auf Dauer in einem Mangel manifestiert, der so weit führen kann, dass wir uns ungeliebt fühlen.

Für uns alle in unserem Gesprächskreis war es wunderschön mitzuerleben, was bei Hilde daraufhin geschah. Sie hatte ein Blumengeschäft beauftragt, ihrer Mutter diesen Brief mit einem großen Blumenstrauß zu überbringen.

Abends klingelte das Telefon bei Hilde. Wir können uns vorstellen, welche Gefühle, die jahrelang sorgsam unterdrückt wurden, plötzlich zwischen den beiden flossen und eine große Veränderung bewirkten.

Hildes Schwester, die auch beim Gesprächskreis anwesend war, hatte nichts von dieser Aktion gewusst und meldete sich zu Wort: „Ich habe Hilde auf der Fahrt hierher gefragt, ob sie wüsste, was geschehen sei. Unsere Mutter hätte mich heute angerufen, und sie wäre so total anders gewesen als sonst, ich war unwahrscheinlich berührt von ihrer weichen Art. Die kenne ich gar nicht an ihr."

Hilde sagte glücklich: „Ihr könnt euch gar nicht vorstellen, wie erleichtert ich bin, als ob zentnerschwere Gewichte von mir fortgenommen wären. Diesen Brief von mir wird sie aufbewahren und immer wieder lesen."

Mit dieser liebevollen Aktion hat Hilde in erster Linie sich selbst Gutes getan – und natürlich auch ihrer Mutter. Wenn diese irgendwann nicht mehr da sein wird, ist alles zwischen den beiden in Liebe bereinigt.

Was Erlebnisse mit und auch von Teilnehmern betrifft, kann ich voll aus dem Leben schöpfen, wobei die Bandbreite von erschütternd bis kurios reicht.

Sehr zur Freude meiner Teilnehmer lese ich bei meinen dreitägigen Seminaren abends zum Ausklang stets eine entspannende Gute-Nacht-Geschichte vor. Wenn möglich, wird das Licht etwas gedämpft, damit eine heimelige Atmosphäre entsteht.

Bei einer lustigen Weihnachtsgeschichte geschah es, dass mir durch das Dämmerlicht beim Lesen ein Fehler passierte – statt „Verkündigungsengel“ las ich „Verhütungsengel“ vor. Alle hatten ihren Spaß, besonders eine junge Frau, die mit ihrem Freund da war. Dass mich *eine* Wirkung dieses Versprechers jedoch gleich am nächsten Morgen erreichen sollte, konnte ich natürlich nicht ahnen.

Gegen sieben Uhr – ich stand gerade unter der Dusche – klopfte es gegen die Tür meines Hotelzimmers. Zuerst hatte ich es nicht gehört, bis das Klopfen dann lauter wurde.

Tropfnass stieg ich aus der Dusche, nahm ein Badetuch und ging zur Tür. Es musste etwas sehr Wichtiges geschehen sein, sonst würde man mich am Sonntag Morgen um diese Uhrzeit nicht bemühen. Es klopfte noch heftiger.

„Kannst du mal die Tür öffnen?“ bat mich die oben genannte Teilnehmerin, deren Stimme ich jetzt auch erkannte.

„Ich stehe hier und bin pitschnass“, wiederholte ich in der Hoffnung, dass sich ihr Anliegen auf später verschieben ließ. Keine Chance.

„Es ist aber ganz wichtig. Mach doch bitte mal auf.“ Es musste wirklich etwas ganz Besonderes vorgefallen sein, denn sonst würde sie sich nicht so hartnäckig verhalten.

Mit vorgehaltenem Badetuch – zum Abtrocknen war ich gar

nicht erst gekommen – öffnete ich einen Spalt breit die Tür und erblickte die junge Frau, die sehr aufgeregt zu sein schien.

„Was ist denn?“ fragte ich gespannt.

„Gila, kannst du sehen?“

„Wie bitte?“

„Ob du sehen kannst …“

„Im Moment gerade nicht …“, entgegnete ich wahrheitsgemäß, da mir das Wasser meiner nassen Haare unaufhörlich in die Augen rann.

„Das meine ich nicht.“

Ich wusste überhaupt nicht, was sie meinte und welchen Grund es gab, dass sie mich unter der Dusche wegholte und fragte, ob ich etwas sehen könnte. Dann aber kam die Lösung.

„Gila, mein Freund und ich waren heute Nacht zusammen“, druckste sie herum, „und nun weiß ich nicht, ob ich vielleicht schwanger geworden bin.“

Das war’s also! „Und? Wie kann ich euch helfen?“

„Na ja, ich dachte vielleicht, ob du das sehen kannst. Du bist doch sehr intuitiv …“

Ich versuchte, ernst zu bleiben. Für mich war diese Situation schon kurios. Da traute mir jemand ganz besondere Fähigkeiten zu. Ich konnte ihr jedoch nur sagen: „Nein, das klappt bei mir leider noch nicht.“

„Dann muss ich wohl doch zur Apotheke, um mir die Pille danach zu besorgen“, stellte sie schlicht fest, nachdem ich ihr versichert hatte, dass das wohl der sicherste Weg sei.

Berührt hat mich an dieser Episode jedoch, mit welcher Selbstverständlichkeit sie mir derartige Begabungen zutraute und in mir offensichtlich ihren persönlichen Verhütungsengel sah …

Wie lange ist es her, dass wir das tiefe Gefühl hatten, so richtig rundherum zufrieden zu sein mit unserem Leben und all unseren Lebensumständen? Vor kurzem erst? Dann ist es gut. Ist das schon sehr lange her? Dann ist es an der Zeit, dieses schöne Gefühl der inneren Zufriedenheit neu zu beleben. Jeder von uns birgt so schöne Erinnerungen in seinem Unterbewusstsein. Alles, was wir jemals im Leben erfahren haben, ist gespeichert in jenen unbewussten Bereichen unserer Persönlichkeit und kann jederzeit wieder hervorgeholt werden.

Oftmals reicht es schon, wenn wir unseren Körper in eine entspannte Lage bringen und einige Male tief ein und ausatmen. Wenn wir merken, dass wir ganz ruhig werden, atmen wir dreimal tief ein und aus – ganz tief ein und aus.

Nun bitten wir unsere Seele, uns eine besonders schöne Erinnerung zu zeigen. Wir gehen ganz hinein in dieses herrliche Erlebnis und erleben diese Situation mit all ihren überwältigenden Gefühlen noch einmal neu. Solange es möglich ist, sollten wir in dieser wunderbaren Stimmung bleiben. Wir schaffen hier nicht nur einen Moment inneren Friedens, sondern erkennen auch, wie schnell ein neues Programm richtige Ergebnisse zeigt.

Viele von uns glauben, Erfolg und Zufriedenheit hängen von einem gutbezahlten Arbeitsplatz, einem liebevollen Partner oder finanzieller Sicherheit ab. Schauen wir jedoch genauer hin, so erkennen wir, dass für jeden von uns diese Begriffe etwas anderes bedeuten. Wir sind es selbst, die diese Inhalte definieren. Wir reden uns manchmal ein, ohne einen gewissen Menschen, ohne befriedigende Arbeit oder ohne ausreichende Mittel müssten wir zwangsläufig unglücklich sein.

Ich gebe zu, liebevolle Menschen an unserer Seite, eine Tätigkeit im Leben, die uns ausfüllt, und das Gefühl, immer ausreichend Geld zu haben, machen zufrieden. Aber das ist Zufriedenheit im Äußeren. Innere Zufriedenheit heißt für mich, jederzeit den Hebel umlegen zu können, um das anzuschauen, was wir im Leben bereits erreicht haben, uns an die Kraft zu erinnern, die wir nur aktivieren müssen. Das macht für mich echte Zufriedenheit aus, die stets neu belebt werden kann.

Oftmals gehen wir achtlos mit unseren Fähigkeiten und Möglichkeiten um und halten sie für selbstverständlich. Erst ein Verlust führt uns vor Augen, wie wertvoll diese doch waren. Warum sollten wir uns nicht wieder mal bewusst machen, wofür wir dankbar sein können?

Das Glück liegt in uns selbst und nicht in den äußeren Gegebenheiten.

*

Obwohl Reni in Berlin wohnt, also circa 420 Kilometer entfernt von uns, geschieht es des Öfteren, dass sie sich in den Zug setzt, um ein paar Tage bei uns zu sein, oder sie und ihr Mann Harry kommen gemeinsam mit dem Auto zu Besuch, manchmal sogar überraschend.

Am Wochenende genießen wir dann unser ausgiebiges Frühstück – meist ganz leger und locker. Das ist unsere Zeit, und wir unterhalten uns oft ohne jegliches Zeitgefühl.

Auch an diesem Wochenende ließen wir unseren Gedanken wieder freien Lauf. Wir waren schon eine Weile in unser Gespräch vertieft, als es um das Thema spirituelles Wachstum ging.

„Ich glaube nicht, dass man sagen kann: Der eine ist weiter in seiner spirituellen Entwicklung als der andere“, meinte ich nachdenklich. „Für mich sind das Abstufungen, die wir Menschen vornehmen. Wir wollen alles kategorisieren, in Gruppen einordnen, aber in der Göttlichen Ordnung ist alles fließend. Spirituell befinden wir uns nur auf verschiedenen Stufen des Lichtes, und dank unserer Göttlichen Natur sind wir von dem Wunsch erfüllt, Liebe zu leben."

„Ist es nicht so", überlegte Reni, „dass unser menschliches rationales Bewusstsein sich immer wieder in Opposition zu unserem Höheren Selbst befindet? Das mag zwar voll Licht, Klarheit und Liebe sein, dennoch erfolgt ständig ein Kampf des Verstandes gegen die Intuition – Muster von Verletzungen gegen Vertrauen."

Ich ließ Renis Worte eine Weile auf mich wirken und entgegnete: „Wenn wir erkannt haben, uns stets mehr auf unsere Intuition zu verlassen, gelangen wir mehr und mehr zu einem harmonischen Verhältnis zwischen Körper, Geist und Seele. Dadurch entsteht in uns innerer Frieden, der uns die Fähigkeit verleiht, auch anderen zu helfen."

Reni dachte einen Moment nach und meinte dann: „So wie ich in den vergangenen Jahren gelernt habe, die Gesetze der Schöpfung anzuerkennen, wurden mir auch meine kreativen Kräfte bewusst. Das soll heißen, dass ich die Kraft meiner Gedanken einsetzen kann, wenn ich anderen etwas Gutes tun kann. So kann ich dir zum Beispiel mit meinen Gedanken Kraft geben, wenn du – von den Seminaren kommend – die langen Strecken allein nach Hause fährst."

Ich lächelte: „Reni, vergiss dich selbst nicht dabei! Gott hat uns mit diesen Kräften ausgestattet, auch um unser Leben selbst in den Griff zu bekommen. Wenn wir diese Talente nutzen, lernen wir, die Beschränkungen dieses Lebens zu überwinden. Aber du hast Recht: Verstehen wir diese Gesetze richtig, so sind wir besser in der Lage, den Menschen in unserem Umfeld zu dienen. Was immer wir in diesem Leben erreicht haben, ist bedeutungslos, sofern es nicht zum Nutzen anderer geschieht. Unsere Talente und Begabungen wurden uns gegeben, damit wir besser dienen können. Und indem wir unseren Mitmenschen dienen, wachsen auch *wir* spirituell."

Es war schön, gemeinsam locker und gemütlich am Kaffeetisch zu sitzen und so tiefgehende Gespräche miteinander zu führen.

„Über allem steht die Liebe", warf ich ein, „ohne Liebe sind wir gar nichts. Wir sind hier, um einander zu helfen, füreinander zu sorgen, zu verstehen und zu vergeben."

Reni grinste: „Siehst du, Gila, jetzt sagst du es selbst. Aber wenn ich ganz selbstverständlich für euch da bin, dann tust du immer, als sei das etwas besonderes."

Ich lachte leise: „Für mich ist es das auch, dass jemand da ist und einmal für mich sorgt. Und darum danke ich dir jedes Mal dafür."

Reni wechselte das Thema und meinte: „Mich wundert immer, wie du die unterschiedlichsten Menschen in deinen Seminaren annimmst und sich jeder auch in kürzester Zeit integriert und wohl fühlt."

„Weißt du", erwiderte ich, „wir sollten keinen Menschen sofort beurteilen. Sieh mal, meine Teilnehmer kommen von selbst zu mir, sonst würden sie sich nicht anmelden. Und da liegt der Unterschied. Niemand zwingt sie dazu. Jeder wird Liebe und gute Energie annehmen, wenn er will. Indem wir dem anderen unsere Liebe zeigen, wachsen auch wir. Es ist so einfach – ein Lächeln, ein aufmunterndes Wort, für den anderen da sein. Nicht alle Menschen sind sofort liebenswert, doch wenn wir jemanden treffen, der es uns in dieser Hinsicht schwer macht, so geschieht dies oftmals, um uns an etwas in uns selbst zu erinnern, das wir nicht mögen."

„Kein Mensch hat nur gute Seiten", sinnierte Reni und schenkte mir noch Kaffee nach.

Ich schwieg eine Weile, bevor ich fort fuhr:. „Wir Menschen leben in der energetischen Spannung zwischen dem positiven und dem negativen Pol. Das Positive drückt sich aus in Licht, Liebe und Güte – das Negative in Angst, Hass und Verzweiflung."

Aisha, unsere Hündin, stupste mich und forderte ihre Streicheleinheiten. Das lenkte mich kurz von unserem Gespräch ab, und als Aisha dann genug von mir hatte, musste Reni herhalten.

„Das Wissen um die geistigen Gesetzmäßigkeiten", setzte ich wieder ein, „macht uns stark und kreativ. Das Positive zieht Positives an, und das Negative Negatives. Licht strebt zum Licht, und das Dunkel liebt die Finsternis. Wir werden andere anziehen, die ähnliche Gedanken und Verhaltensmuster aufweisen wie wir."

„Doch es ist und bleibt immer noch unsere Entscheidung", warf Reni ein, „welche Art von Gedanken wir hegen."

„Ja, das ist richtig. Gedanken und auch unsere Worte manifestieren sich in unserer Aura, unserem Energiefeld. Selbst Worte sind Schwingungen, die entweder die eine oder die andere Art von Energie erzeugen und anziehen."

Reni dachte einen Moment nach, bevor sie die Frage stellte: „Ist dadurch auch die Wirkung von Affirmationen so stark?"

„Die Wünsche eines Menschen haben eine ähnlich starke Wirkung. Durch die Kraft unserer Gedanken schaffen wir unsere eigenen Lebensumstände. Die Wirkung mag zwar einige Zeit dauern, doch die Ursache wird auf der geistigen Ebene sofort gesetzt. Würden wir die Macht unserer Gedanken und auch die Kraft unserer Worte begreifen, so wären wir sicher vorsichtiger im Umgang mit ihnen. Unsere Begrenzungen und Freuden nehmen ihren Anfang in unserem Bewusstsein. Man kann sagen: Gedanken sind Taten – Vorstellung schafft Wirklichkeit."

Reni sah mich aufmerksam an, als sie die Frage stellte: „Ich frage mich manchmal, warum wissen nicht alle Menschen um die Kreativität ihrer eigenen Gedanken? Warum werden wir erst durch Literatur oder Seminare darauf aufmerksam gemacht?"

„Es wäre besser", entgegnete ich, „es würde bereits in den Schulen gelehrt, dass wir mit der Art unserer Gedanken unsere eigene Realität erschaffen. Menschen, die dieses bereits wissen, sind viel eher in der Lage, durch ihre Vorstellung Neues zu kreieren. Manche haben bereits bei ihrer Geburt diese Gabe. Die meisten Menschen jedoch erhalten früher oder später in ihrem Leben Impulse, sich das Wissen dieser geistigen Gesetze anzueignen.

Gott hat uns den freien Willen gegeben, damit wir wachsen und reifen. Die Verantwortung für unser Tun jedoch liegt bei uns selbst. Die Liebe ist die größte Kraft im Universum. Sie steht über allem."

„Wenn wir nun sehr negative Typen sind, hat das doch auch Auswirkungen auf unsere Gesundheit, oder?"

„Wenn unsere Gedanken überwiegend negativer Natur sind, so kann das schon zu einer Schwächung des körpereigenen Abwehrsystems führen, ganz besonders bei starken Depressionen. Nichts kann unsere Gesundheit derart beeinträchtigen wie eine lang anhaltende Depression. Wenn wir mal unsere eigenen gesundheitlichen Schwächen zurückstellen und uns statt dessen auf die Bedürfnisse anderer konzentrieren, so setzt früher oder später Heilung ein. Das geschieht nach dem Prinzip: Unser Unterbewusstsein kann bei einem Gefühl nicht unterscheiden, ob ich einem anderen etwas wünsche oder mir selbst. Jede Heilung kommt von innen heraus. Wie dankbar können wir doch sein für die Erkenntnis, dass unser eigenes Denken uns aus dem Streit in die Harmonie, aus der Dunkelheit ins Licht, aus dem Hass in die Liebe, aus der Krankheit in die Gesundheit führen kann!

Unser Geist heilt unseren Körper. Ein Arzt mag zwar eine Operation ausführen, doch der Geist bewirkt die Heilung. Die wahren Heiler aller Krankheiten sind die natürlichen Kräfte in unserem Inneren."

„Und wie ist das", wollte Reni wissen, „ist jede Krankheit durch positives Denken zu verhindern?"

„Meines Wissens nicht", antwortete ich, „durch mediale Übertragungen habe ich erfahren, dass die meisten von uns, bevor sie geboren wurden, als Seele selbst die Krankheiten gewählt haben, unter denen sie leiden. Einige haben sich sogar die Krankheit, die ihrem Leben ein Ende setzen soll, ausgesucht."

„Das kann man sich als Mensch gar nicht vorstellen. Wir wünschen uns doch immer Gesundheit und wollen unseren Körper fit halten", gab Reni zu bedenken.

„Das stimmt. Doch als Mensch können wir uns nur selten daran erinnern, dass unsere Seele für ihr Wachstum Aufgaben braucht. Darum stellt sich manchmal die Heilung nicht sofort oder überhaupt nicht ein, weil die Krankheit für unser Wachstum notwendig ist. Alle Erfahrungen sind zu unserem Vorteil, und manchmal sind so genannte negative Erlebnisse wichtig für die Entfaltung unseres Bewusstseins."

„Wenn das die Menschen doch bloß annehmen könnten ...", warf Reni ein.

„In der geistigen Sphäre, noch bevor wir geboren wurden, haben wir große Bereitschaft gezeigt, alle unsere Krankheiten und Unfälle hier auf Erden anzunehmen, um zu immer weiteren Erkenntnissen zu gelangen.

Auch unser Tod ist oftmals so geplant, dass wir daran wachsen können. Meine Mutter ist zum Beispiel jung an Krebs gestorben. Am Ende ist sie mit ihrer Familie ganz anders umgegangen, als sie es jemals zuvor hatte tun können. Die Beziehungen besserten sich, sie wurden geheilt. Meine Mutter war durch ihren bevorstehenden Tod gewachsen. Manche Menschen wählen ihren Tod so, dass sie damit auch einem anderen in seiner Entwicklung helfen können."

*

Im August 2000 lernte ich Konny kennen – eine bemerkenswerte junge Frau von vierunddreißig Jahren, die mit ihrer Freundin Tina zu meinem Seminar kam. Am zweiten Tag sagte mir Konny, dass sie zwei Jahre zuvor an Brustkrebs erkrankt sei. Trotz ihrer damaligen Operation seien vor einigen Wochen neue Metastasen entdeckt worden.

Obwohl sie recht gefasst über ihre Lage sprach, spürte ich doch ihre Sorge, vor allem um ihre noch sehr kleinen Kinder.

In der Zeit danach Gespräch verlor ich sie aus den Augen und war dann angenehm überrascht, als Konny mit ihrer Schwester Beate im Sommer 2001 zu einem unserer Gesprächskreisabende kam.

Kurze Zeit später sollte ein Seminar in der Nähe von Kassel stattfinden, und ich spürte das unerklärliche Gefühl, Konny zu diesem Termin einzuladen. Völlig überrascht von meinen Anruf sagte sie zu.

Als ich sie wieder sah, spürte ich die körperliche Veränderung, die durch die Chemotherapie eingetreten war. Und trotzdem nahm sie tapfer an allen Übungen teil. Gerade ihre feine liebevolle und unauffällige Art war es, die sie so angenehm machte.

Am Abend des ersten Tages saßen die Teilnehmer dicht beisammen auf dem Boden des Raumes und summten das Lied leise mit, das den Tag beschloss. Konny saß etwas abseits. Ich winkte ihr kurz zu – sie rutschte zu mir hin, und ich nahm sie in meinen Schoß. Beide mit dem Gesicht zur Gruppe, hatte ich meine Arme um sie gelegt und wiegte sie zu den eingängigen Tönen ganz sanft hin und her, bis das Lied zu Ende war. In dem Moment spürte ich ganz deutlich, sie würde bald gehen.

Vier Wochen später – es muss Anfang Oktober gewesen sein – rief mich ihre Freundin Tina an.

„Gila, Konny geht es schlecht. Sie liegt im Krankenhaus in Gütersloh. Dein Seminar war wie ein Aufblühen für sie. Sie ist danach mit ihrer Familie kurz in Urlaub gewesen, aber musste dann sofort ins Krankenhaus, weil sie kaum noch Luft bekam. Ich glaube, sie würde sich riesig freuen, wenn du sie mal anriefst."

Ich dankte Tina für ihre Nachricht und rief sofort Konny an.

„Gila, wie schön, deine Stimme zu hören!" sagte sie leise. „Weißt du's von Tina, dass ich hier bin?"

„Ja, Konny, ich weiß, es geht dir im Moment nicht gut geht. Bekommst du genug Luft?"

„Das ist unterschiedlich. Die Ärzte verschaffen mir immer wieder Erleichterung, indem sie mir Wasser aus der Lunge absaugen, dann geht es wieder."

Ich hörte ihr eine Weile zu und fragte dann: „Hast du das Gefühl, dass sich dein Zustand wieder bessert?"

Sie zögerte einen Moment, ehe sie antwortete.

„Es ist schön, dass du so ehrlich fragst und dass ich dir eine klare Antwort geben darf, ohne darüber nachzudenken, ob dich meine Worte traurig machen. Nein, Gila, ich denke, mein Körper ist so krank, dass er langsam vergeht. Ich hoffe nur, dass die Zeit, die mir noch bleibt, nicht so anstrengend sein wird."

„Konny, hast du Angst vor dem, was kommt?" fragte ich sie mit klaren Worten.

„Nein, Gila, dazu habe ich mich zu sehr mit allem beschäftigt. Auch die Seminare haben mir viel Vertrauen zu dem gegeben, was nun auf mich wartet."

„Konny, ich biete dir jetzt etwas an, das aus dem Grunde meines Herzens kommt. Wenn du plötzlich Angst bekommen solltest vor der Dunkelheit und vor dem, was kommt – ruf mich bitte an. Tag oder Nacht. Wenn ich nicht gerade unterwegs bin, komme ich und bin bei dir, bis es dir besser geht. Das Krankenhaus liegt nicht weit entfernt von meinem Wohnsitz. Ich kann schnell bei dir sein."

„Danke, Gila", sagte sie mit schlichten Worten. Und um vielleicht von ihren Gefühlen etwas abzulenken, fuhr sie fort: „Im übrigen lese ich gerade dein Husky-Buch."

„Das Husky-Buch?"

„Ja, ich wollte es eigentlich gar nicht sagen, aber ich habe noch keines deiner Bücher gelesen."

„Auch nicht das Mutter-Erde-Buch?" staunte ich.

„Nein, und jetzt, da ich hier Zeit habe, bin ich dabei, dein erstes Buch zu lesen, und mache dann weiter."

„Du warst bei mir, ohne meine Bücher zu kennen?"

„Ja, komisch nicht? Aber Tina leiht mir auch die anderen, hat sie gesagt."

„Du brauchst sie dir nicht zu leihen. Ich schicke dir die beiden Bücher mit einer persönlichen Widmung."

„Danke, aber das kann ich nicht annehmen."

„So, das kannst du nicht annehmen?" provozierte ich ein wenig. „Könnte es vielleicht sein, dass da ein Problem liegt bei dir? Für alle anderen bist du da – und selbst kannst du nichts annehmen?"

„Ja, wo du's sagst …"

„Konny, jetzt ist deine Zeit. Jetzt darfst du nehmen und tausendfach zurückbekommen, was du gegeben hast. Wenn du nur geben und nicht annehmen kannst, wie willst du es anderen ermöglichen, dass auch sie geben dürfen?"

Sie schwieg einen Moment und sah dann ein: „So habe ich's noch gar nicht gesehen."

„Na, also", schloss ich, „dann freue dich auf die Bücher."

Die Engel-Seminare, die ich leite, fallen meistens in die dunkle Jahreszeit. Hier bringe ich meinen Teilnehmern nahe, wie sehr wir uns auf unsere Engel verlassen können, wenn wir sie direkt ansprechen. Diese Kurse sind nicht nur gedacht für Menschen, die an Engel glauben oder sich bereits mit Engeln beschäftigt haben, sondern vielleicht gerade für Menschen, die daran glauben wollen und sich bisher mit niemandem darüber austauschen konnten.

Im wahrsten Sinne des Wortes beflügelt, kam ich Ende Oktober von diesem Kurs in Vorarlberg heim. Es war, als ob alle Engel im Himmel mir den Weg von dort in den Norden Deutschlands geebnet hatten.

Nach der ersten stürmischen Begrüßung empfing mich Rico mit den Worten: „Da ist ein Paket für dich gekommen."

Neugier lag in seinen Worten, denn er konnte sehr wohl die

geschäftlichen von den privaten Paketen unterscheiden. Ich schaute auf den Absender. Es war Konny.

Voller Erwartung öffneten wir das Paket und packten zwei wunderschöne Porzellanengel aus, die ganz entzückend waren. Tiefe Freude erfasste mich. Sie dankte mir damit für die Bücher und schrieb mir ihre Gedanken über ihr Leben, aber auch, dass sie nun dem Tod näher sei als dem Leben, jedoch keine Angst mehr habe. Diese beiden Engel habe sie gesehen und an mich gedacht. „Zwei Engel für einen Engel“, so schrieb sie.

Am nächsten Morgen rief ich sie im Krankenhaus an.

Sie meldete sich mit den leisen Worten: „Du erwischt mich gerade richtig. Ich bin ein paar Tage zu Hause gewesen und habe dir die Engel von dort gesandt. Es ging mir aber nicht gut. Seit gestern Abend bin ich wieder hier im Krankenhaus.“

„Konny, du glaubst mir, wenn ich dir sage, wie sehr ich mich über deine Engel gefreut habe – und das direkt nach einem Engelseminar! Es passte wieder alles.“

Ich spürte, wie sehr sie sich über meine tiefe Dankbarkeit freute.

Die Wehmut in ihrer Stimme war kaum zu überhören, als sie erwiderte: „Ich wollte so gern beim nächsten Engelseminar in drei Wochen dabei sein, aber das geht wohl nicht mehr.“

„O doch, Konny, du wirst dabei sein, – und nicht nur durch die beiden Engel, sondern du wirst ein Teil von uns sein. Viele Teilnehmer aus deinem Kurs im September sind dort, und unsere Gedanken sind dann ganz stark bei dir.“

Wie sehr Konny ein Teil dieses Seminars werden würde, war uns beiden zu dem Zeitpunkt noch nicht bewusst.

„Gila, ich habe eine Frage an dich, die mich sehr beschäftigt, seit ich deine Bücher lese. Immer wieder sagst du: Wenn du dir Gesundheit wünschst, dann denke Gesundheit, und hol dir das Bild vollkommener Gesundheit vor Augen, wie ein Bildhauer das Bild in seiner Vorstellung hat, welches er aus Stein gestalten will. Halte dieses Bild im Geiste fest – so wirst du Heilung bekommen.

Schau mal, eines ist mir nicht klar: In deinen Kursen arbeiten wir ja stark mit positiven Glaubenssätzen. Immer wieder habe ich die Affirmation geschrieben: ‚Ich bin dankbar für meine vollkommene Gesundheit an Körper, Geist und Seele'. Dann die wunderschöne Meditation am letzten Abend, bei der unsere Kurs-Partner uns all unsere Affirmationen in ganz tiefer Entspannung eingaben! Ich habe so fest an eine Heilung geglaubt. Warum geschieht nun das Gegenteil von dem? Warum geht meine Krankheit unaufhaltsam weiter? Der Arzt hat mir gestern gesagt, dass er nichts mehr für mich tun könne."

Ich konnte Konny so gut verstehen. Für sie musste es wirklich so aussehen, als ob ihre Affirmationen nichts nutzten.

„Du liest gerade das Husky-Buch. Bist du schon an der Stelle angelangt, wo ich für mich Ähnliches erkannt habe?"

„Nein", erwiderte sie etwas erschöpft.

„Ziemlich zum Schluss habe ich einen Satz geschrieben, den ich für mein Leben erfahren durfte und in dem alle tiefen Erkenntnisse meines Lebens liegen:

Die Kraft unserer Gedanken kann nie stärker sein als der Wille Gottes.

(Gila van Delden)

Mit diesem Satz habe ich zwar eine andere Situation beschrieben, aber das Prinzip ist ähnlich. Wir Menschen können noch so viel planen, wenn unser Lebensplan jedoch etwas Wichtigeres für uns bereithält, so wird dieses auch geschehen."

Konny war still geworden, während ich daran dachte, dass es bei mir nicht nur der Glaube, sondern inzwischen eine innere Gewissheit geworden war: Zu dem Lebensplan, den wir als Seele vor unserer Geburt entwerfen, gehört auch die Festlegung der Lebenszeit, die wir auf Erden verbringen wollen. Konnte es nicht sein, dass die ständig von Konny affirmierte Heilung für sie im Gehen lag? Dass die Seele diesen durch Krebs und Chemotherapie derart geschwächten Körper ablegen durfte wie ein Kleid, das verschlissen war? Dass die Seele, die das alles weiß und viel mehr überblickt als unser menschlicher Verstand überhaupt nur erahnen kann, sich vielleicht sogar darauf freute, danach ein neues Kleid, sprich einen neuen Körper, auszusuchen?

Das alles ging mir durch den Kopf während unseres Gesprächs. Konny erwartete von mir Klarheit, wir brauchten einander nichts vorzumachen, und ich sprach ganz behutsam mit ihr über meine Gedanken.

Ich merkte, wie schwer sie atmete, als sie sagte: „Ja, Gila, das kann ich annehmen. Und das macht es mir auch leichter zu gehen."

„Konny, ich wünsche dir viel, viel Kraft und Licht. Ich denke mit viel Liebe an dich. Bis bald. Wenn du möchtest, dann komme ich zu dir."

Dieses Gespräch hatte am Montag, den 29. Oktober, stattgefunden. Zwei Tage später sprach ich in unserem Gesprächskreis über Konny. Hilde, die mit ihr zusammen am Seminar teilgenommen hatte, informierte daraufhin die Gruppenmitglieder, die Konny ein paar Wochen zuvor kennen gelernt hatten.

Am Freitag, den 3. November, rief ich Konny an.

„Ich möchte nicht fragen, wie es dir geht, sondern nur, was deine Kraft macht."

„Es geht, Gila, vielleicht darf ich zum Wochenende nach Hause. Ich möchte so gern, dass du mich zu Hause besuchst, denn die Krankenhausatmosphäre ist doch etwas anderes."

Ich hakte sofort ein: „Schon wieder machst du dir Gedanken um jemand anderen, dass er sich möglichst wohl fühlt. Es geht nur um dich, Konny! Du bist jetzt der wichtigste Mensch überhaupt. Es ist doch völlig egal, wo du bist. Ich besuche dich genauso gern im Krankenhaus."

„Da magst du zwar Recht haben, aber hier bin ich schon etwas egoistisch. Denn es geht auch darum, dass ich mich wohl fühle, wenn ich Besuch habe, und das ist natürlich in meinem eigenen Zuhause."

Ja, das konnte ich verstehen.

„Ich rufe dich von zu Hause aus an, Gila. Kommst du dann?"

„Ja, versprochen! Und ich freue mich sehr auf dich."

Am Samstag, den 4. November rief Konny nachmittags an. Unser Anrufbeantworter war geschaltet.

„Gila, hier ist Konny. Ich bin doch im Krankenhaus geblieben, weil es mir heute den ganzen Tag nicht gut ging. Ich würde mich sehr freuen, wenn du am morgigen Sonntag kämst, so gegen 10 Uhr. Gila, ich würde mich sehr freuen, wenn du es schaffst."

Gleich nachdem ich die Nachricht abgehört hatte, rief ich sie an und sagte ihr, wie sehr ich mich auf den Sonntag Morgen freute.

Ich überlegte, was ich ihr mitnehmen konnte und entschied mich für die CD „Schmetterling", eine von mir geführte Meditation, in der eine Raupe aus ihrem Kokon schlüpft und zum Schmetterling erwacht. Eine Vielfalt von wunderschönen Düften, Farben und Klängen erwartet diesen Schmetterling in seinem neuen Bewusstsein. Es ist eine zauberhafte Meditation, die ein wenig von einer anderen Sphäre erzählt. Auf diese CD hatte ich ihr einen gebastelten Schmetterling aus orangefarbenen Federn gesetzt.

Es war nicht weit zum Krankenhaus. Ich klopfte an ihre Tür und trat ein. Sie teilte sich mit einer anderen Patientin ein Zimmer. Ihr Bett stand direkt am Fenster. Aufrecht saß sie da und freute sich sehr, mich nach fast sechs Wochen wieder zu sehen. Ihr Gesicht war sehr schmal geworden. Behutsam nahm ich sie in meine Arme.

„Gila, es ist schön, dass du da bist.“

Ich spürte, welche Kraft es sie kostete, aufrecht im Bett zu sitzen, und legte ihr ein Kissen in den Rücken und ein weiteres hinter ihren Kopf, damit sie sich anlehnen konnte.

„So, Konny, ich bin gekommen, um dir etwas Gutes zu tun – nicht, dass du denkst, du müsstest mich hier unterhalten.“

Ein feines Lächeln umspielte ihre Lippen, als ich weiter sprach: „Du lehnst dich jetzt zurück, schließt deine Augen und sagst keinen Ton. Lass mich dir einfach mit meinen Gedanken Kraft und Liebe geben.“

Ich nahm ihre Hände, während sie sich zurücklehnte, schloss meine Augen und visualisierte immer wieder in Gedanken Kraft und Liebe. Anfangs spürte ich die Spannung in ihr, aber je mehr gute Energie ich ihr gab, umso mehr entspannte sie sich.

Plötzlich spürte ich, wie sie einschlief – wie schön für sie, zur Ruhe zu kommen, die Spannung völlig loszulassen und einfach nur anzunehmen.

Ihre Bettnachbarin flüsterte mir zu: „Sie hat die ganze Nacht kaum geschlafen. Das tut ihr jetzt sicher gut.“

Ich lächelte und nickte.

Als eine halbe Stunde später eine Schwester hereinkam und ihr eine Tablette brachte, wachte sie auf und fragte, wofür diese sei.

„Etwas zur Erleichterung“, sagte die Schwester.

Konny nahm ihre Pille und schloss erneut die Augen. Es war wunderschön, ihre Hände zu halten, die so schön und zart waren. Und wieder gab ich ihr Kraft, immer wieder.

Das Telefon klingelte. Konny schlug die Augen auf und sprach kurz mit ihrer Mutter.

Ihre Bettnachbarin flüsterte mir währenddessen zu: „Ich leide unter der gleichen Krankheit wie sie. Sie hat mir viel von Ihnen erzählt und von dem, was Sie bei Ihnen erlebt hat.“

Inzwischen hatte Konny aufgelegt und sagte leise: „Übernächste Woche ist dein Engelseminar? Ich bin in Gedanken fest bei Euch, Gila!“

Ihre Bettnachbarin hakte nach: „Nächstes Jahr gehen wir beide zusammen zu dem Engelseminar von Ihnen, versprochen.“

Ich sagte nichts. Auch Konny lächelte fein und schwieg. Da wusste ich, dass sie sogar ihre Bettnachbarin schonte, indem sie nichts, aber auch gar nichts hatte verlauten lassen, wie nah sie ihren eigenen Abschied spürte, um diese Frau nicht zu verunsichern in ihrer Hoffnung.

Als es Zeit war, sagte ich ruhig: „Konny, ich gehe jetzt“, nahm sie lange in die Arme und streichelte ihr Gesicht. „Ich gebe dir von zu Hause viel Kraft und Licht. Wann immer du willst, komme ich wieder.“

„Ja, Gila – danke für alles.“

Ich winkte ihr zu, als ich aus dem Zimmer ging.

Konny ist am nächsten Morgen ins Licht gegangen – voller Frieden, wie ich von Tina hörte.

Am Tag des Begräbnisses um 14.00 Uhr waren meine Gedanken ganz besonders stark bei Konny. Ich hatte mich entschieden, nicht persönlich dabei zu sein, sondern sie aus der Ferne mit meinen Gedanken auf ihrem besonderen Weg zu begleiten.

Zur gleichen Zeit wurde unser Garten winterfest gemacht, und ich brachte die Dahlienknollen in den Keller, wo sie überwintern sollten. Gerade wollte ich die Kiste auf das Kellerregal stellen, als ich darunter eine Unebenheit spürte. Ich hob die Kiste wieder hoch – und sah dort einen kleinen Engel aus Porzellan mit einem kleinen goldenen Bändchen liegen, den ich noch nie vorher gesehen hatte.

„Wer hat denn den Engel hier in den Keller gelegt?“ waren meine ersten Gedanken. Auch nach längerem Nachforschen fand ich keine Antwort auf meine Frage. Keiner, weder meine beiden Kinder, noch Yildiz oder meine Mitarbeiter hatten diesen kleinen Engel dort hingelegt, geschweige denn, ihn überhaupt schon einmal gesehen.

Es würde nichts bringen, mir tagelang den Kopf zu zerbrechen, woher dieser Engel gekommen war. Ich habe aus Erfahrung gelernt, Dinge einfach anzunehmen und Unmögliches für möglich zu halten. So nahm ich den Engel dankbar an als Zeichen dafür, dass es Konny jetzt gut geht. Nun hängt er in meinem Auto und begleitet mich auf allen meinen Wegen.

Eine Woche später fand unser Engelseminar statt. Ich nahm Konnys Bild und die Anzeige ihrer Familie und stellte beides in das Licht unserer Seminarkerze.

Abends machte ich den Vorschlag: „Einige, die Konny kennen, haben mir Briefe für sie gesandt, die mich aber erst nach ihrem Tod erreicht haben. Ich möchte Konny diese Briefe und auch den Brief, den sie in dem Kurs an sich selbst geschrieben hat, heute Abend mit euch zusammen übermitteln.“

Die Anwesenden schauten mich erwartungsvoll an, als ich weiter sprach: „Mit dem Lied, das sie so geliebt hat, werden wir diese Briefe verbrennen und in Liebe an sie denken.“

Es war schon dunkel, als wir uns außerhalb des Hotels zu einem Kreis zusammenschlossen und ein Mantra sangen. Währenddessen hielt ich jeden Brief einzeln in das Licht unserer brennenden Kerze, die ich in der Mitte des Kreises aufgestellt hatte. Ergriffen schauten alle zu, wie der Rauch nach und nach in den Himmel stieg. So wie unsere Seele wieder zurückkehrt in die feinstoffliche Ebene, so gaben wir Konny mit unseren Gedanken und dem Inhalt der Briefe durch dieses Feuerritual Licht und Liebe in die Welt, in der sie jetzt zu Hause ist.

Einem inneren Wunsch folgend, rief ich kurze Zeit später Konnys Mutter Ursula an. Sie freute sich sehr über meinen Anruf und bekam vor Ergriffenheit anfangs kaum ein Wort heraus. Es wurde ein gutes Gespräch zwischen uns. Ganz zum Schluss ihr der Gedanke, mit ihrer Tochter Beate zu mir zu einem Seminar zu kommen.

Dort lernte ich zwei wunderbare Menschen kennen. Und als ich ihnen die Geschichte mit dem kleinen Engel erzählte, standen Tränen in ihren Augen.

Am Sonntag Morgen kamen Ursula und Beate dann zu mir. Ursula sagte leise: „Gila, wir haben in deinen Wagen geschaut und dort den kleinen Engel entdeckt."

„Ja,", sagte ich ergriffen, „dieser Engel heißt Konny für mich. Und ich spüre, dass deine Tochter jetzt bei uns ist und euch beiden sagen möchte: Ihr habt es gut gemacht, eurer inneren Stimme zu folgen. Schaut mal, was sie durch ihr Gehen bewirkt hat, dass ihr beide jetzt hier seid und euch so öffnen könnt."

Des Öfteren habe ich dieses Gefühl, dass eine Seele in der geistigen Dimension für ihre Lieben in unserer Welt mehr tun kann, als wäre sie bei uns geblieben …

Kapitel 14

Ein einziges Wort befreit uns von der Last und den Schmerzen des Lebens. Dieses Wort heißt Liebe.
(Sophokles)

Wir können nur das wirklich genießen, was wir auch bereit sind zu verlieren. Wenn wir nichts loslassen können und uns daran klammern – sei es der Partner oder die Kinder, sei es das Geld oder die Jugend, dann leben wir in ständiger Angst, es zu verlieren. Und die Sorge um den möglichen Verlust verhindert, dass wir uns daran freuen können. Wer etwas loslässt, hat beide Hände frei. Was immer wir festhalten, das hält auch uns fest. Prinzipien, an die wir uns klammern, verhindern oftmals verantwortungsbewusste Entscheidungen.

Ob wir in einer Sache Erfolg haben, hängt nicht bloß von unserem eigenen Glauben ab, sondern auch davon, ob andere uns das zutrauen. Dieses Zutrauen der anderen ist jedoch zum großen Teil nur der Spiegel unseres eigenen Selbstvertrauens und beruht auf der Wirkung, die unsere Persönlichkeit auf andere ausübt. Unsere eigene Bewusstseinshaltung erzeugt das Vertrauen der anderen zu uns und beeinflusst jeden, mit dem wir in Berührung kommen.

Wie können unsere Mitmenschen an uns glauben, wenn wir es selbst nicht tun? Wenn wir an uns und unserem Wert zweifeln, dann strahlen wir Unsicherheit aus. Das ist der Grund, weshalb andere uns nichts zutrauen und wir oft übergangen werden. Je mehr wir an uns selbst glauben, desto mehr glauben andere an uns. Es ist erstaunlich, wie eine selbstbewusste

Haltung andere Menschen beeinflusst – wie rasch sie auf andere ausstrahlt und bewirkt, dass sie zu uns starkes Zutrauen fassen.

Es macht keinen Sinn, sich über das fehlende Vertrauen zu beklagen, sondern wir sollten bei uns selbst beginnen und immer wieder sagen: „Ich schaffe es! Ich habe Vertrauen zu mir und meinem Lebensplan! Was auch immer passiert, ich finde eine Lösung! Ich bin wertvoll! Ich glaube an mich!"

Wir bewundern Menschen, die über ein derart starkes Selbstbewusstsein verfügen. Komme, was an Schwierigkeiten auch kommen mag, sie machen weiter, das Ziel vor Augen.

Es ist gar nicht möglich, jedes Mal genau zu untersuchen, wie weit jemand fähig ist, seinen Auftrag auszuführen. Doch wir spüren sofort anhand seines Energiefeldes, was dieser Mensch über sich selbst denkt, und diese Ausstrahlung seiner Gedanken erzielt die Resonanz, dass auch wir an seine Fähigkeiten glauben.

Wenn wir Frieden in uns haben, so strahlt dieser Frieden auch auf andere aus. Haben wir dagegen schlechte Laune, so scheinen sich alle gegen uns verschworen zu haben: Der einzige Parkplatz wird uns vor der Nase weggeschnappt, dann auch noch Kritik vom Chef – und der Freund ruft auch nicht an, wie versprochen!

Sind wir hingegen bester Stimmung, dann kann uns so leicht nichts erschüttern, und wir können mit den kleinen und großen Herausforderungen besser umgehen.

Innerer Frieden ist der Schlüssel für ein zufriedenes Leben. Zufriedenheit ist eine Geisteshaltung. Da wir verantwortlich sind für unsere Gedanken, bestimmen wir auch unsere Lebensumstände und damit die Qualität unseres Lebens.

Wenn wir unzufrieden sind, erwarten wir von uns oder

anderen nicht manchmal zu viel? Schauen wir vielleicht immer nur auf das, was uns fehlt, und leben dadurch im Mangelbewusstsein?

Ich, beispielsweise, überlege dann, wofür ich besonders dankbar sein kann, und dann steigt das gute Gefühl der Dankbarkeit und der Zufriedenheit wieder an. Ich denke an positive Erlebnisse aus meiner Vergangenheit, indem ich mir immer wieder das Schöne in meinem Leben vor mein geistiges Auge hole und damit visualisiere.

Genauso können wir diese kreative Kraft anwenden, um Ereignisse, die in Zukunft in unser Leben treten sollen, zu erschaffen. Selbst, ohne die geistigen Gesetze zu kennen, bedienen wir uns ganz natürlich und automatisch unserer Gedanken und Gefühle, um unsere Lebensumstände zu erschaffen. Beim Visualisieren bringen wir unsere Ideen, Vorstellungen, Visionen und Träume aus unserer inneren in die äußere Welt.

Wenn wir uns mit der grenzenlosen Fülle unserer Seele oder unseres Höheren Selbst verbinden – wenn wir unseren höheren Qualitäten des inneren Friedens, der Freude und Liebe, dem Wohlbefinden und der Lebendigkeit Ausdruck verleihen und sie ausstrahlen, dann werden wir zur Quelle unserer Fülle, denn wir selbst sind die Quelle unserer Reichtümer – nicht unser Job, unsere Investitionen, unser Partner oder unsere Eltern.

Unsere Gedanken sind materielle Energie. Stellen wir uns unsere Gedanken als Magneten vor. Die Kräfte dieser Magneten strahlen aus in die Welt und ziehen die ihnen entsprechenden Gegenstände und Inhalte an. Alles um uns herum war zuerst ein Gedanke im Bewusstsein eines anderen Menschen, bevor es in unserer Realität zur Existenz kam.

Unsere Gedanken erschaffen das Modell. Unsere Gefühle

laden diese Gedanken mit Energie auf und drängen sie aus unserer inneren in unsere äußere Welt. Je stärker unsere Gefühle sind, desto schneller erschaffen wir uns das, was wir uns vorgestellt haben.

*

Vor langer Zeit lernte ich auf einem Seminar meines Freundes Günter Ilse eine ganz besondere Frau kennen. Sie trug den seltenen Namen Ernestine. Wir mochten uns auf Anhieb, verloren uns danach aber wieder aus den Augen.

Obwohl so lange Zeit vergangen war, ging sie mir nie ganz aus dem Kopf. Des Öfteren musste ich an sie denken. Irgendwann hatte ich auch versucht, sie telefonisch zu erreichen – leider erfolglos.

Gedanken sind Kräfte, das wissen wir inzwischen – und auch meine Gedanken, die ich Ernestine ab und zu schickte, müssen bei ihr Ähnliches bewirkt haben.

Eines Tages schellte im Büro das Telefon. Irmi nahm das Gespräch an und fragte mich, ob sie eine Dame durchstellen könne, deren Namen ich noch nie gehört hatte. „Sie sagt, sie kennt dich von einem Seminar, das ihr zusammen besucht hättet."

Ich konnte mich zwar nicht erinnern, war aber neugierig, wer sie sein konnte.

Es war Ernestine! Ihr Familienname hatte sich inzwischen geändert, darum hatte ich bei meinen Nachforschungen auch keinen Erfolg gehabt.

Ich war glücklich, sie nach mehr als einem Jahrzehnt wieder zu hören. Es war, als ob wir uns erst gestern zuletzt gesprochen hätten.

„Gila“, sagte sie, „du machst doch inzwischen selbst Seminare. Könntest du mir einmal ein Programm schicken?“

„Aber ja“, freute ich mich, „das wäre wunderschön, dich nach so langer Zeit wieder zu sehen.“

Wir unterhielten uns noch eine Weile über unseren gemeinsamen Freund Günter. Mit Betroffenheit reagierte sie auf die Nachricht, dass seine Frau Röschen einige Monate zuvor von ihm gegangen war.

Kurze Zeit später schickte Ernestine ihre Anmeldung zu einem Kurs, den ich im Oktober 2000 in der Nähe von Salzburg abhalten sollte. Margit, eine gute Bekannte von ihr, wollte sie begleiten. Und so freute ich mich auf das Wiedersehen nach über zehn Jahren.

Im Kurs erfuhr ich, dass Margit einige Zeit zuvor einen ihrer beiden Söhne durch Krankheit verloren hatte. Vieles konnte sie hier aufarbeiten. Direkt danach rief sie mich an und sagte glücklich, sie habe wieder zu ihrer alten Fröhlichkeit zurückgefunden. Was für eine wunderbare Erfahrung für sie! Auch für mich war es schön, mitzuerleben, wie unverarbeitete Trauer einem tiefen Verstehen wich und Margit wieder Kraft bekam, ihr Leben zu meistern.

Manchmal scheint es, als ob Menschen ganz besonders hart vom Leben geprüft werden. Für mich ist das ein Zeichen, dass diese Seelen in ihrem Leben ganz besondere Aufgaben zur Lösung bekommen haben.

Reni, Harry und ich saßen morgens bei mir am Frühstückstisch, als Irmi knapp vier Wochen nach unserem Kurs Margits Telefonanruf durchstellte. Vor lauter Schluchzen konnte Margit kaum ein Wort herausbringen.

„Margit, was ist?“

„Gila, mein Sohn“, schluchzte sie.

„Was ist mit deinem Sohn, Margit?“

Sie rang um Fassung und schluchzte dann wieder: „Er ist mit seiner Freundin am letzten Sonntag, Gila, zusammen mit 153 weiteren Menschen im Tunnel des Kitzsteinhorns – verbrannt“, stammelte sie.

„O, mein Gott, Margit!“ Mehr konnte ich nicht sagen, während sie am Telefon wieder von heftigen Weinkrämpfen geschüttelt wurde.

Sämtliche Medien hatten am Wochenende zuvor von der Katastrophe berichtet. Die Gletscherbahn in Kaprun war vollbesetzt mit Skifahrern im Tunnel des Kitzsteinhorns in Brand geraten. Nur wenige konnten dem Inferno entkommen. Nach so kurzer Zeit musste Margit nun auch von ihrem zweiten Sohn Abschied nehmen.

„Du musst eine sehr reife Seele sein“, sagte ich total bewegt, „dass die geistige Welt dir so eine Aufgabe zutraut.“

„Gila, warum? Warum?“ fragte sie schluchzend. „Ich habe doch gerade erst den Tod meines ersten Sohnes bei dir weitgehendst aufgearbeitet. Wie gut ging es mir danach, als ich nach Hause kam – und jetzt Martin! Er war es, der mir dein Mutter-Erde-Buch geschenkt hat mit seiner Widmung: ‚Wenn es dir einmal nicht gut geht, dann nimm dieses Buch zur Hand‘. Als ob er es bereits geahnt hätte, Gila!“

„Seine Seele wusste, dass sie ihren Körper verlassen durfte. Er als Person wusste es nicht. Ich möchte dir so gern beistehen, Margit.“

„Wann machst du das nächste Selbsterfahrungsseminar?“ stieß sie weinend hervor.

„Erst in drei Monaten.“

„Bitte melde uns mit an. Es hat mir so gut getan. Ernestine

kümmert sich sehr um mich. Sie kommt auch mit."

„Margit, ich gebe dir viel, viel Kraft. Ich bin bei dir in Gedanken. Ruf mich an, wenn es zu schwer wird, wann immer du magst", schloss ich voller Mitgefühl.

Die ganze Zeit weilten meine Gedanken bei Margit und ihrem tiefen Prozess, den sie nun durchlaufen musste. Immer wieder hüllte ich sie in Licht ein. Ich stellte sie mit meiner Vorstellungskraft in ein Kreuz hinein, das an allen Seiten weißes Licht ausstrahlte – als Lichtkreuz und als Pluszeichen des Lebens. Damit gab ich ihr gute Energie und Kraft, die sie jetzt vor allem brauchte, um weiterzuleben.

Wir gehen.
Wohin gehen wir denn anders
als nach Hause?

Zwei Tage später sollte mein Husky-Film als Welt-Uraufführung im Fernsehen gezeigt werden. Alle meine Freunde und Zeitzeugen von damals hatte ich zu der Fernsehübertragung abends in ein nahe gelegenes Gästehaus eingeladen, wo die Möglichkeit bestand, den Film auf Breitwand zu projizieren. Es war mir ein Bedürfnis, von dort aus Margit vorher noch mal anzurufen.

„Margit, du weißt, mein Film läuft heute Abend. Ich bin zwar bei den Vorbereitungen, doch es ist mir ganz wichtig, dir zu sagen, wie sehr ich an dich denke und dir viel Kraft gebe."

„Ja, Gila", antwortete sie gefasst, „ich habe es gespürt. Seit dem Anruf bei dir geht es mir etwas besser. Wenn ich an dich denke, spüre ich Licht und Wärme in mir hochkommen. Das tut mir so gut. Auch jetzt, wo du anrufst, habe ich wieder das Gefühl von Wärme in mir. Ich freue mich auf dein Seminar, Gila."

Die Vorstellung, wie sehr ihre Lieben noch leiden mussten, bevor sie endgültig gehen durften, beschäftigte nicht nur Margit. Alle Angehörigen von Menschen, die auf diese Art und Weise ihr körperliches Leben beschließen, verinnerlichen diese Angst und das Entsetzen.

Eine Weile zuvor hatte ich jedoch durch mehrere mediale Übertragungen und aus verschiedenen Büchern erfahren, dass die Seele bei einem solchen Unfall schon eher den Körper verlässt. Somit verspürt sie bei ihrer Rückkehr ins Licht vorher keine körperlichen Schmerzen mehr. In diesem Punkt waren alle Übertragungen ähnlich. Es war mir wichtig, diese innere Gewissheit an Margit weiterzugeben, und ich spürte, dass gerade dieser Gedanke ihr jetzt gut tat.

Zwei Monate später konnte ich Margit und Ernestine bei meinem Kurs wieder persönlich in die Arme schließen. Für ihren Sohn Martin und seine Freundin machten wir ein wunderschönes Kerzenritual, indem wir die Anzeige mit den Bildern der beiden vor unsere Seminarkerze stellten.

Es war für alle ergreifend, wie sehr Margit bereit war, auch dieses Kind in aller Liebe mit tiefem Verständnis loszulassen und die innere Kraft aufzubringen, diesen schmerzlichen Verlust anzunehmen.

*

<u>Dezember 2000</u>

Es ist das erste Mal seit elf Wochen, dass ich am Wochenende zu Hause bin. Ich genieße die Ruhe im Dezember, der Monat, in dem ich ganz für meine Familie da bin.

Obwohl bereits Winter, scheint die Sonne mit Kraft in mein

Büro. Dana schläft noch, während Rico zu einem Klassensprecher-Lehrgang eingeladen ist und erst gegen Mittag nach Hause kommt.

Wenn ich zurückdenke, in welcher Lebenslage ich meine beiden ersten Bücher „…nicht heulen, Husky!“ und „Mutter Erde, trage mich …“ begonnen habe, dann bin ich sehr dankbar für das Leben, das ich jetzt führen darf. Manche Leser sagen, ich habe einen hohen Preis gezahlt für den Frieden, der jetzt in mein Leben eingezogen ist. Ich aber glaube ganz fest an den Sinn, den alles gehabt hat: meine beiden Auswanderungen nach Kanada, meine Rückkehr, die Existenz meiner Kinder.

In den vergangenen elf Wochen habe ich zehn Seminare geleitet, zwei Lesungen gehalten sowie die Premiere und auch die Erstausstrahlung meines Films erleben dürfen.

Bei der Planung meiner Kurse lasse ich stets ein wenig Luft zwischen den einzelnen Terminen, um noch Zeit genug für meine Familie und mich selbst zu haben. Doch in den vergangenen Wochen waren so viele Anmeldungen eingegangen, dass ich noch zwei weitere Termine einfügen musste.

Jetzt, da ich zur Ruhe komme, wird mir ganz deutlich bewusst, welche Kraft dahinter steht – eine Kraft, an die ich mich anschließen darf. Immer wieder hatte ich meine Engel darum gebeten, alles zu schaffen, und bin ihnen unendlich dankbar für ihre Hilfe.

Bei meinen Engel-Seminaren lernen wir, mit unseren Engeln zu kommunizieren. Meine Teilnehmer sind jedes Mal sehr berührt, wenn uns von ihnen Botschaften übermittelt werden. Des Öfteren geschieht es, dass diese zur gleichen Zeit erfolgen und identisch sind mit denen der anderen Teilnehmer. Wir erfahren und erleben hier, wie selbstverständlich es ist, unsere Engel um Unterstützung zu bitten und zwar nicht nur bei einem Notfall, sondern auch für alltägliche Aufgaben.

Wenn wir unsere Bitten klar äußern, sind sie jederzeit für uns da; und wenn die Erfüllung unserer Bitten für unsere Lebensaufgabe richtig ist, so wird dies auch geschehen.

Aber wir können noch so positiv denken und versuchen, den Ärger von uns abzuwenden, es wird uns nicht immer gelingen. Wir leben in der Dualität. Wenn wir auf der Sonnenseite leben wollen, müssen wir akzeptieren, dass die Sonne auch Schatten wirft. Mit dem Wissen um die Kraft unserer Gedanken jedoch wird es uns gelingen, uns immer mehr der Sonne zuzuwenden.

In dem Zusammenhang ist mir etwas Kurioses widerfahren, das ich mir noch oft von Teilnehmern, die es miterlebt haben und mir später wieder begegnet sind, habe anhören müssen ...

Es geschah bei einem der Kurse, für die ich wegen der vielen Anmeldungen einen neuen Termin angesetzt hatte. Die üblichen Hotels in der Region waren für diesen Zeitpunkt längst belegt. So musste ich kurzerhand auf eines ausweichen, das ich noch nicht kannte.

Am Freitag reiste ich an, um mir die Örtlichkeiten anzusehen. Die Hotelleitung hatte mir am Telefon gesagt, der Raum sei groß genug für meine Gruppe.

Nun stand ich hier und erkannte, dass der Gruppenraum, der aus zwei großen Zimmern bestand, von einem weiteren großen Saal nur durch einen dünnen Vorhang abgetrennt war. Sofort ging ich der Sache auf den Grund.

„Das ist kein Problem", meinte der Geschäftsführer beflissen, der mir gerade die Örtlichkeit zeigte, „der große Saal ist während der Zeit nicht besetzt."

Einigermaßen beruhigt begann ich, den Raum so herzurichten, wie ich ihn für meinen Kurs brauchte.

Am zweiten Tag geschah es dann:

Schon am Ende des ersten Seminartages war es zu Ungereimtheiten wegen des Essens gekommen. Die komplette Abstimmung fehlte. Wir hatten uns am Salat-Buffet reichlich bedient und waren schon wieder dabei aufzustehen, als der arabische Ober rief: „Nicht gehen – Essen kommt gleich!“ Erst jetzt, fast zwei Stunden später als bestellt, wurde das Hauptgericht serviert, als alle bereits satt waren. Auch ich hatte mich gewundert, dass es abends nur Salat mit etwas Brot geben sollte.

Dadurch gab es einige Unruhe bei meinen Teilnehmern, die ich aber auflösen konnte. Ich machte ihnen klar, dass wir uns diesen schönen Tag dadurch nicht verderben lassen sollten.

Der Vormittag des nächsten Tages verlief zunächst reibungslos. Doch ich ahnte nicht, dass selbst ich an meine Grenzen stoßen sollte. Kurz vor dem Mittagessen hörte ich plötzlich laute Stimmen aus dem großen Saal, der nur durch den besagten Vorhang von unserem Raum getrennt war. Es wurde immer lauter. Ein vollbesetzter Bus mit Gästen, die in dem großen Saal zu Mittag essen wollten, war eingetroffen.

Kurios war es auch, als die Gäste von nebenan ab und zu durch den Vorhang lugten, um zu sehen, wer da denn so weise Worte über das Leben sprach.

Ich, die hier einen anspruchsvollen Kurs über positives Denken hielt, spürte Ärger in mir hochkommen, obwohl ich immer wieder Tipps gebe, wie man Ärger vermeiden kann. Ich ärgerte mich – und zwar von Minute zu Minute mehr.

Inzwischen verstand ich mein eigenes Wort nicht mehr. Auch die Teilnehmer waren total irritiert, weil der Lärm aus dem Nachbarraum alles übertönte. So ging’s nicht weiter. Meine Stimme hatte Hochzeit. Ich musste für Klärung sorgen und zwar sofort. Ich baute eine kleine Pause ein, ging zum Geschäftsführer und stellte ihn zur Rede.

Er wand sich vor Verlegenheit. „Es tut mir ja so leid“, meinte er entschuldigend. „Unser Chef hat heute Morgen die Gruppe angenommen. Ich habe das sofort reklamiert.“

Mit drohendem Unterton fragte ich: „Wo ist der Chef?“

„Der Bus ist da – und der Chef ist weg“, entgegnete der Geschäftsführer hilflos. Sein Chef wusste wohl, was auf ihn zukam und hatte sich schlichtweg verkrümelt.

„Und wie soll das jetzt weitergehen?“ fragte ich mit letzter Beherrschung.

Er kratzte sich am Ohr, überlegte einen Moment und meinte nachdenklich: „Wir bekämen die Sache in den Griff, wenn Sie vielleicht bereits um 12.15 Uhr statt um 12.30 Uhr Pause machen könnten und etwas eher wieder anfingen. Dann könnten wir jetzt schon servieren. Ich verbürge mich dafür, dass die Gäste um 13.45 Uhr den Saal verlassen haben.“

Um Frieden bemüht, stimmte ich letztlich zu.

Die Teilnehmer nahmen die Verschiebung großzügig hin. So hatte ich die Hoffnung, dass damit alles friedlich geregelt werden konnte. Doch wenn irgendwo der Wurm drin sitzt – dann richtig.

Pünktlich um 13.45 Uhr waren alle vom Essen zurück, während die Gäste im großen Saal gar nicht daran dachten zu gehen. Lachen, Erzählen, Klirren von Tellern und Bestecken, wie es halt ist bei einer fröhlichen Gruppe. Mit der Bürgschaft des Geschäftsführers schien es wohl auch nicht weit her zu sein.

‚Alles darf so sein, wie es ist! Alles darf so sein, wie es ist!‘, wiederholte ich immer wieder in Gedanken, um den Ärger zu besiegen, wie ich es auch ständig allen anderen rate.

Die Situation spitzte sich zu. Meine Stimme war bald heiser, so sehr strengte ich mich an, um den Lärm von nebenan zu übertönen. Interessant war auch, dass die Gäste im Nebenraum leiser wurden und mir zuhörten, wenn ich zu sprechen begonnen hatte. Sobald ich aber eine Atempause machte, schwoll der Lärm und das Lachen wieder an.

Zu allem Überfluss klopfte es jetzt noch an die Tür. Es war der arabische Ober, der bei uns mitten in der Seminarzeit die Getränke kassieren und sich nicht abwimmeln lassen wollte.

Ich liebe die Menschen, aber jetzt war's aus. Mit letzter Beherrschung nahm ich ihn an der Schulter, schob ihn zur Tür und konnte nur noch gefährlich leise sagen: „Bitte gehen Sie raus!"

„Ich will kassieren!"

Ich öffnete die Tür und katapultierte den Widerspenstigen mit aller Kraft hinaus. Tief atmete ich durch.

„Was ist bloß in diesem Hotel los?" fragte ich ungläubig.

Ich wollte meinen Teilnehmern ein wunderschönes Seminar bieten – und dann das! Ich spürte etwas in mir hochkommen, das ich kaum noch steuern konnte – Zorn, Ärger und sämtliche weiteren Varianten von destruktiven Gefühlen, die es gibt.

Als dann aus dem benachbarten Saal wiederum lautes Gelächter erscholl, knallte meine Sicherung durch. Mein Verstand rastete aus.

Ich stieß einen Schrei aus – sprang hoch wie Tarzan in seinen besten Zeiten – hob die Arme in Richtung großer Saal und schrie aus Leibeskräften: „Gott segne euch! Gott segne euch!"

Eine Schrecksekunde – dann setzte ein Riesengelächter ein. Meine Teilnehmer bogen sich vor Lachen, lagen halb auf den Tischen und lachten Tränen. Sie kamen kaum wieder zu sich. Das war eine Einlage, die keiner erwartet hatte und die sie offensichtlich für alle Störungen entschädigte.

Ich dagegen war anfangs wie erschlagen! Es war wie ein Vulkanausbruch, rational nicht mehr steuerbar, aber zugegeben – unwahrscheinlich befreiend. Kurz darauf konnte ich dann auch wieder mitlachen. Durch das anhaltende Gelächter hatten sich auch die Gäste von nebenan inzwischen nach und nach verzogen, nachdem der eine oder andere vorsichtshalber noch einmal durch den Vorhang gelugt hatte.

Es dauerte jedoch eine Weile, bis sich die Gruppe gefangen hatte. Aber dann ging es wieder los, als jemand herausprustete: „Wir haben gar nicht gewusst, dass du so sportlich bist, Gila. Machst du das in jedem Seminar?"

Inzwischen selbst wieder etwas lockerer, gab ich zurück: „Klar, ich bestelle jedes Mal sonntags einen Bus, um euch vorzuführen, was Ärger bedeutet. Aber daran konntet ihr wirklich einmal sehen, wozu unser Unterbewusstscin fähig ist. Unser Verstand kann gar nicht so schnell handeln wie sich unser Unbewusstes in Sekundenschnelle ein Ventil sucht."

Eine Teilnehmerin lachte hellauf. „Schön zu erleben, dass dir das auch passiert!"

„Das war der Vorführeffekt", erwiderte ich heiter, „aber ich möchte nochmals auf das Thema Ärger zurückkommen. Wie ihr alle mitbekommen habt, habe ich mich über diese Ereignisse geärgert, richtig? Ich ärgere mich – also wer ärgert hier wen?

„Du dich", konterte sie.

„Richtig! Ich ärgere mich", gab ich zu bedenken. „Wir haben anhand der Situation hier alle gemerkt, wie schnell es geht, dass man sich ärgert. Ein chaotischer Hotel- und Restaurationsbetrieb, keine Koordination, ein Chef, der abhaut, wenn's brenzlig wird, ein Ober, der unsensibel während des Kurses kassieren will – alles Punkte, die Grund genug gäben, sich zu ärgern. Doch alles, was wir erleben, hat etwas mit uns, unserem Denken und auch unseren Entscheidungen zu tun."

„Aber du hast dir doch nicht im Traum vorgestellt, dass so etwas passieren könnte ...!" warf jemand ein.

„Nein, das sicher nicht. Aber Dinge geschehen als Wirkungen, bei denen wir irgendwann ähnliche Ursachen gesetzt haben. Gleichzeitig jedoch erleben wir solches auch als Lernprozess. Wie gehe ich mit der Situation um, wenn sie geschieht? Und das war hier meines Erachtens der wichtigere Punkt."

„Na, das hast du doch optimal gelöst", lachte ein Teilnehmer wieder auf.

Hier war wirklich vieles zusammengekommen, sonst wäre eine solche Explosion bei mir nicht erfolgt. Ich hatte Glück gehabt, dass die Gruppe meinen Ausbruch mit absoluter Erheiterung aufgenommen hatte. Nicht immer gehen solche Ereignisse im Leben mit Humor vonstatten, wenn so viel Ärger auf einmal kommt und sich ein Ventil sucht. Ich war den Gegebenheiten in dem Moment zwar hilflos ausgesetzt, bin aber im Nachhinein dankbar, dass es so gute Worte waren, die aus mir herausbrachen.

Mit Sicherheit haben wir uns alle auch schon einmal so stark über uns selbst oder einen Fehler geärgert, dass uns danach weitere Fehler unterlaufen sind. Somit kennen wir bereits die Auswirkungen negativen Denkens und negativer Gefühle. Wenn wir im Gleichgewicht sind, erzielen wir die besten Ergebnisse. Darum sollten wir uns erst mal wieder ins Lot bringen, ehe wir weitermachen. Ein mehrmaliges tiefes Durchatmen oder ein kurzzeitiger Ortswechsel sind oft schon ausreichend, um wieder innere Sicherheit zu gewinnen.

Wir ärgern uns bei anderen nur über die Fehler, die wir bei uns selbst noch nicht aufgelöst haben. Bei der Beurteilung anderer Menschen greifen wir immer auf unsere Wertmaßstäbe zurück. Besonders stark stört es uns, wenn unser Gegenüber Eigenschaften oder Verhaltensweisen zeigt, die wir selbst haben und für die wir uns selbst verurteilen und ablehnen. Er hält uns quasi einen Spiegel vor die Nase.

Alles, was uns an anderen stört und ärgert,
haben wir selbst in uns.
Alles, was wir an anderen kritisieren und bekämpfen,
unterdrücken wir in Wahrheit selbst in uns.
Alles, was andere an uns kritisieren
und was uns verletzt, ist bei uns noch nicht erlöst.
Alles, was andere an uns kritisieren,
was uns aber nicht mehr berührt,
sind unerlöste Muster und Unzulänglichkeiten von anderen.
Alles, was wir an anderen lieben, sind wir selbst.

Wenn ich bereit bin, aus meinen Fehlern zu lernen, brauche ich mich nicht mehr über sie zu ärgern. Dann erst kann meinerseits die Bereitschaft erfolgen, die Fehler der anderen als „Erfahrungs-Hilfe" anzuschauen. Je mehr wir uns also selbst annehmen und uns unsere Fehler und Schwächen verzeihen können, um so mehr können wir unsere Mitmenschen mit ihren Fehlern und Schwächen akzeptieren.

Selbst die Schulmedizin erkennt inzwischen den Zusammenhang zwischen zu viel Aufregung und Krankheit. Körperliche Prozesse erfolgen in Sekundenschnelle, so zum Beispiel verringert sich bei starkem Ärger sofort die Anzahl der roten Blutkörperchen, die Sauerstofftransporter unseres Körpers, wodurch unser Immunsystem geschwächt wird. Erscheint es dann nicht geradezu logisch, dass dadurch Krankheiten entstehen können?

Wäre es nicht besser, sich zu wundern, statt sich zu ärgern? Müssen wir uns den ständigen Ärger denn wirklich antun? Über vieles im Leben können wir uns nur wundern oder staunen. Und wenn wir den Begriff „Ich ärgere mich …“ durch die Gedanken und Worte ersetzen „Ich wundere mich“ oder „Ich staune über …“, fühlen wir uns von mal zu mal gelassener. Mit diesen Gedanken wird Gelassenheit aufkommen, und wir können die Situation viel leichter aus unserem Blickfeld entlassen.

Wir fühlen uns dann wie befreit. Wir staunen über betriebsame Hoteliers und wundern uns, wie unbedacht manche Mitmenschen sind. Wäre es nicht sinnvoller, den Blickwinkel anzunehmen, als befänden wir uns in einem großen Erlebnispark, in dem verschiedene Abläufe und Unzulänglichkeiten zu besichtigen sind? So zu tun, als sei dies Anschauungsunterricht, wie etwas *nicht* vonstatten gehen sollte? Staunen statt Ärger – so bleiben wir viel entspannter und brauchen uns wegen solcher Sonderbarkeiten nicht mehr die Laune verderben zu lassen.

Die Frage, warum ich mich vor versammelter Mannschaft so geärgert hatte, macht keinen Sinn. Was passiert war, war passiert. Wichtig ist, aus Fehlern zu lernen und durch jeden Fehler an Erfahrung dazu zu gewinnen.

*

Vor Beginn eines Seminars begrüßte mich eine neue Teilnehmerin mit den Worten: „Ich soll Ihnen einen ganz lieben Gruß ausrichten von meiner Hausärztin. Sie war vor ungefähr einem halben Jahr bei Ihnen – und das ist für Sie.“

Sie übergab mir ein kleines, liebevoll verpacktes Geschenk.

Inzwischen waren weitere Kursteilnehmer eingetroffen, die zuschauten, wie ich das Geschenk erwartungsvoll auspackte. Eine kleine Messingglocke kam zum Vorschein, auf der ein kleiner Engel thronte.

„O, wie schön!“ sagte ich erfreut und bewegte das Glöckchen, das einen hellen Klang von sich gab. Als ich dann den Glockenengel auf meinen Tisch stellen wollte, bemerkte ich, dass der Engel noch etwas bei sich trug, das sich anfühlte wie ein eingepacktes Bonbon.

„Was ist denn das?“ Ich befühlte das kleine Ding ganz interessiert, konnte mir aber keinen Reim darauf machen, warum der Engel nun ein Päckchen auf dem Rücken trug, das aussah wie ein eingepacktes Weingummi-Bonbon.

Treuherzig schaute mich die Dame an und sagte: „Sie wüssten schon, was das sei ...!“

Ich hatte keine Ahnung, wovon sie sprach, wunderte mich aber, dass einige anfingen zu grinsen. Das machte mich nachdenklich. Irgendwie spürte ich eine erwartungsvolle Spannung um mich herum.

Ich nahm das kleine, weiche Etwas noch einmal in die Hand – und da dämmerte es mir. Das schien ein Kondom zu sein. Warum um Himmelswillen packte sie mir ein Kondom ein? Und das in meinem Seminar und vor allen Teilnehmern? Welche Beweggründe hatte sie, mir ein Kondom mitzuschicken?

Meine Gedanken überschlugen sich. Ich bekam von einer Medizinerin ein Kondom übersandt. Lieber Himmel, meine Fantasie ging mit mir durch! Was mussten die Anwesenden denken? Und die schienen meine Verlegenheit genau zu spüren.

„O, das ist ja ein Kondom!“ rief ich aus und tat sehr überrascht, während ich fieberhaft versuchte, eine gedankliche

Verbindung herzustellen. „Also, wenn jemand in Not sein sollte…!“

Alle um mich herum lachten über meine Bemerkung, nur ich fühlte mich nicht so ganz wohl bei der Sache. Es ließ mich nicht los, warum Erika mir ein Kondom mitgesandt hatte.

In einer ruhigen Minute schaute ich den kleinen Engel mit seinem kuriosen Gepäck noch mal nachdenklich an. Und plötzlich dämmerte es mir – der Verhütungsengel! Das war der Verhütungsengel aus der Weihnachtsgeschichte, o Himmel!!! Warum war ich nicht gleich darauf gekommen! Erika hatte meinen Versprecher ja damals miterlebt!

Zur großen Belustigung machte die Geschichte danach die Runde. Und als ich am zweiten Abend wieder bei der besagten Stelle der Gute-Nacht-Geschichte ankam, las ich laut und deutlich das Wort „Verkündigungsengel“ vor.

Beim Entsorgen des Verpackungspapiers fand ich später eine Notiz von Erika, auf der sie mir den Verhütungsengel „verkündete“. Hätte ich ihre Worte eher gelesen, wären mir einige pikante Überlegungen erspart geblieben …

*

Oftmals fällt es uns schwer, ein klares Nein herauszubringen. Warum trauen wir uns nicht, nein zu sagen? Haben wir Angst, an Achtung und Zuneigung zu verlieren? Fürchten wir, dass uns der andere weniger schätzt, wenn wir seine Bitte ablehnen? Gelten wir bei anderen nicht mehr als liebenswert, weil wir sie zum Beispiel nicht zum Flughafen fahren, wenn wir darum gebeten worden sind, dieses aber aus bestimmten Gründen nicht geht?

Mit unserer halbherzigen Zusage helfen wir den anderen,

auch wenn es eigentlich gar nicht in unseren Plan passt. Dadurch entscheiden wir aber seltener, was wir *wirklich* wollen. Immer häufiger sind wir unzufrieden und leiden dadurch unter Stress. Wir verlieren dabei ein Stück unserer Selbstachtung. Zu einem positiven Selbstwertgefühl gehört, dass wir unsere Entscheidungen *selbst* treffen und sie umsetzen. Wir sollten uns selbst treu sein und nicht nach den Werten anderer leben.

Wenn ich Ja sagen will, sage ich gern Ja.
Wenn ich Nein sagen will, sage ich klar und deutlich Nein.
Wenn ich echt sein will, muss ich lernen,
Nein zu sagen zu dem, was mich erstickt.

Und was denken unsere Mitmenschen dann von uns, wenn wir uns plötzlich so verhalten? Viele von ihnen werden bald feststellen, dass wir uns verändert haben, glücklicher und selbstbewusster geworden sind. Sie werden uns dafür schätzen. Und die anderen, die wir vielleicht damit verletzen? Die werden auf Dauer mit unserer direkten Art nichts mehr anzufangen wissen und uns nicht mehr um etwas bitten, das wir nicht gern tun.

So mancher „Freund" wird vielleicht dann auch unser Blickfeld verlassen. Doch das darf er auch – dem geistigen Gesetz entsprechend: Gleiches zieht Gleiches an – Ungleiches stößt einander ab.

Kapitel 15

Die Liebe allein versteht das Geheimnis, andere zu beschenken und dabei selbst reich zu werden.
(Clemens von Brentano)

Unsere Katze Fienchen und Rico wurden im gleichen Jahr geboren. So brauchten wir nie lange nachzurechnen, wenn uns jemand fragte, wie alt Fienchen denn sei. Kurz nach dem Einzug in unser Haus waren wir ins Tierheim gefahren und hatten Fienchen, damals zwei Jahre alt, in unsere Familie aufgenommen – ein Seelchen, voller Liebe und unsagbar zutraulich. Nachts schlief sie bei Rico, und es verging kaum eine Nacht in all den Jahren, dass Fienchen nicht bei ihm war. Abends rief er so lange, bis sie endlich von draußen hereinkam und er sie mit in sein Zimmer nehmen konnte. Selbst mein Einwand, dass Katzen im Sommer auch gern einmal draußen blieben, war für Rico nicht relevant.

Gern erinnere ich mich an die Geschichte, als ich Fienchen ein Katzenklo spendierte – eigentlich überflüssig, weil wir sehr ländlich wohnen. Damit wollte ich jedoch für Notfälle vorsorgen, wenn ich nicht zu Hause war.

Zu dem Zeitpunkt war Reni gerade bei uns zu Besuch. In Bielefeld wollten wir nun so ein Exemplar erwerben. Rico, Reni und ich machten uns auf zu einer Zoohandlung in der Innenstadt. Menschen hasteten an uns vorbei, und wir mussten aufpassen, einander nicht aus den Augen zu verlieren.

Kurz bevor wir das Geschäft erreichten, begegneten wir einer älteren Dame, die offensichtlich blind war und in der

Menge wahrscheinlich in dem Trubel die Orientierung verloren hatte. Wir sprachen sie an, ob wir ihr helfen könnten.

„Das ist aber lieb von Ihnen“, meinte sie lächelnd. „Ich muss nur zur nächsten U-Bahn-Haltestelle, wo ich einsteigen kann.“

Diese Haltestelle befand sich direkt vor der Zoohandlung, und so hakten wir sie ein und machten uns auf den Weg, während Rico direkt hinter uns herlief.

„Bei der U-Bahn-Station ist ein Fahrstuhl“, erklärte uns die Dame. „Wenn Sie mich dort hinbringen, komme ich schon allein weiter.“

Dort angekommen, stellte Reni fest: „Ach je, der Fahrstuhl ist defekt, nur die Rolltreppe ist funktionsfähig.“

„Das geht nicht. Auf eine Rolltreppe gehe ich nicht“, schüttelte die Dame den Kopf.

„Dürfen wir Ihnen dabei helfen?“ fragte ich.

„Ich habe Angst davor, Rolltreppe zu fahren“, wandte sie zögernd ein. „Ich habe keine guten Erfahrungen damit gemacht.“

„Ich kann Sie auch mit dem Auto nach Hause bringen“, bot ich ihr an.

„Nein, nein, das möchte ich auch nicht. Ich gehe fast täglich in die Innenstadt, um durch meine Behinderung nicht ganz zu vereinsamen, aber es sind halt so gewisse Dinge, so wie dieser Fahrstuhl, an denen ich mich orientiere und ohne die ich hilflos bin.“

„Dürfen wir Ihnen anbieten, dass Sie sich bei meiner Freundin und bei mir einhaken und wir Sie beide sicher die Rolltreppe hinunterbegleiten?“

Nach einiger Überwindung, die weniger uns als der Situation galt, stimmte sie zu, wohl wissend, dass ihr offensichtlich keine andere Wahl blieb.

Rico sagte: „Ich gucke inzwischen mal in dem Geschäft nach dem Katzenklo. Gibst du mir Geld, Mom?“

Ich hatte keine Hand frei, um Geld abzuzählen, weil Reni und ich die Dame untergehakt hatten. So übergab ich ihm mein Portemonnaie ohne Ahnung, was es kosten würde. Rico zog los.

„Warte hier vor dem Geschäft auf uns. Wir sind gleich wieder da“, rief ich ihm zu.

Für uns war es natürlich leicht, die Dame die Rolltreppe herunter zur U-Bahn-Station zu geleiten, aber ich merkte, welche Überwindung es sie kostete, uns Fremden ganz zu vertrauen.

Sicher unten angekommen, dankte sie uns ganz herzlich, und wir gingen die Treppe hinauf zurück zu dem Geschäft, vor dem wir Rico erwarteten – aber weit und breit kein Rico zu sehen.

„Ich geh mal rein“, sagte ich zu Reni. „Warte am besten draußen, falls er hier im Trubel irgendwo auftaucht.“

Dort konnte man sich natürlich gleich an ihn erinnern, sagte mir aber auch, dass er schon eine Weile mit seinem Katzenklo den Laden wieder verlassen hätte.

Vor dem Geschäft sah ich Reni, die mich unruhig erwartete. „Und?“ fragte sie.

„Nichts! Er ist schon weg.“

Die Stadt war zur Feierabendzeit voll hastender Menschen. Einer rannte den anderen fast um. Weit und breit kein kleiner Junge, der nur das beschauliche Landleben gewöhnt war.

Reni wurde nervös und sagte: „Ich suche jetzt hier oben – und du gehst runter. Vielleicht wollte er uns ja entgegengehen und ist die Rolltreppe hinuntergefahren, während wir die normale Treppe an der anderen Seite hoch gelaufen sind.“

„Reni, mach dir keine Gedanken“, beruhigte ich sie. „Einen Jungen von fast dreizehn Jahren, der mit einem Katzenklo unterwegs ist, finden wir immer! Wenn ich daran denke“, lachte ich, um die Angelegenheit zu entschärfen, „wir würden ihn mit der Polizei suchen müssen! Besonderes Kennzeichen: Katzenklo – na, das ist doch die leichteste Übung.“

Nun musste auch Reni lachen, dabei hatten wir Rico noch gar nicht gefunden.

„Außerdem hat er mein Portemonnaie bei sich. Er könnte sich, wenn er wollte, im besten Hotel Bielefelds niederlassen und dort übernachten.“

Trotz unserer heiteren Argumente hatten wir beide den sehnlichsten Wunsch, ihn schnellstens aufzustöbern, damit wir wieder Ruhe hatten – und er letztendlich auch.

Erst nachdem wir uns noch mal getrennt hatten, Reni oberhalb der Rolltreppe und ich unten in der U-Bahn-Station nach ihm suchten, kam die erlösende Nachricht von ihr. Sie lachte erleichtert. „Alles okay! Ich habe sie beide – Rico und das Katzenklo!“

Als die ungewöhnliche Situation überstanden war, hatten wir zwar alle unseren Spaß, waren aber auch bereit, das Ganze einmal von einer anderen Seite her zu beleuchten.

„Wie gut tat es“, meinte Reni nachdenklich auf dem Weg nach Hause, „dass sich bei uns nicht so viele Sorgen und Ängste aufgebaut haben und wir trotz der Spannungen noch lachen konnten. So kam gar nicht das Gefühl von Furcht auf.“

„Richtig“, entgegnete ich, „oft machen wir es genau umgekehrt. Blitzschnell baut sich bei uns ein sorgenvolles Bild auf, und wir gehen in die Angst hinein. Damit schwächen wir nicht nur uns, sondern auch den anderen, dem diese sorgenvollen Gedanken gelten. Er macht sich dadurch genauso viel Sorgen oder fürchtet, dass etwas Unangenehmes geschehen könnte. Und so flitzen Energien der Furcht hin und her und belasten beide, den Sender und den Empfänger."

So kam Fienchen zu ihrem Katzenklo.

Vor einiger Zeit, als sie bereits vierzehn Jahre alt war, hatte sich ein kleiner, harter Knubbel auf ihrem Kopf gebildet. Er war uns erst gar nicht aufgefallen. Diese Verwachsung wurde größer. Als mein Sohn André im Sommer 2000 bei uns zu Besuch gewesen war, hatte er sie liebevoll „Camel Cat" genannt, so ausgeprägt war inzwischen dieser Knochenaufbau auf ihrem Kopf.

Der junge Tierarzt, den wir konsultierten, hatte sie verwundert angeschaut und lachend gesagt: „Na, wie sieht die denn aus! So was habe ich auch noch nicht gesehen, das scheint ein riesiges Überbein zu sein."

„Und?" hatte Rico gefragt, „was kann man da machen?"

„Solange sie keine Beschwerden hat, sollten wir gar nichts machen. Sie ist ja schon eine alte Dame."

Ich war einigermaßen beruhigt gewesen, weil sich Fienchen wirklich ganz normal verhielt. Sie schnurrte, fraß, fing Mäuse, sprang zu jedem, den sie mochte, auf den Schoß – und war einfach lieb. Aufgefallen war mir jedoch, dass sie in der letzten Zeit des Öfteren in einer geduckten Haltung dasaß, als ob sie Schmerzen hätte, und sich öfter als gewöhnlich erbrach.

Zwei Jahre waren seither vergangen. Das Überbein war weiter gewachsen. Als das Fell über dieser Wucherung dann rissig wurde und sich kleine Borken bildeten, entschied ich: „Rico, wir müssen noch einmal zum Tierarzt, damit er sich das anschaut. Die Verwachsung drückt inzwischen so auf ihren Kopf, dass die ganze Kopfform sich schon verändert hat."

„Genau. So geht das nicht weiter", hatte Rico entschieden, „das muss operiert werden."

Vorsichtig hatte ich argumentiert: „Rico, so was kann man nicht operieren. Schau mal, Fienchen ist so alt wie du. Ihr werdet bald sechzehn Jahre alt."

„Ja und? Sollen wir sie einfach eingehen lassen? Katzen können über zwanzig Jahre alt werden. Man kann den Knochenwuchs doch operieren. Sie kann bestimmt noch einige Jahre leben."

Hinter seinen Worten spürte ich die große Liebe für dieses Tier, das wir alle in unser Herz geschlossen hatten. Wie souverän war Fienchen damit umgegangen, dass Aisha als Welpe in unser Haus kam und naturgemäß größer wurde – sie, die Angst hatte vor Hunden, weil sie von einem Hund einmal fast zu Tode gebissen worden war. Aber sie spürte, dass das kleine hellbraune Etwas ihr nicht viel tun konnte. Sie verschaffte sich Respekt – und den behielt sie auch während ihres Zusammenlebens mit Aisha.

Mit Wehmut, aber auch Dankbarkeit, denke ich an ihren letzten Tag in unserer Familie.

Aisha und Fienchen saßen mittags in der Küche. Sie hatten beide von mir ein Stückchen gebratene Pute bekommen. Ich beobachtete Fienchen. Sie hatte am Morgen ihr Fressen wieder von sich gegeben und musste sehr hungrig sein. Das Bild, das sich mir nun bot, war herrlich.

Während Aisha gierig alles sofort herunter schlang, schien Fienchen sich Zeit zu lassen und ließ ihre Errungenschaft sogar demonstrativ noch vor sich liegen, obwohl ich wusste, wie gern sie diesen Leckerbissen fraß.

Aisha fixierte Fienchens Stück Pute – dann nahm sie Fienchen ins Visier. Schwanzwedelnd versuchte diese große

Hundedame, sich Zentimeter für Zentimeter an das Stückchen Pute heran zu schieben, während Fienchen nicht einen Millimeter von ihrem Platz wich. Noch immer lag Fienchens Fleisch als Objekt ihrer Macht unberührt vor ihr.

Näher traute sich Aisha allerdings nicht an sie heran, denn Fienchen verteidigte ihre Errungenschaft durch Fauchen. Da lag nun das so begehrte Stückchen Pute – und Aisha kriegte es nicht zu fassen. Es war ein hochinteressantes Bild, wie beide Tiere voller Respekt ihren Dunstkreis, aber auch ihre Grenzen absteckten – zumindest unsere Katze.

Erst als Fienchen es nicht mehr aushielt, fing sie voller Genuss an, das Stück Pute zu verzehren, während Aisha vor ihr saß, jede Bewegung beobachtete und leider das Nachsehen hatte.

„Mom, wir müssen los“, erinnerte mich Rico nachmittags an unseren Termin beim Tierarzt. Irgendwie hatte ich ein ganz komisches Gefühl. Fienchens Kopf war sehr unförmig geworden. Sie verhielt sich zwar immer noch nicht auffällig, aber die Phasen, in denen sie in geduckter Haltung einfach so dasaß, häuften sich. Auch heute wieder.

Rico gegenüber war ich mit meinen Äußerungen sehr zurückhaltend. Er würde sofort alles dafür einsetzen, seine Katze zu heilen.

Wir setzten Fienchen in eine Tasche. Ihr Kopf guckte heraus, Rico streichelte sie die ganze Zeit und redete ihr gut zu, weil sie Autofahren nicht gewohnt war. Und doch war sie außergewöhnlich ruhig.

Die Praxis des Tierarztes war voll. Wir setzten uns draußen in die Sonne und beratschlagten, welche Salbe der Arzt uns wohl für Fienchen aufschreiben würde, um das rissige Fell über der Wucherung zu heilen.

Es dauerte fast eine Stunde, bis wir an die Reihe kamen – die letzten Minuten mit unserer Katze. Vielleicht hatten wir es beide gespürt, aber keiner hatte es auszusprechen gewagt.

Der junge Tierarzt war in Urlaub. Sein Vater vertrat ihn.

„Na, was haben wir denn da?“ fragte er erstaunt, als er Fienchen auf die Pritsche setzte. Er schaute mich an und meinte: „Das sieht aber nicht gut aus.“

Er tastete die Knochenwucherung ab und stellte fest: „Das ist zweifelsfrei ein Knochentumor. Wie alt ist sie jetzt?“

„Fast sechzehn Jahre“, antwortete ich leise.

„Hier können wir wirklich nichts mehr machen“, meinte er und schüttelte den Kopf. „Über kurz oder lang wird ihr Gehirn angegriffen. Wir müssen sie einschläfern.“

Ich schaute Rico an, der sich abgewandt hatte. Ich nahm ihn in meine Arme und flüsterte: „Es geht nicht anders, Rico. Wir können sie nicht wieder mit nach Hause nehmen in dem Wissen, dass wir sie nur noch ganz kurze Zeit haben.“

„Aber es geht so schnell“, schluchzte er.

„Ja, das finde ich auch“, sagte ich bewegt.

Der Tierarzt schaute uns an und wartete. Nachdem ich noch eine Weile äußerlich gefasst, aber innerlich aufgewühlt, mit Rico gesprochen hatte, holte ich tief Atem und nickte.

„Ich gebe ihr jetzt ein Schlafmittel. Das wirkt ganz langsam. Danach bekommt sie ihre Spritze, damit sie ganz einschläft. Setzen Sie sich doch ins Nebenzimmer, dann können Sie ganz in Ruhe Abschied nehmen von Ihrer Katze. Ist das in Ordnung?“

Ich mochte Rico nicht anschauen …

„Mom, ich möchte Fienchen mit nach Hause nehmen“, schluchzte Rico, „und da begraben.“

Das Herz war mir schwer, als ich Ricos Emotionen spürte.

Irgendwie hatte ich schon vorher gespürt, dass wir bald von Fienchen Abschied nehmen mussten. Es war nicht so sehr der Tod des Tieres. Ich wurde getroffen von der Trauer meines Sohnes um seine Katze, die er so geliebt hatte.

Später begrub Rico Fienchen auf unserem Grundstück – bewusst ganz in der Nähe unserer kleinen Straße, auf der er immer mit Aisha seinen Spaziergang macht. So kann er ihr Grab stets sehen.

Es war ergreifend, als ich das kleine Holzkreuz auf der Böschung sah, das er auf Fienchens Grab gestellt hatte.

Abends nahm Rico noch auf seine Weise Abschied, indem er sich in der Dunkelheit eine Weile zu ihr setzte.

Hätte ich mittags gewusst, dass Fienchen nur noch ein paar Stunden bei uns sein würde, hätte ich sie so viel Pute fressen lassen, wie sie gewollt hätte …

Kennen Sie dieses Gefühl? Hätte ich es bloß vorher gewusst …! Was hätte ich alles tun können oder müssen?

Hier geht es zwar „nur“ um unser Fienchen. Doch wie ist es, wenn ein Mensch ganz plötzlich von uns geht? Viele haben dann das Gefühl, dass sie ihm nicht genug gegeben haben – keinen Abschied mehr haben nehmen können, vielleicht sogar im Streit auseinander gegangen sind.

Des Öfteren habe ich Gespräche mit Teilnehmern, die ganz plötzlich einen Menschen verloren haben. Die Wahrheit aber ist, dass es wohl keinen Menschen gibt, der nicht rückschauend zu dem Ergebnis käme, er hätte nicht noch mehr tun können. Es ist jedoch nicht der Zweck des Lebens, Zeit und geistige Energie mit Selbstvorwürfen zu vergeuden. Wir dürfen erkennen, dass wir alle wachsendes Bewusstsein des Lebens, der Liebe und der Güte sind.

Reni hatte für mich ein Seminar in Berlin organisiert. Ich wusste nicht, dass sie sich bis zum letzten Tag eine gewisse Gruppengröße vorgestellt hatte. Als sich am Tag der Veranstaltung kurzfristig noch jemand meldete und fragte, ob er auch an dem Kurs teilnehmen könne, jubelte sie: „Es funktioniert, Gila! Es funktioniert! Mir fehlte noch einer in meiner Vorstellung – da ist er! Heute Morgen habe ich noch gedacht, na, ihr Engel, so ganz passt das ja wohl nicht. Einen brauchen wir noch."

„Du hast es wirklich verstanden", scherzte ich und klopfte ihr anerkennend auf die Schulter. Ich liebte ihre Klarheit und Tiefgründigkeit. In ihrem Gesicht stand das verschmitzte Lachen, das ich so sehr mochte.

Im Verlauf dieses Kurses bat mich jemand, etwas zum Thema Angst zu sagen.

„Ängste gehören nun mal zu unserem Leben", erklärte ich ihm. „Sie können auftreten in schützender Funktion, wenn wir uns auf Neues einlassen. Sie lösen erhöhte Wachsamkeit, Konzentration und Handlungsbereitschaft aus und spornen unser Nervensystem zu Höchstleistungen an."

„Aber es gibt doch auch andere Ängste, die zum Beispiel außer Kontrolle geraten", warf er ein.

„Dann werden sie für unser Nervensystem zum Stress. Krankhafte Angst zum Beispiel bezieht sich immer auf Situationen, die in der Realität überhaupt nicht gefährlich sind. Angst, die uns hilft, ist dagegen sehr wichtig für unser Leben."

Jemand anders meldete sich zu Wort: „Der Volksmund hat ja auch seine Begriffe wie: Sie zittert vor Angst. Die Angst raubt ihr den Schlaf. Sie ist vor Angst wie gelähmt. Ihr bleibt die Luft weg ..."

„Genau. Wer diese Zusammenhänge jedoch nicht wahrhaben

will“, fuhr ich fort, „geht zum Arzt und lässt sich behandeln wegen Kreislaufbeschwerden, Schlaflosigkeit oder Atemnot. Er ist dabei, die Symptome – die Wirkungen – zu behandeln und setzt nicht bei den Ursachen an. Wenn wir die Angst überwinden wollen, müssen wir zuallererst genau wissen, was wir fürchten, meistens etwas, das noch nicht eingetroffen ist.

Die Situation, die wir fürchten, ist momentan ja noch gar nicht vorhanden. Der Gegenstand der Furcht ist ein bloßer Gedanke, den wir uns einbilden und der uns nicht als Wirkliches, sondern bloß als Mögliches belastet. Angenommen, wir haben Angst vor Krebs, so heißt das im Klartext, wir fürchten uns sowohl vor dem Leiden, das mit der Krankheit verknüpft ist als auch davor, dass das Ende unseres Lebens absehbar scheint.“

„Aber den meisten geht es so“, warf eine Teilnehmerin ein.

„Ja, doch solange wir nun die Krankheit noch nicht haben, ist sie etwas Abstraktes. Sind wir jedoch daran erkrankt, so sind wir noch nicht daran gestorben, und niemand kann sicher sagen, dass wir daran sterben werden. Also alles, was zu irgendeiner Zeit für uns davon Wirklichkeit werden kann, ist Schmerz und Schwäche des Körpers. Der Zustand der Angst macht alles nur noch schlimmer.“

„Wie kommt es eigentlich, dass manche Menschen zum Beispiel sofort durch einen Grippevirus infiziert werden, während andere unter gleichen Voraussetzungen damit kein Problem haben?“

„Wenn man sich vor allen ernsten Krankheiten fürchtet, scheint die tatsächliche Ansteckung dabei vielfach von der Angst davor beeinflusst zu werden – das sage ich allen Viren zum Trotz, und obwohl ich weiß, dass ihre Rolle in der Entwicklung von Krankheiten nachgewiesen ist. Ein gesunder und vertrauensvoller Mensch hat weit weniger mit Krankheiten zu tun, da sein Immunsystem auf Ansteckungskeime ganz anders reagiert."

Als ich am ersten Seminarabend im Restaurant des Hotels mit Reni zusammen saß und auf das bestellte Essen wartete, ließen wir noch einmal die Themen des ersten Tages an uns vorüberziehen.

„Das Beispiel mit dem Brett war für alle sehr einleuchtend", nickte Reni zustimmend, „als du erklärt hast, dass die meisten Menschen sich fürchten, auf einem schmalen Brett über einen tiefen Abgrund zu gehen. Wenn dasselbe Brett jedoch zehn Zentimeter über dem Fußboden läge, so würden sie sich ganz leicht auf ihm bewegen und dächten gar nicht daran, das Gleichgewicht zu verlieren. Die Angst zu fallen – das ist die einzige Gefahr dabei."

„Furchtlose Menschen schalten den Gedanken an eine mögliche Gefahr weitgehend aus", erläuterte ich. „Sie sind sich ihrer körperlichen Fähigkeiten und Kräfte bewusst.

Inzwischen hatte der Ober unser Essen serviert. Eine Weile blieb es still zwischen uns, bis ich fort fuhr: „Haben wir zum Beispiel Angst davor, dass wir unsere Arbeitsstelle verlieren, sind wir offensichtlich noch gar nicht entlassen. Solange das nicht erfolgt ist, fehlt uns überhaupt nichts. Unsere Lage ist also noch einigermaßen zufrieden stellend.

Wenn nun die Entlassung eintritt, dann ist es sowieso zu spät, sich davor zu fürchten, und alle frühere Besorgnis zeigt sich als reine Verschwendung. Es hat also gar nichts genützt, sondern ganz im Gegenteil den Einsatz für eine neue Anstellung geschwächt."

„So kann man's auch sehen", lachte Reni.

„Aber so ist es doch!“ konterte ich heiter. „Jetzt könnten wir uns wiederum Sorgen machen, keine neue Stelle zu finden. Wenn dann aber eine neue Tätigkeit gefunden ist, so zeigt sich wieder, dass auch jene Befürchtungen nichts genützt, sondern uns höchstens nur geschadet haben. Es gibt also keine Umstände, die die Furcht in irgendeiner Lebenslage und zu irgendeiner gegenwärtigen Zeit rechtfertigen. Wir haben Angst vor einer zukünftigen Situation, die wahrscheinlich gar nicht eintrifft. Jedenfalls ist all das reine Verschwendung von Zeit, Energie, geistiger und körperlicher Kraft.“

„Das ist leicht gesagt, aber wenn die Gedanken einmal da sind?“ Reni war sehr nachdenklich geworden.

„Ich gebe ja zu“, sagte ich, „die bloße Überzeugung, dass alles nur in unserer Einbildung vorhanden ist, genügt oft nicht; wir müssen unser Bewusstsein darauf richten, den Gegenpol der Angst zu erkennen und dieses Vertrauen zu bejahen. Anfangs mag das vielleicht ungewohnt sein, aber es wird uns mehr und mehr in Fleisch und Blut übergehen.“

Reni zögerte einen Moment, bevor sie einhakte: „Ich habe inzwischen erkannt: Wenn ich einen persönlichen Misserfolg befürchte, zum Beispiel bei der Bewerbung um eine Arbeitsstelle, so wäre es besser, stattdessen genau das Gegenteil zu bejahen.“

„Richtig“, unterbrach ich sie, „wir sollten uns in das Gefühl hineinversetzen, wie geeignet wir für die Stelle sind, wie wir schon ähnliche Aufgaben gelöst haben, wie wir jetzt alle unsere früheren Erfahrungen benutzen und wie wir diese Tätigkeit als Herausforderung annehmen werden. Eine derartige Einstellung, die wir bewusst durch Bejahungen oder Affirmationen aufbauen, bringt uns in jeder Hinsicht weiter. Wie ich mich selbst behandle, so behandeln mich auch meine Mitmenschen.“

„Das heißt, wenn wir uns selbst nicht mögen, spüren das auch die anderen.“ Reni legte noch etwas Gemüse nach.

„Weißt du“, sinnierte ich, „sie merken schnell, dass wir mit uns unzufrieden sind. Sie vermissen an uns Lebensfreude und Selbstbewusstsein. Ihnen fällt auf, dass wir uns nur wenig zutrauen. Und dann geschieht das Sonderbare: Die anderen sind jetzt nicht etwa besonders rücksichtsvoll und freundlich zu uns, sondern sie behandeln uns so, wie wir es ihnen vormachen. Sie verlieren die Achtung vor uns und sind bald nicht mehr an uns interessiert – wieder nach dem geistigen Lebensgesetz: Gleiches zieht Gleiches an.“

Eine Weile blieb es ruhig zwischen uns, weil wir uns unserem Essen widmeten. Doch die Möglichkeit, miteinander wieder einmal in die Tiefe zu gehen, reizte uns beide. Und so fuhr ich fort: „Wenn wir Angst haben, so macht es Sinn, sich an ein schönes Erlebnis voller Glück und Frieden zu erinnern. Das kann Wunder wirken – ein fesselndes oder heiteres Buch lenkt ab von unseren Problemen. Diese plötzliche Veränderung unseres Bewusstseins wirkt oft wie die Umstellung einer Zugweiche – der Zug kann endlich zu seinem Zielbahnhof weiterfahren.“

„Ich gebe zu“, warf Reni ein, „am Anfang war es etwas ungewohnt, dauernd auf den Inhalt meiner Gedanken achten zu müssen, aber dann habe ich gemerkt, dass es mehr und mehr unbewusst geschieht, bis sich dieses neue Bewusstsein in meinem Leben manifestiert hat.“

Ich hing meinen Gedanken nach und schwieg.

Auch Reni dachte eine Weile nach, ehe sie weiter sprach: „Weißt du, Gila, wenn ich traurig bin und mich nur für einige Minuten mit fröhlichen Gedanken umgebe, bin ich überrascht, wie schnell dunkle Gedanken aus meinem Bewusstsein verschwinden. Ich glaube, sie können das Licht nicht ertragen. Licht, Freude, Glück und Harmonie mit uns selbst sind unsere besten Helfer."

„Ja, so ist es", stimmte ich zu. „Dunkelheit kann nicht bestehen, wo Licht und Liebe sind. Erst wenn wir unsere Stimmungen beherrschen können, sind wir imstande, unser Bestes zu leisten."

Reni antwortete nicht gleich, fuhr dann aber fort: „Manche Menschen, die Probleme mit sich selbst haben, meinen, glücklicher zu sein, wenn sie dauernd ihren Arbeitsplatz oder ihre Wohnung wechseln. Sie hoffen, dass sich dadurch viele ihrer Sorgen lösen. Sie leben nicht im Hier und Jetzt. Sie schwärmen von der Zeit nach ihrer Pensionierung, weil dann das Leben richtig beginnt. Sie sind mit ihrer Ehe unzufrieden und lassen sich auf eine heimliche Beziehung ein, von der sie sich neues Glück versprechen. Dabei liegt der Schlüssel für ihre innere Zufriedenheit nur in ihnen selbst – in dem Wissen um die Stärke ihres eigenen Bewusstseins."

Abschließend sagte ich zu Reni: „Vieles im Leben müssen wir vorbereiten und planen. Wenn wir das nicht tun, dürfen wir uns über das eventuell einsetzende Chaos nicht beschweren. So ist es auch mit einem Problem, das uns belastet. Wir müssen uns erst einmal in Ruhe damit auseinandersetzen: Wie ist es dazu gekommen? Was müssen wir ändern? Wir sollten versuchen, eine Lösung zu finden. Vielleicht können wir uns auch Rat bei Freunden holen. Und damit beginnen wir zu handeln, um unser Problem zu lösen."

Inzwischen hatten wir unser Essen beendet. Es war ein wunderschöner Tag gewesen. Diesen Abend hatten wir für uns gehabt, da fast alle Teilnehmer aus der näheren Umgebung kamen und abends nach Hause fuhren. Auch Reni wollte heimfahren, während ich mich entschieden hatte, dieses Mal nicht bei ihr zu übernachten, sondern der Einfachheit halber im Hotel zu bleiben.

Ich winkte meiner Freundin noch lange nach, bis ihr Auto aus meinem Blickfeld entschwand.

*

Mit meinem voll bepackten Auto kam ich Rosenmontag von einem Seminar zurück, voll guter Schwingungen und noch ungefähr zehn Kilometer von zu Hause entfernt. Ich hatte wohl zu sehr an die vergangenen Tage gedacht, so dass mir das Tempolimit 30 Kilometer nicht aufgefallen war.

In einer scharfen Kurve geschah es dann. Hinter einem Gebüsch neben der Straße kam plötzlich eine Kelle hervor, daran hing ein Polizist, der mich mit der bekannten Armbewegung anwies, links rein zu fahren. Dort erblickte ich dann auch seinen Kollegen sowie den Polizeibulli.

„O je“, seufzte ich, „sie haben mich wohl geblitzt.“

Ich bin sonst eine gute und rücksichtsvolle Fahrerin, immer bestrebt, mich an die Geschwindigkeitsbegrenzungen zu halten.

„Bin ich zu schnell gefahren?“ fragte ich kleinlaut, als ich die Wagentür öffnete und der Polizist meine Autopapiere und den Führerschein sehen wollte.

„Zu schnell?“ gab er zurück und wartete einen bedeutungsvollen Moment – siegessicher und genüsslich wie ein Kater, der seiner Maus den letzten Biss verpasst. „Sie sind Tagessieger!“

„Was bin ich?“

„Tagessieger“, wiederholte er, „Sie sind mehr als doppelt so schnell gefahren wie Sie durften!“

„O je“, sagte ich total geknickt.

„Zeigen Sie mir bitte mal Ihre Papiere.“

In dem Moment fühlt man sich ja so klein, so winzig, und man möchte dem Polizisten am liebsten all die hoch motivierenden Affirmationen und Suggestionen ins Gesicht sagen: „Ich bin wertvoll! Ich bin wichtig! Ich bin es wert, geliebt zu sein! Basta!“ Man möchte sich aufblasen und mit geschwellter Brust vor ihm stehen – wie ein Gorillamännchen vor seinem Rivalen, immer wieder die Thymusdrüse aktivierend mit dem Ausdruck: „Ich bin wichtig!“

Aber was tat ich? Klein und winzig vor so viel Obrigkeit suchte ich meinen Führerschein, den ich länger als ein Jahrzehnt nicht mehr hatte zeigen müssen und der mich obendrein noch als knackigen Teenager zeigt.

Nur, ich fand ihn nicht. Ich gebe zu, die Situation hat mich zumindest etwas beunruhigt – den drohenden Führerscheinverlust vor Augen bei mehr als doppelter Geschwindigkeit als vorgeschrieben.

Doch während ich krampfhaft in meiner Handtasche kramte, die wirklich viele Verstecke für Führerscheine aufweist, kamen auch solche Gedanken in mir auf wie: „Ich bin hier auf der verkehrten Veranstaltung! Immer versuche ich vorschriftsmäßig zu fahren, wieso passiert das jetzt hier? Ich kann doch nicht für einmal Träumen – und das auf einem sehr übersichtlichen Feldweg – meinen Führerschein vielleicht für einen Monat abgeben? Wo ist das Gesetz des Ausgleichs, ihr Engel?“

In dem Moment, als diese Gedanken mich bewegten und ich mit meinen Engeln haderte, sah ich, wie der zweite Polizist wieder ein Fahrzeug auf unseren Platz winkte, dem das gleiche Schicksal zu drohen schien. Dem Kennzeichen nach schien es sich um einen Mann aus einem arabischen Staat zu handeln, jedenfalls führte er ein Nummernschild an seinem Auto mit arabischer Schrift.

Während ich weiterhin mit aller Kraft meinen Schein suchte, unterbrach mich mein Polizist in meinem Tun: „Haben Sie überhaupt einen Führerschein?"

„Seit über dreißig Jahren", entgegnete ich etwas unwillig, „nur habe ich ihn bisher kaum zeigen müssen. Ich weiß zwar nicht, wo er steckt, aber ich habe ihn mit Sicherheit dabei. Kleinen Moment bitte noch!"

Nachdem ich mich nun mutig entschlossen hatte, den gesamten Inhalt meiner Handtasche und aller Nebenfächer einschließlich aller weiblichen Utensilien auf dem Fahrersitz zu entleeren, fand ich meinen Führerschein endlich, ordentlich verstaut in einem entlegenen Fach.

„Sehen Sie? Da ist er", sagte ich erleichtert. Und schon zog mein Polizist ab zum Bulli, um die Überprüfung vorzunehmen.

Während ich mich auf das vorbereitete, was unweigerlich kommen musste, hörte ich, wie sein Kollege versuchte, sich dem arabischen jungen Mann auf Englisch verständlich zu machen. Dieser sollte einen gewissen Betrag zahlen, und dann könne er weiterfahren. Nur, das klappte nicht. Der junge Mann leerte sein Portemonnaie aus und zählte dem Polizisten weniger als die Hälfte des angesetzten Betrages in die Hand.

„Haben Sie ein Pfand?" versuchte es der Polizist auf Deutsch, nachdem er wohl den englischen Begriff für Pfand nicht wusste. Es ging hier wirklich nur um den Fehlbetrag von ungefähr fünfzehn Euro. Dann hätte er weiterfahren können.

„Ihre Uhr? Your watch?" hakte der Polizist nach.

Ich hatte zwar keinen Führerschein mehr – jedenfalls im Moment nicht, aber zumindest noch genug Geld. Ich öffnete mein Portemonnaie und nahm zwei Scheine heraus. Der junge Araber sah mich erstaunt an. Gerade wollte ich ihm das Geld übergeben, damit zumindest er weiterfahren konnte, als plötzlich ein lauter Ruf über den kleinen Platz dröhnte.

„Alex – Abbrechen – Widerstand!"

In dem Moment verstand ich gar nichts. Mein Polizist schoss aus dem Bulli, rannte zu mir hin, drückte mir meinen Führerschein in die Hand, nahm meine Hand und rief: „Herzlichen Glückwunsch! Fahren Sie weiter!"

Ich kam mir vor wie in einer Quizsendung. Er hatte „Herzlichen Glückwunsch!" gerufen und mir die Hand gedrückt! Fassungslos sah ich, was dann geschah. Auch der arabische junge Mann neben mir begriff gar nichts mehr. Während er sein Geld wieder in die Hand gedrückt bekam, sahen wir, wie *mein* Polizist das Blaulicht anschaltete, *sein* Polizist zum Beifahrersitz rannte, einstieg – der Fahrer Gas gab und der Bulli mit Blaulicht schnellstens aus unserem Blickfeld entschwand.

Ich war nicht mal fähig, auf Deutsch zu begreifen, was da gerade geschehen war, geschweige denn, dem jungen Araber auf Englisch die Lage zu erklären. So betroffen stand ich da und musste erst einmal das Geschehen einordnen.

Der junge Mann sprach mich dann auf Englisch an, ob ich auch der Meinung sei, dass die Polizisten nicht zurückkämen.

„Meiner Meinung nach", entgegnete ich völlig konsterniert, nachdem mir mein Englisch wieder eingefallen war, „sind sie zu einem dringenden Einsatz gerufen worden. Es ist Rosenmontag. Irgendwo sind wahrscheinlich Krawalle entstanden. Dann ist alles andere Nebensache."

Als er wieder in sein Auto stieg, rief er mir noch fröhlich auf Englisch zu: „Danke, dass Sie mir helfen wollten!"

Total benommen fuhr ich die restliche Strecke nach Hause und erzählte diese fast unglaubliche Geschichte, die gerade vorher geschehen war.

„Dass so etwas immer nur dir passiert", sagte Dana vergnügt zu mir und schüttelte lachend den Kopf.

„Wunder geschehen nur den Menschen, die an Wunder glauben", antwortete ich überwältigt. „Morgens nach dem Aufwachen denke ich oft den Satz: Ich bin offen für alle Wunder, die heute wieder in meinem Leben geschehen. Na ja", gab ich lächelnd zu, „darum dürfte ich mich eigentlich gar nicht mehr wundern, wenn solche Wunder dann wirklich in mein Leben treten."

Doch auch ich musste erst einmal Zeit finden, um darüber nachzudenken, was hier eigentlich passiert war. Nach reiflicher Überlegung kam ich zu dem Schluss, dass mir selbst Hilfe zuteil wurde, weil ich bereit gewesen war, den Problemen eines anderen Menschen mehr Aufmerksamkeit zu schenken als meinen eigenen. Indem ich aus meinem Herzen heraus Hilfe anbot, habe ich sie selbst bekommen. So konnten wir beide unbehelligt weiterfahren – ein deutlicher Beweis für mich, dass alles, was wir für andere tun, früher oder später zu uns zurückkehrt.

Es war an einem Tag im Februar 2002.

„Warum geht bei mir eigentlich immer so viel schief?" reklamierte Dana mit Tränen in den Augen. „In den vergangenen Wochen ist bei mir nur Mist passiert. Immer wieder kommen neue Schwierigkeiten auf mich zu. Ich bin's bald leid. Warum immer ich? Warum klappt bei dir immer alles und bei mir nichts?"

„Möchtest du das wirklich wissen?" fragte ich sie ruhig.

„Klar will ich das wissen“, antwortete sie etwas unwirsch.

„Schau mal, Dana“, sagte ich äußerst behutsam zu meiner Tochter, „du weißt, was sich in unserer Familie in den vergangenen Jahren alles ereignet hat. Egal, wie ausweglos eine Situation auch schien, es hat uns nach vorn gebracht – egal, was es auch war – wir haben es geschafft. Aber nur, weil ich stets daran geglaubt habe, dass alles seinen Sinn hat. Es sind immer wieder kleine oder große Wunder geschehen.“

„Kannst du mir mal sagen, welchen Sinn all die Dinge haben sollen? Allein schon, dass ich in einem Monat mit meinem Auto fast einen Totalschaden gehabt habe und mehrmals geblitzt worden bin. Immer werde ich geblitzt! Immer!“

„Ja, in den nächsten Wochen wirst du wieder geblitzt!“ grinste ich.

„Kannst du hellsehen?“ Sie schaute mich groß an.

„Nein, aber das ist nicht schwierig vorauszusehen. Wenn du denkst oder sagst: ‚Immer werde ich geblitzt!‘, dann bedeutet das als Auftrag für dein Unterbewusstsein, dich dorthin zu führen, wo ein Radargerät steht. Dein Verstand ist der Chef – dein Unterbewusstsein der Produktionsleiter, der den Auftrag ausführen muss.“

Als ich ihr dieses Beispiel gab, hatte ich das Gefühl, dass sie eine Weile nachdachte, jedoch noch weit davon entfernt war, sich aus der Opferrolle hinauszubegeben.

Dana führte weitere Dinge an, die sich – das muss ich zugeben – in den vergangenen Monaten tatsächlich gehäuft hatten. Aufgefallen war mir aber auch, dass sie ihre negative Bewusstseinshaltung ebenfalls ständig verteidigte.

Wie ein Häufchen Elend saß meine Tochter vor mir, und ich konnte spüren, wie traurig sie war. Am allerliebsten hätte ich sie mitgenommen zu meinem nächsten Seminar, um ihr die unmittelbaren Zusammenhänge zwischen Ursache und Wirkung begreiflich zu machen. Vieles hatte sie zwar durch unser Zusammenleben schon intuitiv verinnerlicht, aber die komplette Art der Umsetzung fehlte ihr noch.

Und dann kam mir die Idee.

„Sag mal", begann ich äußerst behutsam, „soll ich Günter Ilse mal fragen, ob er dich beim nächsten Kurs, den er leitet, mitnehmen kann?"

Dana dachte einen Moment nach und entschied dann: „Also, das würde ich machen! Bei dir nicht, Mom, versteh das bitte nicht falsch, aber bei Günter, ja! Du bist meine Mom, und ich würde dich immer im Nachthemd da vorn herumflitzen sehen."

Jetzt lachten wir beide hell auf, als wir uns das Bild vorstellten. Beherzt griff ich zum Telefonhörer und rief Günter an.

Er freute sich über meine Bitte und meinte, es sei sicherlich möglich, dass Dana Anfang März bei einem Firmenseminar dabei sein könne.

So kam es, dass meine Tochter – so wie auch ich damals – bei Günter ihr erstes Seminar miterlebte, während ich gleichzeitig ein Firmenseminar in der Schweiz leitete.

Danach war sie total fasziniert von den Erlebnissen und erzählte mir begeistert von all den Dingen, die auch mir so vertraut waren.

Darum bin ich voll Vertrauen, dass sich auch für Dana durch das Wissen um die geistigen Gesetze und deren Umsetzung immer mehr Schönes in ihrem Leben abspielen wird.

Kapitel 16

Die Vögel verlassen die Erde mit ihren Flügeln.
Auch die Menschen können die Erde verlassen,
zwar nicht mit Flügeln, aber mit ihrem Geist.
(Hehaka Sapa, Sioux)

Bei Firmenseminaren stoße ich des Öfteren auf Vorbehalte der Mitarbeiter, die von ihrem Chef zu diesem Termin „gebeten" werden und sich nichts unter den Themen vorstellen können.

Auch mir ging es so, als ich seinerzeit zum ersten Mal an einer solchen Veranstaltung teilnehmen sollte. Ich lehnte schlichtweg ab. Meine Tochter Dana war damals ein halbes Jahr alt, und ich, als umsatzstärkste Mitarbeiterin des gesamten Unternehmens, bildete mir ein, über eine gewisse Narrenfreiheit zu verfügen. Zwingen konnte man mich zumindest nicht, da dieses Seminar von uns selbst bezahlt werden sollte. Mit dem Hinweis auf mein Baby und die einzigen freien Tage am Wochenende lehnte ich ab.

Am Sonntag Abend direkt danach waren zwei meiner Mitarbeiterinnen zu mir gekommen und hatten völlig begeistert von den vergangenen zwei Tagen berichtet.

„Worum ging es denn im Einzelnen?" fragte ich, nun neugierig geworden, als ich den Schwung und den Elan der beiden spürte.

„Komisch", meinte eine der beiden, „wir mussten ständig an Sie denken und haben übereinstimmend gesagt, dass Sie dieses alles schon leben."

‚Aha', dachte ich überzeugt und nickte zufrieden. Wieder

kam ein gutes Gefühl in mir auf, dass ich bei der Absage richtig gehandelt hatte und zu Hause bei meinem Baby geblieben war.

Wenn die Zeit jedoch reif ist, kann uns nichts auf der Welt davon abhalten, eine Veränderung zu erfahren. Heute sehe ich es so, dass meine Engel mir den Mann, den ich liebte, als „Köder" vorhielten, damit meine Überheblichkeit einen ziemlichen Dämpfer bekam. In meinem Husky-Buch habe ich detailliert über diese Lebenslage berichtet.

Darum kann ich heute auch jeden verstehen, der genauso denkt. Manchmal bedarf es eben eines Tritts in den Allerwertesten, um aufzuwachen.

Und so war es auch bei einem von mir geleiteten Firmenseminar. Petra, die Firmenchefin, kannte mich nur aus meinen Büchern. Voller Freude rief sie mich eines Tages an mit dem Vorschlag, einen Kurs mit ihrer kompletten Belegschaft zu veranstalten.

Am Telefon lernte ich eine ganz besondere Frau kennen, die voller Begeisterung und Einsatz für andere lebt. Obwohl die Firma nicht gerade auf Rosen gebettet war, setzte Petra zusammen mit ihrem Mann Bodo die Idee durch, für ihre Mitarbeiter einmal etwas ganz Besonderes zu tun.

Ganz liebevoll gestaltete Petra die Einladungen und bat mich, meine Husky-Bücher, die sie allen dreiunddreißig Mitarbeitern vorher schenken wollte, zu widmen. Die komplette Belegschaft war von der Firmenleitung zu der Veranstaltung eingeladen worden.

Die Resonanz auf die Einladung jedoch war ganz anders als erhofft. Viel lieber hätten alle eine Kneipentour unternommen, wie man vorher versteckt – und hinterher sogar offen – zugab.

Dementsprechend war dann auch der Einstieg. Ich spürte anfangs, dass man mehr der Höflichkeit halber zuhörte – vielleicht auch, weil Chef und Chefin vorn saßen und Disziplin erwarteten.

Gegen Mittag des ersten Tages meldete sich Toni zu Wort – ein junger Mann, der dafür bekannt war, alles frei herauszusagen, was er dachte. Er schien für die Gruppe zu sprechen. „Also", meinte er treuherzig, „wenn das alles so stimmen würde, wie Sie das hier erklären, dann habe ich ein Verständnisproblem. Sie sprachen heute immer wieder davon, dass es das Gesetz von Ursache und Wirkung gibt." Er machte eine bedeutungsvolle Pause und holte dann zum Schlage aus: „Aber dann bin ich eine absolute Ausnahme."

Verhaltenes Gelächter kam auf.

„Und wieso das?" fragte ich ihn belustigt, wohl wissend, dass er mich ein wenig provozieren wollte, während die anderen unseren Dialog aufmerksam verfolgten.

„Nun", gab er munter zu, „ich verhalte mich den anderen gegenüber immer wie der letzte Dreck. Doch ich bekomme immer nur Nettes zurück. Da kann doch etwas nicht stimmen von dem, was Sie sagen!"

Seine Kollegen prusteten los, weil Toni mir nun die Stirn hatte bieten wollen. Ich ließ mich jedoch nicht beeindrucken, bat lachend um Ruhe und ging auf ihn ein.

„Toni", antwortete ich locker, „kann es sein, dass Sie früher mal ein sehr netter junger Mann gewesen sind?"

„Wie meinen Sie das?" konterte er, merkte aber nicht sofort, worauf ich hinaus wollte.

„Nun, so wie ich's gesagt habe."

„Ja", meinte er trocken, „das kann schon sein."

„Wenn das so ist – und Sie haben sehr gut aufgepasst bei

dem Gesetz von Ursache und Wirkung – “, sagte ich belustigt, „dann tritt jetzt die Wirkung der Ursachen ein, die Sie in Ihrer Vergangenheit gesetzt haben: Jeder ist nett zu Ihnen, so wie Sie’s auch mal waren. Doch nun kommt es: Wenn Sie sich aber im Moment wie der letzte Dreck anderen gegenüber verhalten, könnte es dann vielleicht sein, dass die Lebensumstände als Wirkung der somit von Ihnen gesetzten Ursachen in Zukunft alle noch auf Sie warten?“

Die Gruppe wieherte los. Und das Sympathische war – Toni lachte am lautesten!

Es war wunderschön für mich zu beobachten, wie sich die Gruppe den Themen gegenüber von Stunde zu Stunde mehr öffnete. Alle hatten geglaubt, die Firma habe diese Veranstaltung angesetzt, um auf mehr Umsatz zu pochen. Selbst bei den Teilnehmern, die sich eher eine rustikalere Firmenfeier als das Seminar gewünscht hätten, machte sich mehr und mehr ein Gefühl von immenser Dankbarkeit gegenüber der Firmenleitung bemerkbar. Alle waren danach ein wenig beschämt, und das Schöne war, dass sie es auch offen zugaben. Zum Ende des Seminars bedankte sich jeder total ergriffen bei Petra und ihrem Mann Bodo für die Großzügigkeit dieser kleinen Firma.

Und ich spürte, wie gut diese positive Rückmeldung den beiden tat, weil diese besondere Entscheidung für Mitarbeiter und Firma derartige Früchte trug.

Anders als bei den Seminaren, die ich für Firmen unterschiedlicher Größenordnung leite, nennen wir uns bei meinen offenen Kursen beim Vornamen. Hier melden sich Leser meiner Bücher an, die sich untereinander oft nicht kennen.

So werden meistens erst zum Schluss die Adressen ausgetauscht, wenn weiter miteinander Kontakt gehalten werden soll.

Es war in einem Kurs in Vorarlberg. Zwei Teilnehmerinnen fühlten sich ganz besonders zu einander hingezogen und machten auch die meisten Partnerübungen miteinander. Eine neue Freundschaft war entstanden, wie das oft bei Menschen geschieht, die aus ähnlichen Gründen zusammengefunden haben.

Kurz bevor die Gruppe Abschied nahm, tauschten die beiden ihre Adressen aus. Eine von ihnen hatte einen seltenen Familiennamen.

„Sag mal", stutzte die andere, „kennst du einen Martin gleichen Namens?"

„Na klar", meinte diese völlig überrascht, „das ist mein Mann!"

Ich sah, wie alle Farbe aus dem Gesicht der anderen wich und sie leise sagte: „Sag das noch mal, bitte."

„Was ist denn los mit dir? Kennst du meinen Mann?"

Es dauerte eine Weile, ehe die andere antwortete. Ihre Stimme schwankte zwischen Fassungslosigkeit und Entrüstung: „Das war mein Verlobter. Er hat mich wegen dir sitzen lassen."

O je – das saß!

Jetzt waren beide völlig durcheinander und wussten nicht, ob sie lachen oder weinen sollten. Seit Jahren hatte sich bei der verlassenen Teilnehmerin eine ziemliche Wut aufgestaut, die sich sowohl gegen ihren verflossenen Martin als auch gegen dessen unbekannte spätere Frau richtete. Und nun waren die beiden Frauen – ohne zu wissen, welche Rolle sie im Leben der jeweils anderen spielten – hier in den drei Tagen so zusammen gewachsen, als ob sie sich nie wieder loslassen wollten.

Verständlich, dass die beiden erst mal ihren Gefühlen freien

Lauf ließen. Blitzschnell mussten sie nun das über Jahre aufgebaute Feindbild gegen ein anderes Bild ersetzen, das nun Vertrautheit und beginnende Freundschaft enthielt.

Manchmal lassen sich unsere Engel eben etwas ganz besonderes einfallen, um jahrelangen Groll aus der Welt zu schaffen.

Ganz besonders gern erinnere ich mich an ein junges Ehepaar Ingrid und Markus, das ich bei einem meiner Seminare traf. Bei der Begrüßung spürte ich schon, dass irgendetwas los war mit Ingrid. Sie schien noch gar nicht richtig anwesend zu sein.

Es war schön, Markus' strahlendes Gesicht zu beobachten, als er der Gruppe die Geschichte erzählte, die die Erklärung brachte.

„Ingrid hatte vor Monaten bereits Gilas Bücher gelesen und sich sehnlichst gewünscht, einmal an einem ihrer Seminare teilzunehmen", sagte er. „Irgendwann habe ich erfahren, dass Gila ganz in der Nähe unseres Wohnortes einen Kurs abhält. Heimlich habe ich organisiert, dass die Eltern an den beiden Tagen unsere Kinder nehmen, und habe meine Frau und mich selbst angemeldet.

Gestern habe ich Ingrid dann damit überrascht, sie übers Wochenende in den Bregenzer Wald in ein schönes Hotel einzuladen, habe jedoch noch nichts erwähnt von diesem Termin."

Die Teilnehmer hörten fasziniert zu, als Markus schmunzelnd weitererzählte: „Heute Morgen sind wir beide früh losgefahren und hier im Hotel abgestiegen. Ingrid hatte immer noch keine blasse Ahnung, was sie erwartete. Erst als sich das Hotel nach und nach füllte und sie Gilas Namen hörte, wurde Ingrid hellhörig und war völlig überrascht, dass Gila hier im Hotel ist. Und dann hat sie mich durchschaut!" lachte er.

„Ich kann es immer noch nicht glauben, dass ich hier bin!"

sagte Ingrid freudestrahlend, und jeder konnte ihre Gefühle nachvollziehen. Erst nach und nach begriff sie, welches besondere Geschenk Markus ihr gemacht hatte.

Diese kleine Geschichte zeugt davon, wie liebevoll wir uns dem anderen gegenüber verhalten können, ihn einfach mal mit etwas überraschen, ihm ein wenig Anerkennung für das geben, was er jeden Tag ganz selbstverständlich für uns tut. Und wenn es täglich nur ein anerkennendes Wort ist, das wir aussprechen. Wir werden schnell merken, was das bewirkt.

So auch bei der Frau eines Teilnehmers, die auf ein Seminar kam, nachdem ihr Mann vorher bei mir gewesen war. Sie erzählte, wie es ihr ergangen war. „Ich wollte einfach nicht mit“, berichtete sie ganz freimütig. „Mein Mann kam zurück, und da ging plötzlich die Post ab! Er fing an, mir täglich etwas Nettes zu sagen. ‚Mensch, der Kurs zeigt Wirkung!‘ habe ich ihm etwas ironisch gesagt. Denn so ganz ehrlich kam mir das nicht vor. Vorher war diese liebevolle Art alles andere als normal für ihn gewesen.“

Als die anderen lachten, unterbrach sie ihre Ausführungen kurz, fuhr dann aber fort: „Jeden Tag bekam ich etwas Liebes gesagt. Ich gebe ja zu – es war schön, aber der Gedanke, dass er dazu angehalten worden war, nagte an mir. Aber dann geschah etwas Eigenartiges: Ich begann, mich an die kleinen netten Gesten und Worte zu gewöhnen und sie nicht mehr zu beurteilen. Und wisst ihr, was passiert ist?“ Sie schaute fröhlich in die Runde. „Nach ein paar Wochen habe ich dann damit angefangen, meinem Mann täglich etwas Nettes zu sagen. Und jetzt bin ich freiwillig hier“, lachte sie, „keine zehn Pferde hätten mich vorher zu so einem Kurs bekommen, aber unsere Ehe hat sich dadurch ganz enorm gebessert, und ich bin längst nicht mehr so schnell verletzt, wie ich es vorher war.“

Wir können nur gewinnen, wenn wir bereit sind, aus unseren Fehlern zu lernen. Manchmal empfinden diese sogar als Katastrophe. Aus Angst vor Fehlern nehmen wir keine Herausforderungen an und verpassen dadurch die Gelegenheit, Lebendigkeit und Frische in unser Leben zu bringen. Unsere kreativen Fähigkeiten verkümmern, weil wir sie mit unserem Sicherheitsdenken blockieren. Wir bleiben in unserer Entwicklung stehen.

Wenn wir überzeugt sind, ein Pechvogel zu sein, wird unser Leben genau diese Einstellung widerspiegeln. Viele Aufgaben werden wir überhaupt nicht in Angriff nehmen, weil wir von vornherein glauben, dass sie uns nicht gelingen. Gelingt es dann wirklich nicht, wird unser so genanntes Pech sofort als Erklärung herhalten, ohne den Dingen auf den Grund zu gehen. Doch wenn etwas – wider Erwarten – wirklich klappen sollte, so erklären wir es mit Zufall, weil Pechvögel nun einmal keine Glückspilze sein können.

Erst wenn wir unsere negativen Gedankenmuster überprüfen und bereit sind, unser Bewusstsein immer wieder auf Glück und Erfolg zu programmieren, wird mit jeder Programmierung oder Affirmation eine neue mentale Erfahrung verursacht, die – wie wir inzwischen wissen – als Lebenslage oder Ereignis in unser Leben tritt.

Ob du glaubst, du schaffst es –
oder ob du glaubst, du schaffst es nicht – du hast immer Recht!

Eine interessante Begebenheit erlebte ich im Sommer 2001. Ich hatte im vorhergehenden November ein Engelseminar geleitet, an dem auch Lydia teilnahm, die bereits mehrere Kurse besucht hatte. Zu ihr bestand eine ganz besondere

Schwingung, und wir hatten auch zwischendurch einmal miteinander telefoniert.

Zur Zeit des Engelseminars war sie in einer ganz außergewöhnlichen Lebenslage gewesen, und meine Engel hatten mir plötzlich den starken Wunsch eingegeben, ihr beizustehen. Auch für sie war es ein Engelerlebnis. Oft hatte sie später den starken Wunsch verspürt, mich zum Dank dafür persönlich in die Arme zu nehmen. Da sie jedoch in Süddeutschland lebt und ich im Norden zu Hause bin, war das gar nicht so einfach.

Im Juli 2001 hatte ich zusätzlich einen zweiten Termin in Vorarlberg eingefügt. Davon konnten nur die anwesenden Teilnehmer wissen, die ihn durch ihre Zeitung erfahren hatten. Am Sonntag Mittag ging inmitten der Verabschiedung plötzlich die Tür auf – und Lydia stürmte herein!

Ich glaubte meinen Augen nicht zu trauen, als sie auf mich zu lief und es aus ihr heraus platzte: „Gila, wie oft habe ich mir gewünscht, dir persönlich ‚Danke' zu sagen! Heute morgen habe ich einen unerklärlichen Drang gehabt, nach Vorarlberg zu fahren, und sagte zu meinem Bekannten: ‚Es ist so herrliches Wetter. Lass uns mal in den Bregenzer Wald fahren. Dort können wir irgendwo zu Mittag essen.'"

Wie magisch war sie dann von unserem Hotel angezogen worden, ohne es überhaupt zu kennen. Von diesem Kurs konnte sie auch nichts wissen. Erst als sie draußen mein ihr vertrautes Auto entdeckte, wurde ihr klar, dass unsere Engel ihren Herzenswunsch erfüllt hatten.

Mein tiefstes Engelerlebnis hatte ich in einem meiner Seminare. Es war das erste Mal in meinem Leben, dass ich die Anwesenheit von Engeln nicht nur gespürt, sondern einen Engel gesehen und erlebt habe.

Es geschah bei einer Übung, bei der die Anwesenden ihren Herzenswunsch als Symbol in die Gruppe gaben und wir diesem Sinnbild Energie verliehen. Bei dieser Aufgabe wird ein enorm starkes Energiefeld aufgebaut.

Plötzlich bemerkte ich, wie eine Teilnehmerin dieser Runde heftig zu zittern begann. Schon vorher war sie mir aufgefallen, weil ihr Ähnliches in tiefen Meditationen widerfuhr. Ich beobachtete sie einen Moment und fragte sie dann leise: „Doris, ist alles in Ordnung mit dir?"

Sie nickte, doch ihr Zittern wurde stärker. Ich verspürte das starke Bedürfnis, zu ihr hinzugehen und ihr mit meinen Armen Sicherheit zu geben.

In dem Moment, als ich meine Arme von hinten um sie legte, sah ich ihn: So beeindruckend – so klar – so überwältigend, dass ich jetzt noch kaum Worte finde, um dieses Erlebnis überhaupt zu beschreiben.

Ich glaube, nur wer überhaupt schon einmal so etwas erlebt hat, kann diese Gefühle nachempfinden. Die Energie war derart hoch, dass ich dachte, ein Blitzstrahl würde mich treffen und alles in mir zum Brennen bringen.

Eine riesengroße lichte Gestalt stand hinter mir, weit größer als die Zimmerdecke. Ich sah den Engel hinter mir, obwohl meine Augen der Gruppe zugewandt waren. So beschützend – so liebevoll, aber auch so gewaltig! Es war ein wunderbares, erhebendes Gefühl.

Und jetzt erfasste das Zittern auch mich. Ich hielt Doris immer noch fest.

„Siehst du den Engel auch?" fragte Doris mich mit bebender Stimme. Ich konnte nur nicken. Also hatte auch sie ihn wahrgenommen.

Es waren nur Sekunden, aber es kam mir so endlos vor. Als

ich mich langsam von Doris zurückzog, um wieder für die Gruppe da zu sein, verschwand auch unser Engel. Absolute Liebe blieb da – reine Engelenergie.

Glücklicherweise war diese erhebende Übung die letzte vor dem Abendessen, so dass ich mich wieder einigermaßen sammeln konnte. Ich klinkte mich aus, um ein paar Minuten ganz allein zu sein, um das Erlebnis zu verarbeiten. Die Gruppe ging inzwischen zum Abendessen, während ich mich in die kleine Bar begab, wo ich ein Glas Wasser bestellte.

Doris hatte mich gesucht und fand mich im Halbdunkel sitzend.

„Lass mich bitte einen Moment allein", bat ich sie und stellte immer noch zitternd mein Glas auf den Tisch. „Ich muss mich einen Moment erholen von dem, was ich gerade erlebt habe."

Voller Verständnis lächelte sie mir zu. Dann erzählte sie mir, dass sie diese Begegnungen mit Engeln öfter habe und es ihr beim ersten Mal genauso ergangen sei wie mir. Überrascht schaute ich hoch.

„Inzwischen bin ich nicht mehr erschrocken, wenn ich Engel sehe, aber nach wie vor ergriffen", meinte sie, „darum kann ich dich so gut verstehen."

Für mich war dies einer der erhebendsten Augenblicke überhaupt gewesen. In dem Moment der tiefsten Berührung hatte ich beschlossen, Engelseminare mit in mein Programm aufzunehmen, bei denen wir unseren Engeln ganz nah sind.

Wie viel leichter könnte unser Leben sein, wenn wir ihnen mit absolutem Vertrauen einen Teil unserer Aufgaben übertragen würden. Wir wären überrascht, wie schnell sich ein großer Teil unserer Probleme durch Loslassen erledigen würde.

Es müssen keine Wesen mit Flügeln sein, unsere Engel. Auch tragen sie sicherlich kein weißes Gewand. Oft, dass wir sie nur ahnen in ihrer leisen Art. Manchmal erscheinen sie uns in der Gestalt von Menschen, die uns unerwartet helfen – manchmal, indem eine hohe Erwartung von unserer Seite einfach nicht erfüllt wird.

Oft bitte ich meine Engel, mir bei der Verwirklichung eines Wunsches zu helfen. Stets aufs Neue darf ich erleben, dass mir – ohne Sprache, nur als Botschaft – eine Lösung zuteil wird, die nicht von Menschenhand erfolgen konnte. Wie oft schon habe ich meine Engel gespürt, wie sie wieder am Werk sind. Heimlich wird etwas arrangiert, irgendwo werden Fäden geknüpft. Und so kommt es, dass Engel für mein Leben immer wichtiger werden.

Nicht nur, wenn ich sie direkt fühle, bin ich voller Dankbarkeit für ihre heimlichen Engelsdienste. Vielleicht sind sie es auch, die mir jetzt die Hand führen, vieles von dem aufzuschreiben, was für mein Leben und auch für andere wichtig sein kann.

Blitzartig ist sie da – die Lösung! Ich lausche meiner Intuition, und plötzlich kommt ein Gedanke in mir auf, der vorher nicht da war, der sich nun wie ein Teil eines Mosaiks einfügt in ein Bild, das vollendet werden muss.

Manchmal, wenn ich einen weiteren Schritt in das Unbekannte wagen will, sind es meine Engel, die Dinge geschehen lassen, um mir Vertrauen einzuflößen auf dem neuen Weg. Immer wieder spüre ich das Gefühl der Verbundenheit zu ihnen durch Fügungen, die ich mit dem Verstand gar nicht hätte erkennen können.

Ob es auch meine Engel sind, die mir manchmal sogar im Wege stehen und mich unerwartet ein klares Nein empfinden lassen – einen Widerstand, obwohl mein Verstand mir sagt, dass alles anders hätte laufen können? Ob sie es sind, die mich von dem zurückhalten wollen, was mich nicht unbedingt weiter bringt auf dem Weg zur Erfüllung meines Lebensplanes?

Werde ich spüren, wenn irgendwann auch wieder mein Engel der Partnerschaft sich mit dem Engel meines Partners in Verbindung setzt, um ein heimliches Arrangement zu treffen – eine Begegnung, die meiner jetzigen Einstellung entspricht: ‚Ich habe aufgehört zu suchen – ich lasse mich finden'?

Werde ich spüren, wenn diese Engel gemeinsam einen Plan für zwei Menschen entwerfen, um alles für die beiden in die richtigen Bahnen zu lenken?

Ich glaube daran, dass es so sein wird.

Und ich glaube auch fest daran, dass es meine Engel sein werden, die mich eines Tages über die irdische Schwelle hinweg tragen in das Licht und in die Liebe, die viel umfassender ist als alles, was wir hier auf Erden erleben können.

Ich danke meinen Engeln für das Vertrauen, das meine Seele zu ihnen hat, und dass sie bereit ist, ihren Wünschen zu folgen.

Schluss

Hoffnung ist nicht die Überzeugung, dass etwas gut ausgeht, sondern die Gewissheit, dass etwas Sinn hat, egal wie es ausgeht.

(Václav Havel)

Wenn wir bereit sind, unsere – oft in Gedanken selbst gesetzten – Grenzen zu überschreiten, werden wir erfahren, zu welcher Liebe wir fähig sind und welche Kraft wir in uns haben.

Nach heftigen Krisen fragen wir uns manchmal, wie wir das bloß alles geschafft haben, und sind im Nachhinein erstaunt über unsere Belastbarkeit. Dadurch erkennen wir oftmals, dass eine gewaltige Kraft in uns schlummert, die dann plötzlich da ist, wenn wir sie brauchen.

Wir sollten uns jedoch daran erinnern, dass uns diese Kraft immer und in allen Lebenslagen zur Verfügung steht. Und wenn wir dies erkennen, dann müssen wir auch schlussfolgern, dass wir nichts, aber auch gar nichts im Leben fürchten müssen. Positiv ausgedrückt – alles, was kommt, dürfen wir mit Gelassenheit und Vertrauen auf eine gute Lösung annehmen. Geht alles glatt, dann machen wir uns gewöhnlich keine Gedanken über unsere Fähigkeiten. Erst bei einem Problem sind wir überrascht, wozu wir fähig sind, wenn wir unsere Energien mobilisieren.

Durch diese Kraft und die kreativen Göttlichen Anteile in uns haben wir die Möglichkeit der Veränderung unserer Persönlichkeit und brauchen uns auch nicht mit unseren Schwächen abzufinden. Unser Unterbewusstsein ist vergleichbar mit einem hoch entwickelten Computer, und unsere Gedankensoftware kann ständig aktualisiert werden. Wir können gewissermaßen ein Update auf die Festplatte unseres Unterbewusstseins spielen. Damit können wir alte Programme, die zu Leid, Schmerz und Misserfolg führen, durch konstruktive Gedanken-Programme ersetzen.

Gott hat uns die Freiheit geschenkt, Entscheidungen treffen zu können. Es liegt bei uns, ob wir die Wahrheit sagen oder lügen – kämpfen oder aufgeben – zustimmen oder ablehnen – loben oder kritisieren – Verantwortung übernehmen oder feige sind. Diese Entscheidungen müssen täglich neu getroffen werden und bestimmen größtenteils über Freiheit oder Abhängigkeit, Wohlfühlen oder Unzufriedenheit. Sie formen unser Leben. Wir sind, wofür wir uns entscheiden.

Alle sehnen wir uns nach dieser Liebe. Die All-Liebe ist Göttlichen Ursprungs. Ein Mensch, der diese Liebe in sich spürt, achtet die Würde des einzelnen und lebt in liebevoller Gemeinschaft mit den Menschen und der gesamten Natur.

Wir ziehen *die* Menschen an, die um diese Göttliche Art zu lieben wissen, – Menschen, die verstehen, wie wichtig die Liebe in unserem Leben ist.

Es wäre schön, wenn wir uns mehr bewusst machen würden, was wir wirklich aus uns machen können, und dass *alles*, was wir denken und tun, sich auf uns und unser Umfeld auswirkt. Ereignisse geschehen in unserem Leben, nur ob wir sie als Schädigung oder Herausforderung betrachten, entspricht unserer eigenen Bewusstseinshaltung. Sind wir bereit, den Schalter umzulegen? Lasst uns nach innen schauen und erkennen:

Die Gedanken von heute sind die Wirklichkeit von morgen

Das eine habe ich aus dem Leben gelernt:

Unter was für Verhältnissen ich auch lebe,
wie viel Schweres und Unangenehmes ich täglich
und in den kommenden Zeiten zu überwinden habe,
ich will alles nehmen wie es kommt,
ohne zu klagen und mich entmutigen zu lassen,
sondern viel mehr in der Überzeugung,
dass das, was kommt, im Augenblick
das Beste für mich ist,
sonst würde es nicht kommen.

Und das will ich mir immer klar machen:
Kann ich auch jetzt noch nicht erkennen,
warum es in mein Leben getreten ist
und welche Rolle es darin zu spielen hat,
so kommt doch einst die Zeit der Erkenntnis für mich,
und dann werde ich für alles,
gerade wie es gekommen ist,
von ganzem Herzen dankbar sein.

(Ralph Waldo Trine)

Gila van Delden

... nicht heulen Husky!

Der fesselnde Tatsachenbericht einer Auswanderung nach Kanada

Ein Selbsterfahrungsbuch

Mit Humor und Selbstironie erzählt die Autorin freimütig ihre turbulente Geschichte. Sie möchte damit nicht zuletzt dem Leser eine Anregung geben, an die Kraft der Gedanken zu glauben. Dieses erfolgreiche Buch wurde sogar mit sehr bekannten internationalen Schauspielern verfilmt.

In aller Heimlichkeit plant sie ihre Auswanderung nach Kanada, gemeinsam mit Rainer, dem Mann ihrer besten Freundin Eva und Vater ihrer Tochter Dana. Trotz vieler scheinbar unüberwindlicher Hindernisse gelingt ihnen die Einwanderung in die Yukon Territories – und ohne Evas Wissen verlassen sie Deutschland. Doch es zeigt sich, dass Rainers Liebe zu seinen dreizehn Huskies nicht unproblematisch ist. Liegt nur in der endgültigen Rückkehr nach Deutschland die Chance für ein gemeinsames Leben für alle?

In Persönlichkeits-Seminaren lernt Gila van Delden die Kraft des positiven Denkens kennen, die ihr zur Lebensphilosophie wird. Obwohl sie ihren ganzen Glauben an das Gute einsetzt, um nochmals ein Leben in Kanada zu beginnen, muss sie sich schließlich doch der Macht des Schicksals beugen. In ihrem zweiten Buch *„Mutter Erde, trage mich . . .“* setzt sie ihre Geschichte fort.

Seit 1994 leitet die Autorin selbst auf sehr liebevolle Art Seminare über die Kraft des Unterbewusstseins, nachdem sie durch ihre eigene Geschichte gelernt hat, nichts mehr zu tun, was auf Kosten anderer geht. In ihren Selbsterfahrungsseminaren können die Teilnehmer lernen, neue Glaubenssätze für ihr Leben zu formen und daraus Kraft zur Meisterung ihres Schicksals zu schöpfen.

COUNTRY VERLAG
D-33790 Halle/Westf.

ISBN 3-9803144-0-5

Gila van Delden

Mutter Erde, trage mich ...

Ein erfrischender,
spiritueller Tatsachenbericht

Die Autorin ist 1947 in Bielefeld geboren. Durch ihr erstes Buch „... nicht heulen, Husky!“ ist sie in Presse, Funk und Fernsehen bekannt geworden. Nach ihrer Rückkehr aus Kanada versucht sie, mit ihren drei Kindern allein durchzukommen. Dankbar erlebt sie, wie ihr spirituelles Bewusstsein ihr immer wieder sogenannte Wunder präsentiert und ihr hilft, ausweglos erscheinende Situationen zu meistern.

Lebendig und voller Humor beschreibt die Autorin, wie es ihr gelingt, Spiritualität in ihren Alltag einzubinden und auf ihre innere Stimme zu hören. Fesselnd beschreibt sie ernste, aber auch viele heitere Situationen ihrer kleinen Familie. Und dann begibt sie sich auf die spirituelle Suche nach einem Ehemann ...

Diese Geschichte berührt, stimmt nachdenklich und macht Mut zum Leben. Gleichzeitig jedoch lässt die Autorin den Leser auf eindrucksvolle Weise an dem Erlebnis teilhaben, dass der Tod nicht das Ende des Daseins bedeutet, sondern ein wunderbarer Neubeginn ist. Seit 1994 leitet die Autorin Seminare zu diesen Themen.

Dieses Buch ist eine spannende, humorvolle, aber tiefgründig spirituelle Reise in das innere Ich und macht deutlich, dass jeder Mensch sein Leben nach den geistigen Gesetzen selbst gestaltet.

COUNTRY VERLAG
D-33790 Halle/Westf.

ISBN 3-9803144-2-1

Gabi Berens

In Wahrheit ist es Liebe . . .

Unser behindertes Kind als Wegweiser

Ein Tatsachenbericht

Die Autorin ist 1961 in Ibbenbüren geboren. 1984, zwei Jahre nach der Heirat mit ihrem Mann Laurenz, kommt ihr Wunschkind Timo schwerstbehindert zur Welt. Obwohl Timo eigentlich kaum eine Überlebenschance hat und rund um die Uhr intensivster Pflege bedarf, nehmen die Eltern die Herausforderung an und holen ihr Kind nach Hause.

Das Buch erzählt von den ungeheuren Schwierigkeiten, die Gabi und Laurenz bewältigen und die sie immer wieder an die Grenze ihrer Belastbarkeit führen. Es erzählt aber auch, wie sie durch die Kraft der Liebe das Leben mit Timo meistern.

Wie ein roter Faden zieht sich der Reifeprozess der Autorin vom sorglosen jungen Mädchen zu einer in sich ruhenden Persönlichkeit. Sie erkennt, dass behinderte Kinder etwas ganz Besonderes sind und dass nicht jede Familie die Chance erhält, mit so einem besonderen Kind zu leben.

Die ungekünstelte Herzlichkeit, mit der dieses Buch geschrieben ist, wirkt ansteckend und macht neugierig.

COUNTRY VERLAG
D-33790 Halle/Westf.

ISBN 3-9803144-1-3

Gila van Delden

Impulse zum Glücklichsein

Positive Affirmationen
und Lebensgedanken ☺

Dieses Buch enthält eine besondere Auswahl geistiger Lebensgesetze und positiver Glaubenssätze aus den bisherigen Büchern und Vorträgen der Autorin.

- Wie lasse ich Menschen und Situationen in Liebe los?
- Wie gehe ich mit Trauer um?
- Wie löse ich Konflikte zwischen Partnern, Kindern und Eltern?
- Wie bekomme ich mein Leben selbst in den Griff?
- Wie erlange ich mehr Selbstvertrauen?
- Wie bringe ich Gesundheit, Frieden und Wohlstand in mein Leben?
- Wie erkenne ich Ursachen von Krankheiten – wie kann ich sie auflösen?
- Wie verzeihe ich, ohne selbst dabei zu leiden?

Dieses Buch bietet dem Leser anhand der dargestellten Lebensformeln und durch neue Affirmationen und Glaubenssätze auf liebevolle Art Lösungen an, wie er die Umstände seines Lebens durch seine eigene innere Kraft selbst bestimmen oder verändern kann.

COUNTRY VERLAG
D-33790 Halle/Westf.

ISBN 3-9803144-5-6

COUNTRY MENTAL POWER

Gila van Delden

Gepr. psychologische Beraterin - Therapeutin für Hypnose- und Entspannungsverfahren

C.M.P. Seminare · Fischweg 7 · D - 33790 Halle/Westf. · Telefon +49 (0) 52 01-66 55 77 · Fax +49 (0) 52 01-66 55 11
www.country-verlag.de · email info@country-verlag.de

Liebevoll geführte Meditationen von Gila van Delden

Begeisternde Rede

Bei dieser wunderschönen, geführten Meditation wird die Motivation aufgebaut, in größeren Gruppen zu sprechen. Hier können Sie auf der Bühne Ihrer Phantasie ausprobieren, wie das, was Sie eigentlich sagen möchten, bei dem zuhörenden Publikum ankommt. Sie werden immer sicherer und spüren die Begeisterung, die Ihnen von Ihren Zuhörern entgegenschlägt. Vorstellung schafft Wirklichkeit!
Diese wirkungsvolle Phantasiereise gibt Ihnen die Gelegenheit, Ihre Begeisterung und Ausstrahlung von Mal zu Mal überzeugender auf andere Menschen wirken zu lassen. Hier lernen Sie auf angenehme und völlig entspannende Art, vor anderen zu reden und aufzutreten.

COUNTRY VERLAG **Best.-Nr. 3247-1**

Traumreise ins Licht

Eine zauberhafte, geführte Lichtmeditation:
Sie atmen das Licht der aufgehenden Sonne ein und beginnen, Ihren Körper mit dieser Energie aufzuladen. Es sind Wellen goldenen Lichtes, die zu Ihnen kommen – die kraftvoll sind. Die goldenen Strahlen der Sonne berühren Ihren Körper – und Sie atmen alles tief ein und füllen Ihren Körper immer mehr an mit dieser großen Kraft...
Und mit dem Ausatmen öffnet sich Ihr Energiezentrum oben auf Ihrem Kopf wie eine Blüte. So kann Ihre Energie zu Ihrem Sonnensymbol Ihres Höheren Selbst fließen, und Ihre Wünsche werden hochgetragen zu Ihrem Höheren Selbst...

COUNTRY VERLAG **Best.-Nr. 3247-2**

Spiegel der Persönlichkeit

Wir können einiges dazu tun, uns die Möglichkeiten unseres Unbewussten mehr und mehr zu Nutze zu machen. In dieser sanft geführten Meditation können Sie Ihren unbewussten Geist dazu einladen, Sie mit frischen kreativen Ideen zu versorgen. So wird auch Ihre Intuition wieder angesprochen, und Sie kommen auf sanfte und leichte Art Ihren gesetzten Zielen wieder näher.
Diese wunderschöne geführte Phantasiereise wird das Tor zu Ihrem Unbewussten weit öffnen und Ihnen mehr Einblick und Erkenntnisse geben in die verschiedenen Phasen und Erlebnisbereiche Ihres Lebens.

COUNTRY VERLAG **Best.-Nr. 3247-3**

Weiser Ratgeber

Die positiven Kräfte unseres Unbewussten geben uns ein Gefühl der Sicherheit und der inneren Wärme. Zum Glück sammelt unser Unbewusstes all unsere Erfahrungen, so dass es tief in uns selbst so etwas gibt wie eine Stimme der Weisheit. Diese Stimme unseres weisen Ratgebers von Zeit zu Zeit zu hören ist wichtig.
In dieser zauberhaften, geführten Meditation können Sie sich an die innere Stimme der Weisheit und Lebenserfahrung wenden, um von dort Zuversicht und Anregung bei der Lösung aktueller Probleme zu erfahren. Und wenn es der richtige Zeitpunkt ist, so werden Sie auch eine Antwort erhalten...

COUNTRY VERLAG **Best.-Nr. 3247-4**

Schmetterling

In dieser zauberhaften, geführten Phantasiereise fliegen Sie in Ihrer Imagination als Schmetterling in das Land Ihrer Phantasie. Auf ganz leichte und entspannende Art spüren Sie die Verwandlung, wie Sie aus Ihrem begrenzten Kokon schlüpfen und in eine wunderbare Welt der Farben, des Lichtes und der Harmonie eintauchen.
Diese wunderschöne Meditation führt Sie in die Natur, in den verborgenen Bereich Ihrer Träume und Phantasien, in den Bereich Ihres Unbewussten, wo noch viele unentdeckte Schätze liegen.

COUNTRY VERLAG **Best.-Nr. 3247-5**